KB150848

ESG 레볼루션

지속가능경영의 절대조건

ESG
레볼루션
REVOLUTION

권재열 김정수 김호준 박종철 박청규 배 도 최승재 지음

캐피털북스

ESG의 부상과 도전!
기업의 경영과 투자의 패러다임을 바꾼다

산업혁명과 과학기술을 토대로 지속적인 혁신과 대량생산·소비로 인하여 현대 사회는 급속하게 발전하여 인류는 전례 없는 풍요로움을 누리게 되었다. 그러나 이로 인하여 지구환경이 열악해지고 산업화로 인한 근로자의 인권과 건강에 대한 우려가 제기되었다. 현재 우리는 예상치 못한 COVID-19로 인한 팬데믹pandemic 사태를 맞이하면서 전대미문의 어려움을 겪고 있다.

전통적인 견해에 따르면 이익을 극대화하여 주주들에게 그 이익을 분배하는 것이야말로 주식회사의 중요한 임무이다. 그러나 이러한 사고가 최근 들어 많이 변하고 있다. 사회적 존재로서의 회사는 주주와 소비자뿐만 아니라 경영 활동 과정에서 여러 이해관계자와 얽혀 있는 까닭에 환경, 다양한 사회집단 및 기업지배구조를 고려·배려하여야 한다는 입장으로 진화하고 있는 것이다. 1990년대 후반과 2000년대의 국제 경제적 외환위기와 금융위기로 인하여 신자유주의에 대한 반성이 일게 되면서 기업의 사회적 책임CSR, corporate social responsibility과 이해관계자 자본주의stakeholder capitalism가 중요한 이슈로 급부상하게 되었다.

ESG는 지속가능성 투자 철학과 사회적 책임투자를 기반으로 성장했다. 초기에는 주로 환경, 사회적 책임 또는 투명 경영 거버넌스 문제로 인해 단순히 투자 포트폴리오에서 투자 금지 회사를 투자 리스트에서 제외하는 데 중점을 두었다. 최근에는 ESG가 전략적 포지셔닝의 핵심적·사회적 문제로서 다루어지다 보니 자본시장에서는 ESG에 긍정적이고 적극적인 회사를 선별하여 투자하는 방향으로 바뀌고 있다.

많은 기관투자자들은 ESG 행동주의ESG risk-related activism에 기반하여 투자 대상 회사에게 ESG 리스크를 공시하도록 요구하고 있다. 그들은 공시를 바탕으로 대상 회사의 이사회가 ESG 관련 리스크를 확인·평가하고, 모니터링 및 관리를 위한 체계를 구축하고 있는지 여부를 확인하고 있다. 만약 그러한 체계가 제대로 구현되지 못한 경우에는 이를 하도록 적극적으로 요구하기도 하고, 필요 시 주주 제안을 하는 등의 방법으로 적극적인 주주권을 행사하는 모습을 보여주고 있다. 이 같은 ESG는 국가의 강제력으로 보증되고 있는 통상의 경성 규범hard law이 아니라 연성 규범soft law의 형태로 제도화되는 과정에 있어 개방성과 유연성을 확보하고 있다는 점이 두드러진다.

ESG는 기업의 사회적 책임을 일컫는 CSR이나 기업의 공유가치 창출을 의미하는 CSV와는 달리, 기관투자자가 투자 의사결정 과정에서 재무적 가치뿐만 아니라 지배구조, 사회 및 환경 등 비재무적 요인까지 적극 고려하기 시작하면서 발전하게 된 개념이다. 하지만, 최근에 이러한 고려는 탄소중립을 중심으로 하는 환경을 갖추어야 한다는 데 대한 공감대가 글로벌하게 확산되고 있을 뿐만 아니라 공급망 실사를 중심으로 한 사회 인권에 대해 국제적 관심이 고조되고 규제가 강화되면서, 재무·비재무 구분이 모호해질 정도로 중장기 투자 전략 내에서 다양한 형태로 통합되고 있다.

종래 기업 가치는 재무제표와 같은 단기적이고 정량적인 재무성과에 중점을 두고 평가하였다. 그러나 코로나19와 세계적 기후변화 등에 직면한 현재 ESG와 같은 비재무적인 성과 및 가치의 중요성이 더욱 커지고 있다. 또한 경영의 질적인 요소라 할 수 있는 ESG에 관련된 여러 기준과 표준은 더욱 강화되고 있다. 이제 ESG는 기업의 생존과 번영의 핵심적 가치이자 존립을 결정하는 중요한 요소임에 틀림없는 것이다.

유럽과 미국에서 발전한 ESG 경영은 이제 국내에서도 서서히 정착되고 있다. 국내의 많은 매체에서 ESG 경영의 중요성이 빈번하게 회자되고 있으며 국내 기업들도 ESG 경영의 중요성을 인식하고 있다. 주식, 채권, 대체투자, PE, VC 등 모든 분야에서 ESG를 반영하다 보니 금융과 연계된 ESG 심사, 평가 및 투자가 급증할 것으로 예상되며, 그 결과 ESG 경영은 더욱 더 중요해질 수밖에 없다. 2019년 추정 글로벌 500대 기업에 대한 세계 3대 자산운용사의 지분율은 20%에 육박하고 있다. 국내의 경우 2021년 8월 말 현재 코스피 100대 상장법인의 지분율을 살펴보면 세계 1위 자산운용사인 블랙록이 2~4대 주주인 기업이 82개나 된다. 블랙록이 ESG 책임투자를 강조하는 기관투자자임을 고려한다면 국내에서도 영미에서의 ESG 경영 관련 요구 사항들이 급속하게 도입될 전망이다.

선진국에서 ESG 경영은 사회적인 현상들과 복합적으로 맞물리면서 이사회의 무한책임, 인권과 환경과 관련된 공급망 관리정책 강화, 임직원의 건강·안전·다양성·포용성 등으로 대표되는 인적자원 관리 리스크 증대, 그리고 점점 더 엄격해지는 개인정보 보호 의무 등으로 확대되고 있다. 이에 비해 이해관계자 중심주의에 대한 국내·외 사법부의 입장은 불분명한 상황이다.

저자들은 국내 기업들의 ESG 경영 정착에 도움을 주고자 ESG 개요, ESG와 규범, ESG와 기관투자자, ESG와 경영, ESG와 금융, ESG와 정보공시·평가 등을 체계적으로 정리하였다.

먼저 ESG 개요에서는 의의, 연혁, 유사 개념 등을 살펴보았다. 다음으로 ESG와 규범적인 측면을 탐구하여 환경 관련 규범, 사회 관련 규범, 지배구조 관련 규범 등을 소개하였다. 그리고 ESG 실행 주체인 기관투자자와 관련하여 글로벌 책임투자 시장, 스튜어드십 코드, 공적기금과 수탁자 책임활동 등을 분석하였다. ESG 경영 실무적인 부분으로서 ESG 경영의 의의를 살펴보고 ESG 경영의 주요 이슈, ESG 경영 실무 등도 다루었다. ESG와 금융과 관련해서는 ESG 금융과 유형, ESG 금융의 과제를 살펴보았다. ESG와 정보공시·평가와 관련하여 ESG 정보의 공시, ESG 보고와 가이드라인, GRI 표준, ESG 평가 등을 설명하였다.

본서는 한국지속경영연구원의 기획하에 여러 전문가가 집필에 참여하였다. 우선 원장인 저를 비롯하여 권재열 교수, 박청규 교수, 최승재 변호사, 그리고 배도 박사가 집필에 참여하였다. 또한 대신지배구조연구소의 김호준 소장이 그간의 ESG 관련 경험을 바탕으로 ESG와 기관투자자 부분을 전적으로 담당하여 집필하였다. 또한 한국지속경영연구원 손혁상 본부장과 임춘수 연구위원도 많은 도움을 주셨다. 여러 전문가의 적극적인 참여에 의해 본서가 출간되는 만큼 독자들의 많은 성원을 기대한다. 끝으로 바쁜 출판 일정 속에서도 흔쾌히 본 서의 출판을 마다하지 않으신 캐피털북스의 김정수 대표님께도 감사의 말씀을 드린다.

2022년 3월
저자들을 대표하여 한국지속경영연구원장 박종철

CONTENTS

제4부
ESG와 경영

제5부
ESG와 금융

제1부
ESG 개요

1
ESG의 의의

18세기 후반 산업혁명 이후 사회는 과학 기술의 발전을 바탕으로 급속하게 발전해 왔다. 다양한 혁신과 대량생산·대량소비가 가능하게 됨에 따라 선진국을 비롯해 인류는 전례 없는 풍요로움을 누리게 되었다. 그러나 인류가 풍요로움을 누리는 데 반하여 지구환경이 열악해지는 문제가 발생하고 있다. 게다가 산업화에 몰두한 결과 근로자의 인권과 건강에 대한 우려가 제기되고 있다. 때문에 기업의 발전이 환경과 사회에 미치는 영향과 표리일체表裏一體의 관계에 있다는 인식에 따라 기업을 둘러싼 다양한 문제에 대한 적극적인 대응이 요구되고 있다.

기존 투자자는 '실적'과 '재무 상황'에 국한하여 경영 상황을 평가하고 투자를 결정하였지만, 최근에는 "기업의 지속적인 성장을 위해서는 ESG를 통한 지속가능성을 확보하는 것이 중요하다"는 사고가 기업과 투자자 사이에 확산되고 있다. 실제 우리는 전대미문의 코로나 19로 인한 팬데믹pandemic 사태를 맞이하면서 이 역병이 전 세계경제에 미치는 엄청난 영향을 경험하고 있다.

ESG와 관련된 문제는 그 누구의 문제도 아닌 누군가가 해결해야 할 문제라고 인식하였지만, 전 지구적인 이 문제가 경제활동을 비롯한 우리의 삶에 심대한 영향을 주고 있다. 요컨대, 장기적이고 지속적인 ESG 가치의 추구는 단기적인 성과뿐만 아니라 장기적이고 지속적인 기업 가치를 드높인다는 생각이 확산되면서 ESG에 참여하는 기업과 투자 판단의 기준으로 ESG를 고려하는 기관투자자가 많아지고 있다.

글로벌 지속가능투자연합GSIA의 발표 자료에 따르면 2020년 기준으로 볼 때 미국과 유럽이 전 세계 ESG 투자 규모의 80%를 차지하면서 ESG 책임투자 시장을 선도하고 있다. 미국이 17조 달러, 유럽이 12조 달러를 기록하고 있으며, 이어 일본이 2.8조 달러, 캐나다 2.5조 달러, 그리고 오세아니아가 900억 달러를 기록하고 있다.[1]

특히 일본의 경우 2014년 70억 달러에서 2020년에는 2.8조 달러를 기록하여 가히 폭발적인 증가세를 보여주면서 캐나다를 제치고 세계 3위로 올라섰다. 이는 일본 정부의 강력한 제도적·정책적 추진과 더불어 공적 연기금인 GPIF의 효과적인 공조와 유인, 그리고 기관투자자들의 적극적인 호응 등 당국과 자본시장의 유기적이고도 강력한 드라이브 덕분이라 할 수 있다. 본 장에서는 이처럼 전 세계적으로 빠르게 부상하고 있는 ESG의 시대적 배경과 함께 ESG의 정의 등 근본적인 개념들을 먼저 살펴본다.

ESG의 정의와 주요 내용

ESG의 정의

전통적인 견해에 따르면 이익을 극대화하여 주주들에게 그 이익을 분배하는 것이야말로 주식회사의 중요한 임무다.[2] 그러나 이러한 사고가 최근 들어서는 많이 변화하고 있다. 한 때 좋은 품질의 제품을 소비자에게 공급하는 것을 주식회사의 중요한 임무로 생각하기도 하였지만 오늘날은 그러한 생각마저 변화하고 있다. 사회적 존재로서의 회사는 주주와 소비자뿐만 아니라 기업 활동에서 관계를 맺고 있거나 영향을 미치는 환경, 다양한 사회집단 및 기업지배구조를 고려 · 배려하여야 한다는 입장으로 진화하고 있는 것이다.

ESG는 환경Environment, 사회Social, 지배구조Governance의 앞 글자를 모아서 만든 약자다. '환경'에 대한 배려 차원에서 많은 기업들이 노력하고 있는 것은 지구 온난화 방지를 위하여 이산화탄소 배출량을 줄이는 것이다. 구체적으로는 예를 들어, 쓰레기를 줄이기 위하여 제조 공정을 재검토하는 것 등을 들 수 있다. '사회'[3]에 대한 배려로 먼저 거론되는 것이 인권 문제에 대한 대응이다. 구체적으로 예로서 '직장에서의 성희롱 방지 대책'을 강구하거나 '근로자의 안전성 확보' 등을 들 수 있다. '지배구조'는 건전한 기업 경영을 위한 기업의 조직 및 관리를 체계적으로 구축하는 것이다. 구체적인 예로서 기업에서 내부통제체제를 구축하고 강화하여 적극적으로 투명하게 정보를 공개하는 것을 들 수 있다.

ESG의 주요 내용

ESG는 지속가능성 투자 철학과 사회적 책임투자를 기반으로 성장했다. 초기에는 주로 환경, 사회적 책임 또는 투명 경영 거버넌스 문제로 인해 투자 포트폴리오에서 투자 금지 회사를 투자 리스트에서 제외하는 데 중점을 두었다. 최근에는 ESG가 전략적 포지셔닝의 핵심적·사회적 문제로 다루어지는 ESG 요소에 긍정적인 기여를 하는 회사를 선별적으로 구별하여 투자하는 방향으로 바뀌고 있다. ESG에 대한 평가에 있어서 기후변화 관련 내용이 두드러지지만 ESG 개념이 종종 겹치기도 하며, ESG의 세 가지 범주가 투자 분석, 프로세스 및 의사결정에 점점 더 통합되고 있다.[4]

ESG는 내부 및 외부의 이해관계자로부터 지속적인 의견을 구하기 위한 강력하고 교차 기능적인 조직의 프로세스라 할 수 있다. ESG 프로

ESG의 주요 내용

구분	내용
E	에너지 효율성, 탄소 발자국, 온실 가스 배출, 삼림 벌채, 생물 다양성, 기후변화 및 오염 완화, 폐기물 관리 및 물 사용을 검증한다.
S	노동 기준, 임금 및 혜택, 직장 및 이사회 다양성, 인종 정의, 임금 형평성, 인권, 인재 관리, 지역사회 관계, 개인정보 보호 및 데이터 보호, 건강 및 안전, 공급망 관리 및 기타 인적자본 및 사회 정의 문제를 포함한다.
G	"E" 및 "S" 범주의 관리(기업 이사회 구성 및 구조, 전략적 지속가능성 감독 및 준수, 임원 보상, 정치 기부 및 로비, 뇌물 수수 및 부패)를 다룬다

출처 : Mark S. Bergman, Ariel J. Deckelbaum & Brad S. Karp, Introduction to ESG (Aug.1, 2020)

세스는 조직 전체를 망가뜨리고 기업에 혹시 잠복해 있을 수 있는 새로운 위험을 해결할 수 있도록 도움을 준다. 오늘날 증가하는 위기 상황에서 투자자들은 건전한 리스크 감독을 위해 강력한 ESG 기능이 필수적이라고 생각한다.

ESG를 회사 리스크 관리 프로세스에 포함시키는 것은 단순히 리스크를 식별하기 위함이 아니라 비즈니스 기회를 식별하기 위함이다. ESG는 미래를 내다보고, 함께 일하는 방법에 대한 제안에 초점을 맞추고, 같은 테이블에서 다양한 관심사를 가진 사람들을 불러 모을 수 있다. ESG 이해관계자는 전통적인 기업의 비판자, 그린피스와 같은 NGO, 정부, 지방자치단체이며, 회사에 책임을 지는 사람들이고, 기업에게 리스크를 피하라고 말하는 감시자watch dog라고 볼 수 있다. ESG는 이해관계자와 대화하고 협상할 수 있게 해주며, 회사가 그들의 아이디어와 피드백에 반응한다는 것을 보여 주면 신뢰가 형성되어 공통 솔루션을 위해 함께 일할 가능성이 높다. 이해관계자들은 회사와 반복된 대화를 통하여 신뢰를 형성하여 궁극적으로 회사의 미래 문제에 대해서 도움을 준다.

ESG는 사회적으로 바람직하고 광범위한 목적purpose에 대해 기업을 평가할 수 있는 수단이다. ESG 지표는 투자 결정 및 기업의 비재무적 영향을 측정하는 데 사용되는 일련의 요소를 설명해 주며, ESG는 또한 다양한 비즈니스 기회와 투자 유치 기회를 제공하기도 한다. 왜냐하면 ESG 개념 자체가 기업이 미래의 불확실한 잠재적 리스크를 통제해 나갈 수 있는 기업의 종합적이면서 체계적인 능력을 평가하는 중요한 수단으로 출발했기 때문이다.

ESG는 기업이 내·외부 이해관계자로부터 지속적으로 의견을 구할 수 있도록 하는 강력한 프로세스다. 이 프로세스를 통해 기업은 자신들의 리스크를 최소화하고 비즈니스 기회를 포착한다. 급증하는 기존의 리스크와 새로운 리스크에 대비하여 투자자들은 건전한 리스크 감독 방안으로 ESG 기능을 점점 더 많이 사용하고 있다. 특히 코로나 팬데믹을 경험한 전 세계의 투자자들은 리스크와 분산투자 수준만 동일하다면 ESG가 반영된 지속가능 포트폴리오로 전환할 의사를 적극적으로 피력하고 있다.

ESG는 환경, 사회 및 지배구조를 의미하지만 정확한 정의는 없는 실정이다. 기업의 지속가능성, 기업의 책임, 기업의 사회적 책임, 심지어 기업의 자선 활동을 포함하여 많은 용어와 혼용되어 사용된다. 크게 ESG는 지속가능한 투자, 임팩트 투자를 포함한 가치 기반 투자 움직임의 다양한 용어와 결합된다. ESG는 환경 및 사회적 위험을 관리하는 프로세스다. ESG는 기업의 기능과 관련된 환경 및 사회적 문제를 평가할 수 있는 렌즈라 할 수 있다.

ESG는 신규 리스크와 알려지지 않은 리스크를 각각 표시하고 새로운 비즈니스 기회를 식별하며 주요 이해관계자로부터 정보를 도출하는데 활용된다. 이것은 감독 당국, 임직원, 공급업체 및 일반인으로부터 이해관계자의 의견을 이끌어 내는 작업이다. ESG는 컴플라이언스를 포함한 기존의 리스크 관리 활동과 상호작용을 한다. 특히 기업들은 코로나19 위기에 보다 탄력적으로 대처하기 위해 ESG 프로세스 특히 이해관계자와의 소통을 적극적으로 활용하게 되었다.

ESG 개념의 확장

1. 지속가능성

지속가능성sustainability은 기후변화와 같은 환경문제만을 지칭하는 데 사용되는 것을 초월하여 기업이 장기적으로 존속하고, 수익성 및 성장을 달성하는 데 필요한 사항을 포함할 수도 있다. 지속가능성은 ESG와 동의어라고 볼 수는 없다. 오히려 ESG의 세 가지 요소가 모두 기업의 지속가능성에 기여하기 때문에 ESG를 포함하는 개념이라고 볼 수 있다. 그렇지만 ESG를 관통하는 정신은 지속가능성이라 할 수 있다. 기업은 이러한 ESG 정신의 구체적 구현을 통해 외부 환경과 효과적인 관계를 구축하면서 기업의 장기적 발전 또는 목표를 달성할 수 있다. 따라서 ESG는 기업의 지속가능성을 논함에 있어서 불가결한 요소로 평가할 수 있다.

2. 기업의 목적

기업의 목적 또는 기업의 사회적 목적은 장기적인 가치와 관련하여 사회에서 회사가 명시한 역할과 회사가 운영되는 커뮤니티에서 해당 역할을 수행하는 방법을 의미한다. 이것은 광범위한 사회적·정치적 이니셔티브에 대하여 적극적인 참여 활동을 포함하고 "회사가 왜 사업을 하고 있으며 어떻게 사업을 유지하고 관련성을 유지할 것인가?"라는 질문에 대답하는 개념이다. 회사의 이해관계자가 회사의 목적을 정의하고 실행하는 방법에 대해 더 많이 이해하려고 함에 따라 목적이 회사의 ESG 측정 지표 및 정보공개 전략과 일치할 가능성이 많다.

3. 컴플라이언스

컴플라이언스compliance는 1960년대 미국에서 독점금지법 위반, 주식의 내부자거래 사건 등이 발생했을 때 사용된 법무 관련 용어로 국내에서는 일반적으로 법규 준수라고 표현하기도 하고, 1978년 외환위기 이후 도입되었고, 2000년 이후 금융권에서는 준법감시시스템으로 도입되었다. 컴플라이언스는 조직의 평판 리스크 등을 보호하는 것으로 법규 준수, 정보 보호, 준법감시, 개인정보 보호 및 리스크 관리 등을 포괄하는 개념이다. 이것은 리스크를 표시하고 이를 완화하는 준수 프로세스 임무이고, 하향식 프로세스로서 규정 준수를 의미하며 법적 리스크에만 초점을 맞추는 경향이 있다.

컴플라이언스는 통제 환경control environment, 리스크 평가risk assessment, 통제 활동control activity, 정보 및 커뮤니케이션information & communication 및 모니터링monitoring 등 5가지 단계로 구성된다. 첫째, 통제 환경 단계에서는 내부통제 활동을 통해 조직 구성원에게 내부통제의 중요성을 인식시킨다. 둘째, 리스크 평가 단계에서는 조직이 직면한 내·외부의 리스크를 전사 단위에서 활동 단위까지 측정한다. 셋째, 통제 활동 단계에서는 내부규정 및 절차들을 통해 경영진의 의도대로 업무가 수행되도록 한다. 넷째, 정보 및 커뮤니케이션 단계에서는 경영진의 효율적 관리를 위해 중요한 정보들을 적절히 집계하고 임직원에게 전달한다. 마지막으로 모니터링 단계에서는 실시간으로 내부통제시스템에 대한 모니터링을 실시한다. ESG는 컴플라이언스인 법규 준수를 포함하여 시장에서 요구하는 법 이상의 책임을 의미한다.[5] ESG의 핵심 요소의 하나가 컴플라이언스라고 보아야 한다.

ESG의 기능

경영 판단의 고려 요소

기업의 장기적인 성장을 위해서는 ESG를 수용할 수밖에 없다는 사고가 확산되고 있다. ESG가 약한 기업은 큰 위험을 안고 있는 기업이며, 장기적으로 성장할 수 없는 기업으로 평가받고 있는 것이다. 그렇다면 기업이 ESG를 추구하여야 하는 이유는 무엇인가? ESG를 추구함으로써 기업이 누릴 수 있는 것은 어떠한 것이 있는가?

먼저 기업의 이미지 제고에 도움이 된다. ESG 경영을 통해 환경과 인권 친화적으로 사회에 기여한다는 것은 기업의 이미지 향상에 도움이 된다. 왜냐하면 ESG가 널리 확산되는 상황에서 환경, 인권, 노동에 대하여 많은 관심을 가지고 있는 소비자와 투자자가 늘고 있기 때문이다. 따라서 착실한 ESG 경영을 통해 소비자와 투자자로부터 좋은 평가를 받게 된다면 그 기업의 브랜드 파워도 같이 높아지는 것은 당연하다.

ESG가 약한 기업은 큰 위험을 안고 있는 기업이며, 장기적으로 성장할 수 없는 기업으로 평가받고 있다. ESG에 대한 관심은 사실 기업에 대한 많은 투자를 하고 있고 열심히 투자 대상을 찾고 있는 기관투자자 사이에서 급속히 확산되고 있다. 특히 상장기업의 경우에는 해외 기관투자자의 주식 보유 비율이 높다 보니 기업들이 ESG에 대한 고려를 등한시할 수 없게 된 것이다. 말하자면, 기관투자자 사이에서는 환경·사회·지배구조에 배려하는 기업을 중시하고 선별하여 행하는 투자, 즉 ESG 투자로 늘어나다 보니 ESG에 약한 기업은 투자를 받지 못하는 상황에 놓이게 된다. 이는 주주에 대한 기업 가치를 향상시키기 위한 방안으로 ESG에 대한 배려를 강조하게 됨에 따라 ESG 정보를 공개하는 기업이 증가하게 된 것이다. 이는 한편으로 ESG 경영은 기업의 수익성과 현금흐름을 개선하는 데 도움이 된다는 것을 의미한다. ESG 경영을 통해 기업 이미지가 제고되면 투자자로부터 자금 조달이 용이하게 된다. 결과적으로 현금흐름이 개선됨에 따라 자연스럽게 매출 증가를 기대할 수 있다.

ESG를 고려하는 것은 기업 경영의 리스크를 감소시키는 데 도움이 된다. 환경과 사회, 지배구조를 소홀히 하는 기업은 미래에 통제되지 않은 잠재적 문제들이 현실화되면서 현저하게 실적을 악화시킬 위험이 있다. 말하자면, ESG 경영을 통해 환경, 사회, 기업지배구조와 관련된 위험을 줄일 수 있다. 예를 들어, 기업의 생산 활동으로 인해 주변 환경이 피폐해지는 경우 지역사회는 물론이고 소비자의 신뢰를 잃어 매출이 떨어질 수밖에 없다. 만약 기업의 근로자가 열악한 환경에서 작업을 해야 한다면 그 생산성이 저하될 수밖에 없다. 반면에 ESG 경영을 한다는 것은 환경친화적인 경영을 한다는 것을 의미하며, 이는 기업의 지속가능성을 높이는 계기가 된다.

ESG 경영을 위해서는 근로자의 근무 여건을 개선할 필요가 있다. ESG 경영을 위해서는 기업은 근로자의 안전을 도모하고 건강을 관리하는 데 노력해야 한다. 구체적으로는 건강하게 일할 수 있는 근무 환경을 정비하고 노동시간을 적절히 관리하는 것이 필요하다. 이처럼 ESG 경영을 한다는 것은 일하기 좋은 노동환경을 갖춘다는 것을 의

미할 뿐만 아니라 근로자의 처우를 개선하고 인재 육성 등에 기업이 많은 관심을 기울인다는 것을 뜻한다. 이처럼 기업이 환경과 사회에 기여하는 형태로 경영을 하게 되면 당연히 근로자의 소속감도 증가할 것으로 예상한다.

투자 판단의 고려 요소

1. ESG 투자의 배경

ESG 투자는 ESG의 관점에서 기업의 미래 성과 지속성 등을 분석·평가한 후 투자를 결정하는 투자 방법을 뜻한다. 기존의 투자 방법으로는 기업의 실적이익의 규모 및 이윤 등 및 재무상태부채 및 현금흐름 등 등의 재무정보가 투자를 결정하는 데 중요한 자료로 사용되었다. 그러나 최근 재무정보만으로는 기업의 지속성과 장기적인 수익성을 평가하는 데 충분하지 않다고 보아 ESG라는 비非 재무정보 요소를 추가하여 투자를 결정하고 있다. 말하자면, '수익이 난다' 또는 '재무상태가 건전하다'라는 점을 평가하는 것 외에 '환경문제에 대한 개선 노력' '지역사회에 대한 공헌' '근로자에 대한 배려' '준법 경영' 그리고 '경영 투명성' 등의 ESG 이슈에 적극적으로 대처하는지를 포함하여 평가한 후 투자를 결정하는 것이다. 이러한 평가에는 상당히 많은 비용이 들기 때문에 ESG 투자는 대규모의 자산을 중장기로 운용하는 '기관투자자'가 중심이 되어 선도하고 있다.

ESG 투자가 주목받는 것은 기업의 안정적·장기적인 성장과 ESG와의 관련성 때문이다. 기업의 장기적인 경영에 있어서는 경제 환경과 자연환경 등의 변화, 법규 등의 변경, 노동과 인권 등에 대한 가치관의 변화, 기업과 소비자 등의 구매 행동의 변화 등으로 인하여 기업이 위험에 처할 수도 있다. 하지만 ESG에 배려하는 기업은 이러한 위험에 대한 대응력이 높을 수밖에 없다. 말하자면, ESG 투자는 ESG 요소가 투자의 판단 재료로 추가되기 때문에 리스크를 낮은 수준으로 유지하면서 장기적인 수익을 확보해 나가기에 적합한 투자 방법이다. 이로 인하여 세계의 투자 자금이 ESG로 향하고, ESG를 고려하는 기업의 수가 증가함에 따라 투자 자금이 유입되는 선순환이 계속되고 있다.

이와는 달리 기관투자자들이 ESG를 중시하는 투자를 하겠다는 태도를 취하는 것이 기관투자자들의 이런 행위가 펀드 자체의 악성을 숨기고 이미지 상승을 노리는 것으로 위탁자들을 유혹하기 위한 펀드들의 마케팅 전략이라고 비판하는 견해도 있다.[6] 이런 견해도 분명 경청할 필요성이 있다. 주주 행동주의를 취하는 펀드들의 행동이 투자 실패로 인한 위험은 투자자에게 귀속시키고, 기업 임직원들의 실직과 임금 삭감, 기업이 연구개발비를 줄이고 단기 성과에 치중해서 배당을 늘리고 자사주를 매입하는 등의 행태를 보이는 문제가 있다는 것이 이 견해를 취한 견해의 문제의식이다.[7]

2. ESG 투자의 구체적 전략

ESG 투자의 구체적 전략으로는 다양한 것이 소개되어 있다. 그 중에서 가장 대표적으로 인용되는 7가지 전략에 대해 살펴보기로 한다.[8]

■ **네거티브 스크리닝**(Negative Screening, Exclusionary Screening) 사회적·윤리적이지 않거나 환경 파괴로 이어지거나 혹은 인간에 해를 끼치는 기업이나 산업을 제외하고 투자하는 방법이다. 예를 들면, 무기, 설탕, 담배, 마약, 화석연료 등의 업종에 속한 산업·기업을 포트폴리오나 펀드 구성에서 배제하는 것으로서 ESG 투자에서 가장 역사가 있는 전략이다.

■ **포지티브 스크리닝**(Positive Screening, Best-in-Class Screening) 1990년대에 유럽에서 시작된 투자 전략으로서 동종업종 비교 집단과 비교하여 ESG 평가 점수가 종합적으로 높은 기업에 투자하는 방법이다. 이는 ESG 평가를 통해 좋은 점수를 받은 기업이 중장기적으로 우수한 성과를 낼 것이라는 기대 하에 ESG가 우수하게 평가된 기업에 투자하는 것이다.

■ **국제규범심사**(Norms-Based Screening) 2000년대 북유럽에서 시작된 투자 전략으로서 ESG 관련 국제규범을 바탕으로 투자 대상을 선정하는 방법이다. 예컨대, 국제규범에 정해진 기준을 충족하지 못하는 기업에 대해서는 투자를 하지 않는 것이다.

■ **ESG 통합 방법**(ESG Integration) 현재 투자자가 가장 널리 선호하는 방법으로서 기업의 재무상태를 나타내는 자료와 ESG 정보를 종합적으로 판단하여 투자를 결정하는 것이다. 다만, 투자자가 ESG 정보 중에

서 어떤 것을 중시할 것인지 혹은 어느 정도 ESG 정보를 참조할 것인지는 자체적으로 판단하게 된다.

■ **지속가능성 테마 투자**(Sustainability-Themed Investing) 지속가능성을 테마로 한 펀드에 투자하는 전략이다. 예컨대, 태양광 소재 기업 혹은 탄소중립을 지향하는 기업에 대한 투자 펀드에 투자하는 전략이 이에 속한다. 전 세계적으로 보면 최근 들어 점증적으로 늘고 있는 투자 전략이다.

■ **임팩트 투자**(Impact Investing) **혹은 사회 투자**(Community Investing) 환경과 사회, 지역사회 등에 미치는 영향이 큰 활동을 하는 기업에 투자하는 방법이다. 실제로는 중소 규모의 기업이 이러한 노력을 많이 하고 있기 때문에 비상장기업이 투자 대상으로 되는 경향이 많다.

■ **회사 경영에 대한 주주 참여**(Corporate Engagement and Shareholder Action) 투자 대상에 대한 적극적인 관여를 내용으로 하는 투자 전략이다. 주주는 투자자로서 단순히 회사 경영에 참여하는 수준을 넘어서서 기업에 ESG에 배려할 것을 적극적으로 권하는 것까지 함께 의미한다.

3. ESG 정보공개

미국의 상장기업은 합리적인 투자자가 재정적으로 중요하다고 판단할 수 있는 정보를 공개해야 하는 법적 의무가 있다. 이에 위반하는 경우 상장기업은 미국 연방증권법에 따라 책임을 져야 하며 그 책임은 이사회에 있다. 최근 미국 기업들은 너무 적은 정보를 공개하는 것에 대한 법적 책임이 증가하고 있다. 동시에 내부 관행과 일치하지 않는 ESG 약속을 하는 기업 역시 책임에 직면할 수 있다. 그러므로 회사의 감사를 받은 재무정보를 공개해야 하는 모든 연차보고서의 요구 사항 또는 이전 진술이 오해의 소지가 없는지 확인하는 것이 무엇보다도 중요하다.

누락된 정보에 대해 더 많이 공개를 하면 합리적인 투자자가 투자 결정을 내리는 전체 정보의 조합이 달라질 수 있다. ESG 정보공개와 관련해서 회사가 ESG 정책에 대해 절반의 사실만인 정보를 공개하는 경우 문제가 될 수 있다. 회사의 정책적 비효율성에 대한 증거가 투자자의 해당 회사에 대한 투자 결정에 영향을 미치거나 회사의 주가에 부정적인 영향을 미칠 수 있다

많은 사람들의 생각처럼 미국 북부 캘리포니아 최대 전기·가스 공급사업자인 PG&E는 심각한 기후변화로 인하여 파산보호 신청을 한 것이 아니다. 2014년부터 2017년까지 PG&E가 관리하는 전력 시설물에서 약 1550건의 화재가 발생한 것으로 보도되었다. PG&E의 이사회와 임원의 안전 불감증과 관리 부실에 잇따른 대형 산불로 수십 명의 인명 사고와 천문학적인 손해가 발생하였다. 이에 14개 미국 지방행정정부와 단체가 이 회사를 상대로 손해배상 소송을 제기하였으며, 거액의 배상책임 탓에 자금 압박을 받아온 PG&E가 결국 파산보호 신청을 한 것이다. 이 사건처럼 세계의 여러 곳에서는 시민, 정부를 비롯하여 주주들이 기업의 환경 위험에 대한 책임을 묻기 위해 소송을 제기하고 있다. 소송에서 요청하는 구체적인 구제 방법은 ① 주장된 피해를 완화하거나 되돌리려고 하는 완화 주장 방식, ② 기후변화에 대응하여 기업의 탄력성을 향상시키는 적응 클레임, ③ 회사의 행위로 인한 금전적 손실에 대한 보상을 추구하는 손해 클레임, 그리고

④ 의사결정에서 기후 관련 문제에 대한 회사의 인식 제고를 높이기 위한 정보에 입각한 의사결정 등이다.

법적 위험을 제쳐두고 대부분의 기업은 증가하는 투자자 압력으로 인해 ESG 정보공개를 늘리고 있다. 2016년 미국증권거래위원회SEC, Securities and Exchange Committee는 기업 정보공개 프레임워크를 개편하기 위한 개념 공개를 발표했을 때 투자자와 일반 대중으로부터 2만 6500건 이상의 의견을 받았다. SEC가 더 강력한 ESG 및 기후 위험 관련 정보공개를 요구하여야 한다는 의견이 압도적이었다. 2018년 운용자산 5조 달러를 대표하는 투자자들은 ESG 정보공개에 대한 규칙 제정을 촉구하는 청원서를 SEC에 제출했다. 2019년 말까지 운용자산의 37조 달러 이상을 대표하는 600명 이상의 글로벌 투자자가 '기후변화 관련 재무정보 공개협의체TCFD, Task Force on Climate-related Financial Disclosures' 권장 사항을 지지한 바 있다.

한국의 경우에도 상장회사에 한하여 ESG 관련 공시가 단계적으로 의무화된다. 2025년부터 자산 2조원 이상 코스피 상장회사는 환경E·사회S 정보를 의무적으로 공시하여야 하며, 2030년부터는 모든 코스피 상장회사에게 공시 의무가 확대된다. 그렇지만 지배구조G 정보는 모든 코스피 상장회사가 2026년부터 공시하여야 한다.

4. ESG 정보 간의 비중

과연 기관투자자는 ESG 정보 중에서 어느 정보에 비중을 더 많이 두는가?

러셀 인베스트먼트[10]는 전 세계 자산관리자 400명을 대상으로

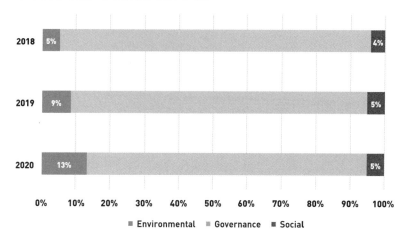

투자 판단 시 중요시하는 ESG 정보의 비중

출처 : Russell Investments, 2020 ESG Manager Survey

ESG 정보 중 각 항목에 대해 어떻게 고려하는지에 관해 매년 'ESG 자산관리자 조사ESG Manager Survey'(이하 '러셀조사'로 줄임)를 실시하고 있다. 러셀조사는 자산운용을 하는 투자의 관점에서 어느 기업에 투자할 때 어디에 가장 주안점을 두고 있는가에 관한 것으로 ESG 경영을 대변하기에 적절하지 못하다는 한계를 가진다. 2020 러셀조사에 따르면 ESG 요소 중 투자 결정에 가장 큰 영향을 미치는 것은 지배구조G로 나타났다. 지배구조 82%, 환경 13%, 사회 5% 순이었다. 물론 기업이 종사하고 있는 영업에 따라 비중은 조금씩 다를 수는 있으나 업종을 구분하지 않고 전반적으로 지배구조가 가장 중요한 요소로 꼽히고 있다. 그러나 환경 분야에 대한 비중도 꾸준히 증가하고 있으며, 2018년 시점에서는 5%였던 것이 2020년에 이르러 13%까지 증가하고 있다.

5. 국가 신용등급의 평가 기준

2021년 1월 18일 국제신용평가사 무디스Moody's는 전 세계 144개
국에 대한 ESG 평가보고서를 발표하였다. 무디스의 평가보고서는 환
경E, 사회S, 지배구조G 및 국가 신용등급에 대한 ESG의 종합적인 영
향을 평가하였다. 무디스 평가는 E, S, G 분야별로 5등급 척도로 평가
하고 이들 요인이 국가 신용등급에 미치는 영향을 종합적으로 고려하
여 ESG 신용 영향 점수CIS, Credit Impact Score[11]를 평가한다.

무디스 ESG 평가 세부 항목

분야	환경 (E)	사회 (S)	지배구조 (G)
평가 항목	• 탄소 전환 • 기후변화 • 수자원 관리 • 폐기물 및 공해 • 자연 자본 (토지, 숲, 생태 다양성 등)	• 인구 • 노동 및 소득 • 교육 • 주거 • 보건 및 안전 • 기본 서비스 접근성	• 제도적 구조 • 정책 신뢰성 및 효과성 • 투명성 및 정보공개 • 예산관리

이번 평가는 전 세계 144개국을 대상으로 이루어졌으며, 이 중 한
국, 독일, 스위스 등 11개국이 ESG 신용 영향 점수에서 최고등급인
1등급을 받았다. 우리나라는 세부 분야별 평가에서 '환경' 2등급중립
적, '사회' 2등급중립적, '지배구조' 1등급긍정적을 획득하여 종합적으로
'ESG 신용 영향 점수에서 최고등급인 1등급을 받았다. 이처럼 한국
은 종합적으로 최고등급인 1등급을 받아 현재 한국의 ESG 관련 요소
들이 국가 신용등급을 결정하는 과정에 긍정적인 영향을 미치는 것으

무디스 국가별 ESG 신용 영향 점수(CIS)

등급		선진국	신흥국	총계
CIS-1	긍정적 (Positive)	한국, 뉴질랜드, 덴마크, 독일, 룩셈부르크, 스웨덴, 스위스, 싱가포르, 아일랜드, 맨섬, 오스트리아 (11개국)		11개국
CIS-2	중립적 (Neutral-to-Low)	미국, 영국, 호주, 프랑스, 캐나다, 네덜란드, 노르웨이, 벨기에, 스페인, 핀란드, 홍콩 등 (20개국)	말레이시아, 모리셔스, 버뮤다, 불가리아, 우루과이, 크로아티아, 폴란드 등 (10개국)	30개국
CIS-3	다소 부정적 (Moderately Negative)	일본, 그리스, 몰타, 이스라엘, 이탈리아, 포르투갈 (6개국)	중국, 러시아, 멕시코, 브라질, 사우디 아라비아, 인도네시아, 칠레, 쿠웨이트, 태국 등 (32개국)	38개국
CIS-4	부정적 (Highly Negative)		남아프리카공화국, 베트남, 스리랑카, 이집트, 인도, 캄보디아, 쿠바, 터키 등 (45개국)	45개국
CIS-5	매우 부정적 (Very Highly Negative)		라오스, 레바논, 베네수엘라, 수리남, 아르헨티나, 이라크, 잠비아 등 (20개국)	20개국
		37개국	107개국	144개국

로 평가되었다. 무디스는 이번 ESG 평가와 국가 신용등급 평가는 높은 관련성이 있으나 정확하게 일치하는 것은 아니라고 언급하였다.

ESG의 특징

따뜻한 자본주의

1. 따뜻한 자본주의의 연혁

18세기 후반 유럽에는 봉건 사회의 붕괴로 탄생한 근대 국가에서는 개인의 자유를 최대한 보장하는 자유방임주의laissez-faire의 이념이 팽배하였다. 개인의 경제적 활동의 자유를 방임하고 간섭하지 않는 것이 당시의 경제, 사회 및 정치적 이념의 기초가 되었다. 각 개인이 전력을 다하여 개인적 이익을 추구한다면 그 결과로서 최대한의 사회적 이익이 보장된다고 믿었다.

　1776년 아담 스미스Adam Smith는 그의 《국부론》에서 "개인은 자신의 이익을 추구함으로써 사회의 이익을 실제 증진시키고자 할 때 보다 더 빈번하고도 효과적으로 사회의 이익을 증진시킬 수 있다. 나는 공익을 위해 거래한다고 말하는 자들이 이루어낸 이익이 크게 되는 경우를 전혀 알지 못한다. 그런 이야기는 상인들 사이에선 사실 흔하지 않다. 그리고 그렇게 하지 마, 라고 그들을 설득하는 데에는 정말 극소수의 단어들만 필요하다"라는 의견을 개진한 바 있다.[12] 또한 그가 주장하는 바 대로 경제 질서는 시장에서 가격이라는 '보이지 않는 손invisible hand'에 의해 자율적으로 조정된다고 보아 국가의 간섭은 불필요한 것으로 간주되었다. 이처럼 경제활동에 대한 법적 규제는 본질적으로 경제 질서에 혼란을 가져올 수도 있는 것으로 생각되었다. 자유방임의 분위기는 사법부에도 영향을 미치게 되었다. 그 당시의 사회와 법원은 개인의 기업가 정신entrepreneurship과 모험심이야말로 자유롭고 경쟁력 있는 경제사회의 발전의 원동력이라 생각해서 경제활동을 사적 자치에 맡기게 되었다. 그 결과 국가의 기능은 주로 외교, 국방, 교육과 치안 유지를 담당하는 것으로 한정되었다.

자본주의가 점차 성장하고 고도화됨에 따라 경제 환경이 새롭게 변하였다. 이 과정에서 독과점과 다수 대기업이 출현하고 노사문제가 대두되는 등의 경제·사회적 현상이 나타났다. 또한 빈부 갈등과 사회 구성원 사이의 불평등이 심화됨에 따라 재화와 부의 분배를 보이지 않는 손에만 맡길 수 없게 되었다. 따라서 국가는 경제적 자유방임으로 인한 문제를 제거하기 위하여 일정한 범위 내에서 직접 경제 질서에 간섭할 필요성이 제기되었다. 그리하여 19세기 후반에는 실정법을 바탕으로 국가가 경제 질서에 간섭하려는 경향이 나타났다.

특히 독일은 제1차 세계대전1914-1918을 겪으면서 사경제私經濟에 대하여 규제와 통제를 할 필요가 있었다. 이 때문에 경제 질서에 대한 국가적 규율을 법질서에 편입시키려는 시도가 있었는데, 이러한 시도의 결정적인 계기는 1919년 바이마르Weimar 헌법의 제정이었다. 바이마르 헌법은 자유주의적 경제 질서를 근본으로 하면서도 자유방임주의에 대하여 수정을 가하여 경제 질서에 관한 통제를 헌법에 편입시켜 규범화를 시도하였으며 또한 경제의 공공적 성격을 선언하였다.[13] 이처럼 바이마르 헌법의 제정으로 인하여 규범적 영역 밖에서 존재하였던 경제를 규범의 영역으로 끌어들임으로써 경제 질서에 대한 국가적 규제와 통제의 정당성을 확보하게 되었다. 한편, 미국에서는 1929년에 시작된 세계 대공황을 타개하기 위하여 루즈벨트 대통령이 뉴딜New Deal정책을 시행하였다. 이 정책은 자유방임주의로부터 경제에 대한 국가의 불가피한 개입을 인정하는 수정자본주의로의 전환을 의미한다.

20세기 초 급속한 산업화와 도시화로의 진전은 빈부 격차를 낳게 되었으며, 그 영향으로 인하여 20세기에 들어와서 독일에서는 '급부행정Leistungsverwaltung'이 강조되었다. 독일은 약자의 생존을 보장하는 차원에서 국가 정책적으로 경제적·사회적 약자에 대한 배려를 시작하였으며, 그 후 독일의 예를 따라 서구의 많은 국가들이 복지국가의 정책을 시행하였다. 그러나 1980년대에 들어오면서 복지정책의 확대가 국가 경쟁력을 떨어뜨린다는 비판 등에 직면하여 미국과 영국에서는 복지정책의 확대를 반대하는 '신자유주의neo-liberalism'가 대두되었다.[14] 신자유주의는 경제 질서에 대하여 국가의 개입을 인정하되 그것이 최소한에 머물러야 하며, 자유의 여러 원칙하에 국가에 의해 조직되는 경제를 상정하여 인간의 자유를 굳게 지키려는 자유주의에 편향된 성향이 있다.[15]

1989년 독일의 베를린 장벽의 붕괴를 시작으로 동유럽의 사회주의 국가가 몰락하면서 자유주의 시장경제가 최전성기를 맞이하게 되었다. 자유주의 시장경제에서는 경쟁 시장의 효율성 등과 같은 긍정적 효과가 발현되기도 하였지만 불황과 실업, 그로 인한 빈부 격차가 확대되는 등의 심각한 문제도 동반되었다. 특히 1990년대 후반과 2000년대의 국제 경제적 외환위기와 금융위기로 인하여 신자유주의에 대한 반성이 일게 되면서 기업의 사회적 책임corporate social responsibility과 이해관계자 자본주의stakeholder capitalism가 중요한 이슈로 급부상하게 되었다. 이를 경제사조적經濟思潮的인 흐름에 연계시켜서 살펴 볼 경우 이는 자본주의의 발전 단계에 있어서 16세기 영국에서 태동된 1세대 자본주의인 원시 자본주의자본주의 1.0 또는 자유방임적인 고전 자본주의, 2세대인 정부 주도의 수정자본주의자본주의 2.0, 3세대의 시장 주도의 신자유주의자본주의 3.0를 거쳐 자본주의 4.0이라고 하는 이른바 '따뜻한 자본주의warm capitalism'의 범주에 포섭될 수 있다고 판단된다.[16] 문재인 대통령도 ESG를 따뜻한 자본주의와 동등한 개념으로 인식하고 있다.[17] 더 나아가 국내에서는 ESG를 입법에 반영하려는 움직임이 강해지고 있다. 예컨대, ESG를 국정 운영의 의제로 도입하여야 한다고 주장하면서 법률상의 제도로 만들려는 시도가 지속적으로 나타나고 있다.[18] 이처럼 ESG를 포섭하는 따뜻한 자본주의는 승자 독식의 정글 자본주의jungle capitalism에서 탈피하여 기업의 윤리적 경영을 강조하여 더불어 살아가는 자본주의를 뜻한다는 점에서 신자유주의의 부작용을 보완 내지 해결하기 위한 대안으로서 의미가 있다.[19]

2. 따뜻한 자본주의의 법적 근거

헌법은 국가의 기본적인 정치·경제 질서를 정하고 국민의 기본권 보장에 관한 최고 규범이므로, 따뜻한 자본주의의 법적 근거도 헌법에서 찾을 수 있다. 따뜻한 자본주의의 근본적 취지가 강자와 약자가 공존·공생하는 생태계적 균형ecosystemic balance을 찾아가자는 데 있음에 비추어 본다면 따뜻한 자본주의는 이념적으로 시장의 공정성 확보와 약자빈자에 대한 사회적 관심과 배려를 추구하고 있다.

자본주의 경제체제의 가장 핵심적인 사항으로는 생산수단의 사유 및 시장에 의한 경제 질서의 운용을 들 수 있다. 그러므로 자본주의 경제체제라 함은 전통과 관습 또는 권력자의 명령에 따라 맹목적으로 경제활동이 이루어지는 것이 아니라 시장에서 나타나는 가격 신호에 따라 경제 주체들이 자유롭게 행동하도록 방임하는 경제체제를 의미한다. 이 때문에 효율적으로 운용되는 자본주의 경제에서는 원칙적으로 국가와 경제의 구별 및 분리라는 이념이 지배하게 된다. 그러나 사적 경제 단위의 활동과 시장의 자동 조절 기능에 의해 자원이 최적으로 분배된다는 자본주의 경제의 전제前提는 현실에서 제대로 실현되지 못하고 있다. 이러한 자본주의 경제체제의 한계, 즉 후생경제학 welfare economics에서 말하는 시장 실패market failure[20]라는 문제를 극복하고 따뜻한 자본주의를 실현하여 복지국가적 임무를 달성하기 위해서는 정부는 독점 등 시장의 실패를 가져다 준 요인을 보정補正하는 차원을 넘어 경제활동에 대하여 적극적인 지원이 필요하다. 따라서 이상에서 살펴본 바와 같이 따뜻한 자본주의는 결과적으로 자본주의 경제체제와 사회주의 경제체제 간의 이념적 차이를 대폭 축소시키는 방향으로 전개될 수밖에 없으며, 궁극적으로는 이는 복지국가의 원리와 상통相通하고 있다. 이와 같이 따뜻한 자본주의는 사회국가 또는 복지국가 원리를 이념적인 기초로 하고 있는 까닭에 그 구체적인 근거로는 헌법 제34조가 규정하는 인간다운 생활을 할 권리를 비롯한 제반 사회적 기본권을 들 수 있다. 게다가 사회국가 원리는 제119조 이하의 사회적 시장경제 질서의 근거이기도 하기 때문에 따뜻한 자본주의의 헌법적 근거는 헌법상 경제 헌법 조항에 다 포섭되어 있다.[21]

이해관계자 자본주의

1. BRT의 이해관계자 자본주의 선언

오랫동안 자본주의 사회에서 기업의 이익은 주주와 동일한 것으로 간주되었다. '주주 자본주의shareholder capitalism'로 알려진 이 방식하에서는 실질적으로 모든 기업의 결정은 주주에게 이익이 될지 여부와 그 정도에 따라 이루어졌다. 기업의 목적에 대해 밀튼 프리드만Milton Friedman은 주주들에게 최대의 이익을 분배하는 것이야말로 가장 중요한 목적으로 보았다. 주주 중심주의shareholder primacy[22]하에서 기업의 이해관계자는 투자자인 주주, 주주를 대신하여 기업의 경영을 담당하는 이사, 이를 감시·감독하는 개념에서 지배구조가 논의되었다. 이들 간의 관계성을 어떻게 설정해서 궁극적으로 투자자이자 주인인 주주에게 최대 이익을 제공할 것인가가 지배구조의 핵심이었다. 지배구조를 제대로 운영하기 위해 대리인 비용을 효과적으로 낮추고, 경영진이 자신의 이익을 추구하는 것이 아니라 주주의 이익을 위해 기업을 경영하도록 하는 것이 논의의 핵심이었다. 지배구조의 논의는 하나의 회사를 중심으로 설정되었으나, 시장 규모의 확대에 따른 대규모 기업집단도 포함시킬 필요성이 요청되었다. 지배구조의 문제는 더 이상 단일 기업의 문제가 아닌 자회사와 모회사, 손자회사와 모회사, 손자회사와 자회사 간의 복잡한 체계로 전환되어 왔기 때문이다.

오늘날 기업은 사회적 존재로 기업은 주주와 소비자를 포함하여 기업 활동에서 관계를 맺거나 영향을 받는 다양한 사회집단을 고려하여야 한다는 것으로 변화하고 있다. 즉, 기업과 관련된 이해관계자를 중심으로 기업의 존재 목적을 설명하고자 한다. 미국의 바이든 대통령 또한 기업은 근로자, 지역사회, 국가에 대한 책임이 있음을 강조하고 있다. 2019년 8월 한국의 전국경제인연합회에 해당하는 미국의 비즈니스 라운드테이블Business Roundtable, BRT이 주주 중심주의는 막을 내렸다고 선언한 바 있다. BRT가 회사는 직원, 고객, 공급업체, 지역사회, 주주 및 투자자를 포함한 모든 이해관계자의 이익을 고려해야 한다고 제안하였다. BRT의 기업지배구조 원칙은 기업의 존재 목적을 고객, 근로자, 거래 기업, 지역사회, 주주 등의 이해관계자에게 봉사하는 것으로 보았다. 이를 두고 '이해관계자 자본주의stakeholder capitalism'를 주창한 것으로 보기도 한다.

2. 기업을 바라보는 시각의 전환

과거에는 주주와 투자 기업 간의 소통은 분기별 실적 발표나 주주총회 등에서 이루어졌지만 요즘 투자자는 상시적으로 투자 기업과 소통하는 것이 가능하다. 이런 소통을 통해 투자자는 투자 기업이 자발적으로 변화하도록 설득할 수 있다. 이런 소통이 실패하면 투자자들은 주주 제안서를 제출하고 개별 이사 해임에 투표하는 방식으로 압력을 가하고 있다.

투자자들은 그들의 투자 활동에서 ESG에 점점 더 관심을 집중하고 있으며 기업이 ESG 경영을 수행하기를 원한다. 전문적인 투자회사들은 본인들의 투자 관련 신탁 의무가 환경 및 사회문제에 부합하는지를 지속적으로 점검한다. ESG에 대한 투자자의 관심은 선량한 가치 창출과 일치하지 않는 투자를 철회하려고 한다. 소수의 선두 자산운용사 및 투자관리회사에 대한 투자 운용자금의 집중으로 인해 투자 대상 회사들이 ESG에 집중하도록 하고 있다. 투자자는 ESG 경영 우선순위를 중심으로 기업과 소통하려고 하고 있으며, 기업은 이에 효과적으로 대응하여야 한다. 이제 투자자는 기업 임원 평가에 대해서도 ESG 기준을 도입하도록 촉구하고 있다.

자본주의가 태동하고 영국과 네덜란드의 동인도회사에서부터 주식회사가 등장한 이후 기업의 주된 목적은 주주를 위한 이익을 창출하는 것이라는 주주 우선주의에 대해 거의 의문을 제기하지 않았다. 그러나 오늘날 기업이 이해관계자인 지역사회에서 봉사해야 하는 역할은 감독 당국, 투자자, 임직원, 학계 및 일반인에 의해 활발하게 논의되고 있다.

조직에 있어서 기업의 목적은 중요하며, 궁극적으로 기업지배구조와 기업 내부 업무에 지대한 영향을 미친다. 특히 주식회사의 경우 주주 우선주의와 단기 이익 극대화라는 도그마가 지배하고 있다. 그러나 오늘날 투자자, CEO 및 감독 당국은 '이해관계자 자본주의'를 염두에 두고 기업을 바라보고 있다.

전통적으로 기업은 이익 창출에 주력했고 정부는 규제를 통해 사회나 환경에 대한 피해를 해결했다. 오늘날 투자자, 임직원, 소비자 및

NGO는 기업이 불평등에서 기후변화에 이르기까지 사회 및 환경 문제를 해결하라고 촉구하고 있다. 많은 기업들이 새로운 시대적 소명을 수용하고 브랜드와 비즈니스 전략을 사회적 책임 및 환경보호에 우선순위에 맞추어 가고 있다. 최근에는 정부와 기업의 책임 구분이 모호해지면서 새로운 법적·윤리적·실제적 문제가 기업을 대상으로 제기되기도 한다.

이제 기업도 에너지와 원재료 등 비재무적 요소를 사용하여 환경에 미치는 영향E, 노동자의 건강, 안전, 다양성을 비롯한 사회적 임팩트S, 기업 윤리, 주주의 권리, 임원 성과 보상 정책 같은 지배구조G 특성 등에 적응하고 자체적으로 변화를 도모하여야 한다.[23]

기업 운영을 위한 조직의 사회적 측면에서 ESG 리스크를 생각하여야 한다. 운영에 대한 법적 문제와 달리 운영에 대한 사회적 책임은 어느 정도 고객이 구매 결정을 통해서 행사한다. ESG 평판이 손상되거나 고객이 해당 기업을 지구 온난화, 수질 오염, 자원 남용, 아동노동 또는 열악한 근무 조건과 연관시키는 경우 비즈니스에서 고객의 수요가 급격히 감소할 수 있다. 고객은 지속가능한 평판을 가진 것으로 알려진 회사를 찾고 지속가능한 식품 및 의류 또는 공간에 기꺼이 높은 가격을 지불하고자 한다. 그리고 이러한 고객은 소수의 충성스럽고 부유한 최고층 고객이 된다. 특히 이제는 지속가능한 제품이 전통적인 제품과 비슷한 비용으로 시장에 출시되고 있으며 이런 추세는 지속될 것으로 예상된다.[24]

3. 기업 경영 형태의 변화

기업과 관련된 이해관계자의 범위가 근로자, 거래 기업, 지역사회로까지 확대되고 있는 추세에서 ESG 경영이 화두가 되면서 기업의 지배구조 내에서도 그 기능과 역할이 달라질 수밖에 없는 구조다. 결국, 다양한 이해관계자들의 목소리를 기업 경영에 투영하기 위해서는 광범위한 이해관계자들과 관계성을 맺어야 하며, 이를 기업 경영에 반영하여야 한다.

ESG 경영에서는 이해관계자의 의견이 경영에 반영되도록 하는 구조를 취한다. 기존의 지배구조 체계가 주주 및 이사 등을 중심으로 한 것이었다면 새로운 지배구조는 이해관계자들이 직접적으로 기업의 의사결정 과정에 참여하지는 않겠지만 - 그러한 날이 올 수도 있겠지만 지금 당장은 아닐 것이다 - 간접적으로 기업의 의사결정 구조에 새로운 이해관계자들이 참여하는 방식으로 전환될 것으로 보인다. 기업의 바깥에 존재하는 고객, 협력업체, 지역사회, 국가, 세계의 다양한 의견이 기업 경영에 전달되어야 하는데 그 중심에는 이사회가 있다. 따라서 ESG 경영에서 가장 중요한 위치에 있는 자는 이사회라 할 수 있다.

기업 밖에 존재하는 이해관계자들이 기업의 지배구조에 영향을 미친 단적인 사례는 미국에서 찾을 수 있다. 이사회에서 CEO를 해임하자 해당 기업을 이용하던 소비자들은 불매 운동에 참여하였고, 근로자는 배달을 거부하였으며, 정치권에서도 해임 결의를 비난하였다. 표면적인 내용은 이사회가 CEO를 해임하였다는 단순한 사실이다. 그러나 이토록 주변에서 잡음이 발생한 것은 해고된 CEO의 경영 형태

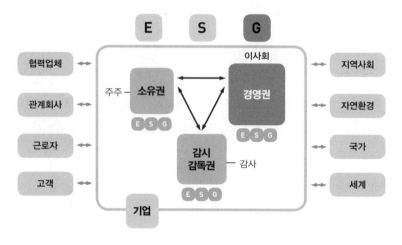

에서 찾을 수 있는데, 해당 CEO는 제품 가격을 경쟁사에 비해 저렴하게 책정하였으며, 직원의 급여를 인상하고 직원과 관리자에게 더 많은 권한을 이양하였다. CEO는 기업이 주주의 이익뿐만 아니라 고객의 이익도 함께 고려해야 하는 것으로 보았다. 이는 지금까지의 주주중심주의 원칙과는 상반된 행동이었고, 주주 중심주의 원칙하에서는 당연히 해고 사유가 되었다. 그러나 회사는 근로자와 소비자 같은 이해관계자들의 저항으로 결국 큰 손실을 보게 되었고, 궁극적으로 회사의 경영권까지 잃게 되었다.[25]

ESG가 강조되는 기업 경영은 기업 내부의 지배구조뿐만 아니라 기업 외부에 존재하는 다양한 이해관계자들로부터 영향을 받게 된다. 기업과 거래하는 협력업체는 단순한 계약관계에 따라 기업이 발주한 물건을 납품하는 수동적 지위가 아니라 기업과 공존하는 이해관계자로 지위가 전환된다. 협력업체의 이익을 최소화하고 기업의 최대 이윤을 추구하는 단계에서 협력업체의 적정 이익을 보장하는 체계로 전환이 있을 것으로 보인다. 우리나라 대기업에서 발생하는 납품 단가 후려치기가 그 전형적인 모습이라 볼 수 있다. 그러나 ESG 경영하에서 과거와 동일한 행태를 기업이 보인다면 협력업체의 반발에 앞서 소비자, 지역 주민 등의 반발로부터 자유롭지 못할 것이다. 협력업체는 발주 기업에 종속된 관계가 아니라 그 자체로 단위 기업으로서 내외부적 지배구조를 형성하고 다양한 이해관계자를 중심으로 활동하기 때문에 과거와 같은 기업 경영 형태는 ESG 경영 체계에서는 환영받지 못하는 경영 형태가 될 것이다.

기업이 최대 이익을 추구하기 위해 가장 많은 비용을 수반하는 근로자의 임금을 동결하거나 삭감하는 것을 통해 원가를 절감하고자 하는 노력이 과거와 같이 단순한 노사 간의 갈등 문제로만 비쳐지지 않을 것으로 보인다. 지역사회, 정치권, 소비자의 행동으로 기업은 경영에 상당한 어려움을 겪을 수도 있다.

다양한 이해관계자들이 기업과의 관계 맺음이 과거와 달라진다면, 기업의 경영 형태 또한 달라질 수밖에 없다. 기업은 다양한 이해관계자의 의견을 청취하고 그들과 소통을 통해 이해관계자들이 원하는 바를 정확하게 인식하고 그들을 만족시키기 위한 일련의 절차를 수행하는데 그 중심 또한 이사회에 있다. ESG 경영이 강조되면 될수록 이사회의 역할과 기능 또한 크게 확대될 것으로 보이며, 그에 따른 책임 소재 또한 명확해질 것이다.

2
ESG의 연혁

세계 3대 자산운용사인 블랙록BlackRock, 뱅가드Vanguard, 스테이트 스트리트State Street를 포함한 43개 글로벌 기관투자회사의 고위 임원 70명과 캘리포니아 공직자퇴직연금CalPERS과 캘리포니아 교원퇴직연금CalSTRS 등 주요 투자자들과의 인터뷰 결과 이런 투자회사들의 고위 임원들은 거의 대부분 ESG를 투자 의사결정에서 매우 중요한 요소로 고려하고 있다고 답변했다.[26] 이에 따라 기관투자자인 투자회사들은 투자 대상 회사에게 ESG 리스크를 공시하도록 요구하고, 이를 바탕으로 대상 회사의 이사회가 ESG 관련 리스크를 확인하고 평가하고, 모니터링 및 관리를 위한 체계를 구축하고 있는지 여부를 확인하고 제대로 구현되지 못한 경우에는 이를 하도록 적극적으로 요구하고 필요시 주주 제안을 하는 등의 방법으로 적극적인 주주권을 행사하고 있다.[27] 이와 같은 기관투자자들의 행동을 ESG 행동주의ESG risk-related activism라고 불리고 있다.[28]

　이처럼 최근 ESG는 세계적인 화두가 되고 있는데 한국도 예외가 아니다. 한국에서도 재계와 학계에서 많은 논의가 이루어지고 있고 국민연금도 오는 2022년까지 전체 자산의 50퍼센트를 ESG 기업에 투자하겠다고 밝혔다.[29] 피치, 무디스, S&P 등 국제신용평가사들은 발빠르게 ESG를 기업 신용평가에 반영하며 요구 기준을 강화하고 있다.[30] 재계도 ESG 위원회를 설치하는 등[31] 구체적인 움직임을 보이고 있다.[32] 이같이 급격하게 세간의 주목을 받고 있는 ESG의 모태로서 기능한 것이 바로 기업의 사회적 책임CSR, Corporate Social Responsibility 이다. 이에 ESG의 연혁을 살펴보기 위해서는 기업의 사회적 책임부터 최근의 동향까지 세심하게 살펴볼 필요가 있다.

기업의 사회적 책임

CSR의 기원과 역사

'기업의 사회적 책임CSR'의 역사는 매우 오래되었다. 연혁적으로 살펴보면 영국에서는 1790년대에 카리브 해역Caribbean Sea 국가들의 노예를 사용하여 생산한 사탕을 영국으로 수입·판매한 동인도회사에 대하여 소비자 불매운동이 일어났으며, 그러한 움직임에 대하여 동인도회사가 수입을 정지할 수밖에 없게 된 시점까지 거슬러 올라간다.[33] 그 후 근대적인 CSR에 관한 논의는 미국의 경제학자이자 교육자인 호워드 보웬Haward R. Bowen이《경영자의 사회적 책임Social Responsibilities of the Businessman》이라는 제목의 저서를 공간한 1953년에 시작된 것으로 보고 있다.[34] 보웬은 자신의 저서에서 사회적 책임을 "우리 사회의 목적과 가치의 차원에서 바람직한 정책을 추구하거나 결정을 하거나 그러한 일련의 활동을 하여야 하는 경영자의 의무"[35]로 정의한 바 있다.

장구한 역사를 가진 CSR은 오늘날 전 지구적으로 확산되어 그 비중이 증대되었으며, 우리나라에서도 급속하게 보급되고 있다.[36] 그러나 CSR에 관해서는 아직까지 명확한 정의가 없으며,[37] 입법상 명시적으로 표현된 개념도 아니다.[38] 다만, 대체적으로 CSR은 기업이 이윤의 극대화, 고객 만족, 주주 가치의 확대 등을 비롯하여 사회적 존재로서 역할을 강조하는 것으로 이해되고 있을 뿐이다. 말하자면 CSR은 지속가능한 사회를 지향하기 위해서는 정부, 민간, 비영리 단체뿐만 아니라, 기업도 경제에 한하지 않고 사회와 환경 등에 관해서도 책임을 져야 한다는 생각을 바탕으로 성립된 개념이다. 결국 사회적 존재로서의 기업은 주주와 소비자, 그리고 기업 활동과 관계를 맺고 있거나 영향을 미치는 다양한 사회집단을 고려·배려하여야 한다는 입장으로 진화하고 있는 것이다.[39] 따라서 CSR을 논할 때에는 해당 회사의 직원, 공장이 운영되고 있는 지역사회 및 그 주민 등과 같은 사회집단, 거래 상대방 등 기업에 관여하는 모든 사람들이 이해관계자로서 중요한 키워드로 인식되고 있다.[40]

CSR의 등장 배경

CSR에 대한 관심이 증폭된 배경을 몇 가지로 나누어 정리하면 다음과 같다. 첫째, 2000년대에 들어와서 미국을 비롯한 세계 여러 국가에서 발생한 대형 기업의 부정행위로 인하여 기업의 사회에 대한 공헌을 요구하는 목소리가 높아진 것이다.[41] 기업의 부정행위, 소비, 환경 등에 관하여 일반 시민의 의식이 고조된 것도 CSR의 대두에 기여하였다. 즉, 소비자, 지역주민 등을 비롯하여 시민단체, NGO비정부기구 등이 적극적인 사회 활동을 전개하고 인터넷 및 SNS를 통한 국경을 초월한 네트워크화로 인하여 기업 활동에 대한 모니터링이 활발해지면서 CSR이 주목받게 된 것이다.[42]

예컨대, 엔론Enron이나 월드컴WorldCom 등 미국의 유명한 대기업이 자행한 엄청난 규모의 분식회계가 드러나면서 사회적으로 큰 문제가 된 바 있으며,[43] 기업이 오로지 이익 획득만을 위하여 담합, 정경 유착, 환경 침해 등과 같이 부정행위를 서슴지 않은 것에 대한 반발 차원에서 CSR이 주목을 받고 있는 것이다.[44] 특히 지구 온난화와 생태계 파괴와 같은 것이 국지적인 문제로만 인식되는 것이 아니라 전 지구적인 이슈로 부상되면서 '지속가능한 발전sustainable development'의 이념 아래 CSR에 대한 관심이 고조되고 있는 것이다.[45]

둘째, 세계적인 규제 완화와 규제 개혁으로 인하여 기업의 활동 영역이 비약적으로 확대되었다. 게다가 공기업의 민영화가 진전되면서 기존 공공 부문이 제공하는 서비스가 민간 기업에 의해 제공되게 되었다. 이러한 변화는 기업이 인간의 삶에 있어서 차지하는 비중을 증대시키는 결과를 낳았다. 다만, 기업 활동 촉진이라는 명분으로 정부의 규제와 행정지도가 감소하게 된 결과 이러한 규제 완화에 편승하여 사회적 약자 보호에 소홀히 할 우려도 높아지게 되었다. 이 같은 규제 완화의 부작용에 대한 대책의 일환으로서 기업은 자기 책임하에 주체적으로 행동할 것을 강력하게 주문받게 되면서 CSR이 중요한 위치를 점하게 된 것이다.[46]

마지막으로, 최근 기업의 존재 목적인 사업성을 확보하면서도 사회적인 과제를 해결하려고 하는 사회적 기업Social Enterprise 내지 도덕적인 기업, 투명한 기업, 환경 친화적인 기업만을 대상으로 하여 투자하는 것을 의미하는 사회적 책임투자SRI, Socially Responsible Investment 의 중요성이 부각된 것도 CSR에 대한 관심을 증폭시키는 계기가 되었다.

우리나라도 전통적인 복지정책의 대안으로 2007년 「사회적 기업 육성법」이 제정되어 사회적 기업에 대해 체계적으로 지원하고 있다. 경제 양극화에 대한 사회적 문제의식이 확대되면서 사회적 책임투자는 1990년대 이후부터 CSR의 추진 수단으로 인식되고 있다.[47] 국내에서는 2001년 삼성투신운용이 최초의 SRI펀드인 '삼성에코펀드'를 출시한 이후 SRI펀드 규모가 지속적으로 확대되어 왔고, SRI 발전에 결정적인 열쇠를 쥐고 있는 국민연금 등 여러 기금도 유엔책임투자원칙에 서명하는 등 SRI 투자에 적극적인 자세를 보여주고 있어 CSR의 발전에 중요한 기여를 하고 있다.

SRI 펀드의 출현

윤리적인 투자의 역사는 길지 않다. 1920년대에 미국 기독교의 윤리적 관점으로부터 담배나 술, 도박, 무기에 관한 산업을 투자 대상에서 제외함에 따라 윤리적 투자에 대한 의식이 시작된 것으로 알려져 있다. 1960년대에 미국에서 시민이 사회를 대하는 인식이나 가치관에 변화가 보이면서 공민권 운동이 활발해지고 사회 목적에 따르는 투자나 주주 제안 등이 사회운동의 일환으로 등장하게 되었다. 영국에서도 종교단체의 교리에 기반한 투자로부터 금융을 제공함에 있어서도 윤리적인 고려가 이루어지도록 요구되었다. 이런 요구는 이후 자선단체나 교육기관, 개인으로 확대되었다.[48]

1970년대부터 1980년대에 걸쳐 남아프리카공화국의 인종 분리 정책Apartheid에 대응하여 그 나라에 진출한 미국 기업에 대한 투자 거부 운동이 발생하여 인종 분리 정책의 종식에 기여하였다고 한다. 또한 베트남 전쟁에서도 동일한 형태의 운동이 일어나 윤리적인 투자의 조류는 SRI 펀드Socially Responsible Investment Fund 즉 사회책임투자펀드의 탄생에 영향을 미쳤다. 1971년에 최초의 SRI 펀드인 Pax World Fund가 조성되어 마음에 들지 않는 활동을 하는 기업을 투자 대상으로부터 제외하는 네거티브 스크리닝Negative Screening을 이용한 SRI 펀드가 1980년대에 성장하여 왔다. 2000년대에 들어오면서 사회문제의 해결에 기여하고 그 영역에 성과를 내는 기업을 선택하여 투자를 하는 포지티브 스크리닝Positive Screening을 하게 되었다.[49]

국제적 규범

ESG는 대체적으로 연성 규범의 형태로 제도화되는 과정에 있다. 연성 규범이란 대체적으로 국가의 강제력으로 보증되고 있는 통상의 경성 규범hard law에 해당하지 않는 법 규범을 총칭하는 것으로 이해된다. 따라서 연성 규범이란 "민간 기관private institution이 선언한 기준standard, 원칙principle, 규정norms의 집합체로서 사실상의 구속력은 가지지만 그 구속력이 국가의 강제로 지지되지 않은 것"을 의미한다.[50] 말하자면 국가 이외의 자에 의하여 형성된 규범이며 국가가 강제하는 것이 예정되지 않는 규범을 말한다. 이는 단순한 사적인 규범으로서 자발적·윤리적인 것이라는 점에서 자발적 명령spontaneous order, private ordering 혹은 자율규제self-regulation 등으로 불리기도 한다.[51] 예컨대, 민간 부문의 개별 기업이나 조직화된 전문 단체 또는 동업자 단체가 주체가 되어 일정한 행동강령code of conduct을 통해 그 구성원 혹은 산업체의 행위를 규율하는 경우 그 행동강령이 이에 해당한다.[52] 이 경우에는 법적 의무가 발생하지 않기 때문에 법원에 호소할 수 없게 되는데, 이것이 바로 전형적인 연성 규범에 해당한다.[53]

UN이 채택한 결의·선언 등은 일반적으로는 법적 구속력이 없다. 남북문제 등이 얽혀져서 선진국과 개발도상국과의 사이에 공통적인 법규범의 성립이 곤란한 경우에는 일정한 합의 내용을 국제법의 틀속에서 수용하기가 곤란하다. 이 때문에 국제적으로 규범은 우선 결의·선언 등의 형식으로 제시되기도 하는데, 이는 그 이후에 국제적인 콘센서스의 형성을 재촉하거나 머지않아 구속력을 가지는 정식의 조약 성립으로 유도하는 정도의 의미를 가진다. 따라서 국제법에서의 연성 규범은 결국 머지않아 경성 규범으로 되기 이전 단계의 규범을 의미한다.[54]

이러한 연성 규범이라는 개념은 20세기 후반에 국제법학에서 탄생한 개념이지만,[55] 21세기에 접어들어 그 적용 영역을 넓혀서 기업 관련 법제 등 국내법 분야에서도 주목받고 있다.[56]

OECD 다국적 기업 가이드라인[57]

1976년 경제개발협력기구OECD는 CSR 규격화의 효시라고 볼 수 있는 〈OECD 국제 투자와 다국적 기업에 관한 선언OECD Declaration on International Investment and Multinational Enterprises〉을 제정하였다. OECD 다국적 기업 가이드라인이하 'OECD 가이드라인'으로 줄임은 〈OECD 국제 투자 및 다국적 기업에 관한 선언〉의 일부로 이후 5차례 개정을 거쳐 현재는 2011년 개정본이 적용되고 있다.[58] OECD 가이드라인은 가입국에서 사업을 운영하거나, 가입국에 본거지를 두고 사업을 운영하는 다국적 기업에 대한 가입국 정부의 권고다. OECD 가이드라인은 11개의 장, 즉 정보의 공개, 인권, 환경, 노동, 뇌물 방지, 소비자 보호, 과학 및 기술, 조세, 그리고 경쟁 등 다국적 기업들의 운영 및 활동에 있어서 준수하는 것이 바람직한 행동들을 포괄적으로 다루고 있다. 특히 2011년 개정을 통해 인권에 관한 장제4장이 신설되었다.[59] 지금까지 한국 등 35개 OECD 회원국과 13개 비회원국이 '가이드라인'을 수락하였다.

ILO의 3자 선언

1977년 국제노동기구ILO가 〈다국적 기업과 사회정책에 관한 3자 선언Tripartite Declaration of Principles Concerning Multinational Enterprises and Social Policy〉을 제정했다. 이는 개발도상국의 고용 창출을 비롯한 다국적 기업의 활동이 사회에 미치는 영향과 노동과 사회정책 분야에서 정부-고용주-노동자가 합의한 보편적 원칙을 최초로 선언했다는 의미가 있다.[60] 동 선언은 2000년과 2006년에 개정되었고, 2017년에 2006년 이후 발전된 기업의 지속가능성을 촉진하려는 새로운 국제적 노동기준을 반영하기 위해 다시 개정되었다.

GRI 표준

1997년 글로벌 보고 이니셔티브GRI, Global Reporting Initiative는 유엔환경계획UNEP 등에 의해서 설립된 비정부기구로서 〈지속가능경영 보고에 대한 GRI 표준Sustainability Reporting Standards〉의 초안을 공개하였으며, 2000년 6월에 초판을 발표하였다.[61]

이 표준은 모든 조직에서 사용 가능한 지속가능성 보고를 위한 신뢰할 수 있는 확실한 틀을 제공하는 것을 목적으로 하고 있으며, 조직의 형태, 업종, 기업 규모, 활동 지역, 지금까지의 보고 실적 등에 관계없이 모든 조직을 대상으로 한다. 오프라인에서 책자로 보고하는 경우뿐만 아니라 웹 사이트에서 보고하는 경우에도 적용된다. 또한 연차보고서와 재무제표와의 조합 등 다양한 형식을 이용하는 것도 가능하다.

공통표준	모든 조직에 적용되는 기준	
	GRI 101	GRI 표준을 사용하기 위한 기초
	GRI 102	일반 공개사항
	GRI 103	자료 항목에 대한 관리 방법
항목별 표준	조직마다 특정 항목을 선택하여 보고	
	GRI 200	경제
	GRI 300	환경
	GRI 400	사회

GRI 표준은 경제 분야에서 6개 주제를 대상으로 하여 13개 지표가 마련되어 있고, 환경 분야에서 8개 주제를 대상으로 30개 지표, 그리고 사회 분야에서 19개 주제를 대상으로 34개 지표가 준비되어 있다. GRI 표준은 다시 보고 원칙 및 표준, 이행 매뉴얼로 나뉜다. 표준은 공통 표준과 항목별 표준으로 다시 나뉜다. 공통 표준은 그 내용이 조직 프로필, 전략, 윤리와 도덕성, 지배구조, 이해관계자 참여, 보고의무로 구성되어 있다. 항목별 표준은 경영 접근 방식 공개, 경제, 환경, 사회로 구성되어 있다. 이들은 다시 세부적인 항목으로 구분되는데, 예를 들어 사회 부문을 보면 ① 노동 관행 및 양질의 일자리: 고용·노사 관계·산업 안전 보건·공급업체 노동 관행 평가 등, ② 인권: 차별 금지·아동노동 및 강제 노동 금지·원주민 권리·공급업체 인권 평가 등, ③ 사회: 반부패·공공정책·사회에 미치는 영향 평가 등, ④ 제품 책임: 고객의 안전 보건·개인정보 보호 등으로 세분되어 있다.[62]

세계 유수의 기업들이 이 표준을 바탕으로 지속가능성 보고서또는 지속경영보고서, CSR 보고서, ESG 보고서 등을 발행하고 있다. 이처럼 GRI가 표준을 발표한 이래 이제는 지속가능성보고서가 대중화되었다고 평가받고 있다.

기타

다국적 기업의 설립과 운영으로 인해 황폐해 가는 인권 및 고용 등 제반 환경과 관련하여 다국적 기업에 대해 일찍부터 그 부작용에 대하여 우려를 표시하면서 다국적 기업에 대한 행동 지침으로서 1999년 UN이 채택한 〈UN 세계협약The United Nations Global Compact〉과 2003년 UN 경제사회이사회 산하 인권위원회 소위원회가 초안한 〈인권에 관한 다국적 기업과 기타 기업의 책임에 관한 규범Norms on the Responsibilities of Transnational Corporations and Other Business Enterprises with Regard to Human Rights〉 등이 있다.

ESG의 출현과 전개

2020년 이전

1. 유엔 글로벌 콤팩트의 〈누가 승리를 신경 쓰는가〉 보고서

ESG는 2004년 말 유엔 산하의 자발적 기업·시민 이니셔티브인 유엔 글로벌 콤팩트UN Global Compact가 발표한 〈누가 승리를 신경 쓰는

가: 변화하는 세계로 금융시장을 연결하기Who cares Wins: Connecting Financial Markets to a Changing World〉라는 보고서에서 처음 등장하였다. 때문에 ESG 개념의 등장은 코피 아난 전 유엔 사무총장이 주도적으로 노력한 결과로 알려져 있다.

기존에는 기업 가치를 측정하는 방법은 실적 및 재무 현황 분석이 주류였다. 그러나 UN은 위의 보고서에서 기업이 지속가능한 성장을 위해서는 ESG를 체계적으로 고려할 수밖에 없으며, 이를 위해서는 기업의 가치에 영향을 미치거나 미칠 수 있는 비재무적 요소에 주목할 필요가 있다는 점을 분명히 하였다.

2. 유엔 책임투자원칙

2005년 초, 코피 아난 유엔 사무총장은 〈책임투자를 위한 원칙〉의 개발을 위해 세계의 대형 기관투자자 그룹을 초대하였다. 투자업계, 정부 조직, 시민단체의 많은 전문가들이 이들의 토론을 지원하였고, 최종적으로 2006년 4월에 UN 차원의 〈책임투자원칙Principles for Responsible Investment, PRI〉이 뉴욕증권거래소에서 발표되었다. 이렇게 탄생한 PRI는 유엔환경계획/금융이니셔티브UNEP/FI와 금융기관, 다양한 전문가 그룹이 4차례의 대규모 미팅을 통해 제정된 세계 최초의 사회책임투자 원칙이라는 점에서 의의가 있다.[63]

PRI는 6개의 투자 원칙과 35개의 세부 실천 프로그램으로 구성되어 있는데 6개의 투자 원칙은 다음과 같다. 이 원칙은 전 세계의 주요 투자자들이 투자 결정을 내리는 데 있어서 ESG 요소를 반드시 반영할 것을 촉구하고 있다.

1. 우리는 ESG 이슈를 투자 분석 및 의사결정 과정에 반영한다.

2. 우리는 적극적 투자자로서 ESG 이슈를 우리의 투자 정책과
   운용원칙에 반영한다.

3. 우리는 투자 대상에게 ESG 이슈에 대한 적절한 공시를 요구한다.

4. 우리는 자산운용업계의 PRI 수용과 이행을 위해 노력한다.

5. 우리는 PRI 이행의 효과를 높이기 위해 상호 협력한다.

6. 우리는 PRI 이행에 대한 활동이나 진행 상황에 대해 보고한다.

이처럼 UN이 발표한 책임투자 원칙은 투자 판단 시 고려해야 할 요소로 ESG를 규정하고 있다. 특히 기관투자자는 투자자들의 자산에 대해 장기적 관점에서 최상의 수익을 이끌어낼 신인의무fiduciary responsibilities를 부담하고 있으므로 수탁자로서의 책임을 다하기 위해서는 기업의 ESG 측면을 충분히 고려하여 투자 판단을 해야 한다는 것이다.[64]

이 원칙이 출범할 당시 네덜란드공무원연금, 캘리포니아공무원연금, 뉴욕공무원연금 등 각국의 주요 연기금과 기업 연금 등 약 30여 개의 기관투자자들이 서명하였다.[65] 2021년 1월 이 원칙에 서명한 기관은 현재 3615곳으로 늘어났으며, 지난 15년간 서명 기관의 투자 자산 비중은 16배 증가하였다. 우리나라에서는 국민연금을 위시하여 11개사가 가입한 상태이다.

UNPRI에 서명하는 것은 자발적이며 최소한의 가입 요건이나 사회적 투자에 대한 절대적인 실천 기준이 존재하는 것은 아니지만, 서명

기관들은 PRI를 어느 정도 이행했는지를 매년 보고하고 평가할 의무
는 존재한다.[66]

3. 유럽위원회의 사회적 책임 조달 가이드라인

EU에서는 EU의 정책집행기관인 EU위원회European Commission가
강력한 리더십을 가지고 CSR을 추진하고 있다. 2010년 10월에는 공
공이 사회적으로 책임지는 방식으로 재화와 용역을 구매할 것을 내용
으로 하는 〈사회책임에 따른 구매: 공공조달에 있어서 고려 사항에 대
한 가이드Buying Social: A Guide to Taking Account of Social Considerations in
Public Procurement〉를 제시하였는데, 이는 일반적으로 〈사회적 책임 조
달 가이드라인〉으로 불리고 있다. 요컨대, 이 가이드라인은 유럽에서
는 공공조달 영역이 사회적 책임 조달로 전환하여야 한다는 것을 내
용으로 하고 있다. 이에 따르면 사회적 책임 조달Socially Responsible
Public Procurement은 EU 조약과 조달 지침상의 원칙을 준수하되, 고용
기회, 양질의 일자리, 사회적 권리와 노동권의 준수, 사회적 포용장애인
등에 대한 것을 포함, 그리고 기회 균등, 모두가 안전하게 이용 가능할 수
있도록 환경을 설계하는 것, 그리고 윤리적 거래 이슈 및 기업의 사회
적 책임에 대한 광범위하면서도 자발적인 준수를 포함하는 지속가능
성 기준을 고려하는 것 등 사회적 동기를 하나 이상 반영하는 조달로
정의된다.[67]

영국의 경우 2012년 제정된 「공공서비스에 관한 사회적 가치법
Public Services Social Value Act」은 구매 기획 단계에서 사회적 가치를 고
려할 것을 요구하고 있다.

한국의 경우 2007년 「사회적 기업 육성법」 제12조 제1항이 "공공기관의 장은 사회적 기업이 생산하는 재화나 서비스의 우선 구매를 촉진하여야 한다"라고 이미 규정하고 있으며, 2016년에 개정된 「조달사업에 관한 법률」은 제3조의2현행법 제6조를 신설하여 "조달청장은 기업의 사회적 책임을 장려하기 위하여 조달 절차에서 환경, 인권, 노동, 고용, 공정거래, 소비자 보호 등 사회적·환경적 가치를 반영할 수 있다"는 내용을 규정한 바 있다.

4. ISO 26000

보통 ISO라고 표시되는 국제표준화기구International Organization for Standardization는 1947년 업무를 시작한 이래 세계 전 지역의 대다수의 국가들이 이 기구에 가입한 상황이다. ISO는 표준을 개발하는 업무를 담당하고 있으며, 특히 ISO 규격은 품질, 환경, 안전, 경제, 신뢰성, 호환성, 능률 및 효과 등에 관하여 국제적으로 보장하는 의미가 있다. 이러한 표준을 사용함에 따라 무역을 촉진시킬 수 있으며, 기술의 확산 등을 추구할 수 있다. ISO는 시장이 요구하는 표준만을 개발하며, 그러한 개발 작업은 여러 국가에서 참여한 전문가 그룹에 의해 이루어진다. 이 때문에 국제 규격의 이름으로 공포되는 ISO 규격은 그 분야에 대한 국제적인 합의를 나타낸다.[68]

ISO는 CSR 관련 표준 개발을 2000년대 초반부터 작업을 시작하였으며 마침내 2011년 11월 1일 사회적 책임에 관한 규격인 ISO 26000Guidance on Social Responsibility을 발표하였다.[69] 이 규격은 지속가능한 사회의 구축과 발전을 위하여 조직은 사회적 책임을 부담할 필요가 있다는 취지의 세계 표준이다. 이 규격과 다른 기관이 발행한 각종의 지침과의 정합성을 확실하게 하기 위하여 ISO는 국제노동기구ILO, UN Global CompactUNGC, OECD와 각서까지 교환해 가면서 다른 지침 혹은 기준과의 정합성을 제고하기 위하여 노력한 바 있다.[70]

ISO 26000은 사회적 책임의 기본 원칙 및 사회적 책임 관련 핵심 주제 등에 관하여 지침을 제공하고 있다. 이는 규모를 불문하고 선진국이든 개발도상국이든 관계없이 모든 형태의 조직기업, 공공기관, 시민단체 등에 적용된다. 따라서 그 조직이 영리기업인지, 공공기관인지 또는 시민단체인지의 여부를 묻지 않는다.[71] 다만, ISO 26000의 모든 내용이 모든 형태의 조직에 동등하게 적용되지는 않지만 핵심 사안은 모든 조직에 관련된다.

ISO 26000에서는 조직기업이 최소한 충족하여야 하는 7가지 기본 원칙과 7가지 핵심 주제를 제시하고 있는데, 이는 다음과 같다. 먼저 기본 원칙으로는 ① 조직은 자신이 사회와 환경에 미치는 영향에 대해 책임을 부담한다는 설명책임Accountability, ② 조직은 사회 및 환경에 영향을 미치는 결정 및 활동에 대해 투명성을 유지해야 한다는 투명성Transparency 원칙, ③ 조직은 어떤 경우에도 윤리적으로 행동해야 한다는 윤리적 행동Ethical behaviour 원칙, ④ 조직은 이해관계자의 이익을 존중하고 잘 고려하여 지원해야 한다는 이해관계자의 이익 존중 Respect for stakeholder interest 원칙, ⑤ 조직은 법의 지배를 존중하는 것이 의무라고 인정하는 법의 지배 존중Respect for the rule of law 원칙, ⑥ 조직은 법의 지배를 존중한다는 원칙에 따라 동시에 국제 행동 규범을 존중해야 한다는 국제 행동 규범 존중Respect for international norms of behaviour 원칙, ⑦ 조직은 인권을 존중하고, 그 중요성과 보편성을 모두 인식해야 한다는 인권 존중Respect for human rights 원칙이 그것이다.[72]

7가지 핵심 주제는 다음과 같다. 첫째, 조직의 지배구조Organizational governance에 관련된 사항이다. 조직의 지배구조는 목표 달성을 위한 의사결정과 실행을 할 수 있어야 한다. 효과적인 지배구조는 설명책임, 투명성, 윤리적 행동, 이해관계자의 이익 존중, 법의 지배 존중의 원칙과 관행을 결정하고 실행하는 것을 기본으로 하여야 한다. 둘째, 인권Human rights 관련 사항이다. 인권은 사람이라면 모두에게 주어진 기본권이다. 인권은 남이 빼앗을 수없는 보편적인 것이다. 셋째, 노동 관행Labour practices에 관련된 사항이다. 이에는 조직 내에서 조직 또는 조직을 대신하여 수행되는 노동에 관련된 모든 정책 및 관행이 포함된다. 넷째, 환경Environment 관련 사항이다. 조직은 환경 기준환경 책임, 예방적 접근, 환경 리스크 관리, 오염자 부담을 존중하고 촉진해야 한다. 다섯째, 공정한 사업 관행Fair operating practices에 관한 사항이다. 정당한 사업 관행은 조직이 다른 조직과 개인과 거래할 때의 윤리적 행동에 관련된 사항이다. 여섯째, 소비자에 관한 사항Consumer issues이다. 소비자에 대한 사회적으로 책임 있는 관행의 지침이 되는 원칙으로는 ① 생활에 필수적인 것이 충족되는 권리, ② 안전의 권리, ③ 알 권리, ④ 선택할 권리, ⑤ 의견을 들을 수 있는 권리, ⑥ 구제받을 수 있는 권리, ⑦ 소비자 교육을 받을 권리, ⑧ 건강한 삶의 권리가 인정되고 있다. 일곱째, 지역사회 참여 및 개발Community involvement and development에 관한 사항이다. 즉, 조직은 스스로가 공동체의 일원이며 지역사회와 분리된 존재가 아니다. 그리고 조직은 지역사회와 교류하면서 지역사회의 특성과 역사를 인정하고 존중하여야 한다.[73]

ISO 26000의 기본 내용

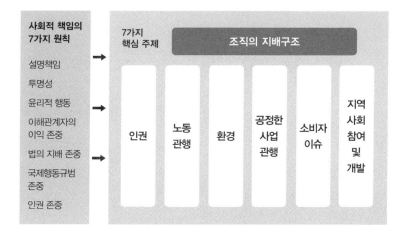

2020년 이후

1. 국제 동향

2020년 1월 초 미국에 본사를 둔 세계 최대 규모의 자산운용사인 블랙록의 CEO인 래리 핑크Larry Fink가 ESG 성과를 보고 투자를 하겠다고 하면서 자사의 상장지수펀드ETF, Exchange Traded Fund에 대한 투자를 ESG 통합 지수를 통해서 결정하겠다고 하여 전 세계적인 주목을 받게 되었다.[74] 래리 핑크는 서면을 통해서 기후변화로 인한 금융의 근본적인 재편을 언급하고 있다. 예를 들어 30년 모기지mortgage

와 같은 금융상품은 기후변화로 인한 장기적인 경제성장이나 투자 전망과 같은 요소들과 밀접하게 관련되어 있다는 것이다.[75]

그의 관점에 의하면 환경 변화로 인한 리스크는 투자에 대한 리스크인 것이다. 투자자들의 관점에서 투자 대상에 대한 전략적인 포트폴리오를 구성하기 위해서는 투자 대상의 지속가능성에 대한 정보공개를 더 많이 요구하게 된다는 것이고, 이런 점에서 투명성과 이해관계자들에 대한 적절한 대응이 가능한 기업과 국가에 대한 자본투자를 늘리게 될 것이라는 점을 강조한다. 바로 이를 위해서, 투자자들은 ESG를 강조하고 지속가능 경영에 적극적으로 개입할 필요가 있으며, 만일 투자 대상 기업이 ESG에 대하여 적절하게 대응하지 못하는 경우에는 이에 대한 대응을 촉구하고, 만약 이를 하지 못하는 이사 및 경영진에 대해서는 적절한 대처를 촉구하는 한편 이를 잘 할 수 있는 이사들을 선임하도록 의사결정을 해야 한다는 것이다. 래리 핑크의 서면에 따라서 투자 의사결정은 재무정보뿐만 아니라 비재무적인 요소를 포함하게 되었다. 이와 같은 블랙록의 원칙은 2021년 서신에서도 유지되고 있다.[76]

2. 국민연금 책임투자원칙

국민연금법에 따르면 국민연금은 기금을 관리·운용하는 경우에는 장기적이고 안정적인 수익 증대를 위하여 투자 대상과 관련한 환경·사회·지배구조 등의 요소를 고려할 수 있다제102조 제4항. 국민연금기금운용 지침에 책임투자원칙을 다음과 같이 제시하고 있다.

〈원칙 1〉 국민연금기금은 장기적이고 안정적인 수익 증대를 위하여 투자 대상과 관련한 환경·사회·지배구조 등의 요소를 고려하여 책임투자를 이행합니다.

〈원칙 2〉 국민연금기금은 최고 의사결정 기구인 기금운용위원회가 정한 본 원칙, 〈국민연금기금 수탁자 책임활동에 관한 지침〉에 따라 책임투자를 이행합니다. 민간 전문가로 구성된 수탁자책임 전문위원회는 책임투자 관련 기금운용위원회의 의사결정을 지원하고 기금운용본부가 이행하는 책임투자에 대한 검토 및 점검 등의 역할을 이행합니다.

〈원칙 3〉 국민연금기금은 원칙적으로 주식, 채권 자산군에 대해 책임투자를 이행합니다. 다만, 장기적이고 안정적인 수익 증대에 기여를 목적으로 기금 운용의 여건 및 자산군별 특성을 고려하여 다른 자산군에 대해서도 책임투자를 이행할 수 있습니다.

〈원칙 4〉 국민연금기금은 투자 의사결정 과정에서 재무적 요소와 함께 환경·사회·지배구조 등 비재무적 요소를 고려하는 프로세스를 마련하여 책임투자를 이행합니다.

〈원칙 5〉 국민연금기금은 투자 대상 기업의 중·장기적인 가치를 제고하기 위해, 수탁자 책임활동 지침 및 가이드라인에 따른 주주 활동 등을 통해 책임투자를 이행합니다.

〈원칙 6〉 국민연금기금은 위탁 운용사 선정 및 평가 시 책임투자 관련 사항을 고려하고, 위탁 운용사의 책임투자 이행 현황에 대해 모니터링을 수행합니다.

〈원칙 7〉 국민연금기금은 책임투자 이행 과정에서 투자 대상의 환경·사회·지배구조 등의 공시 개선을 유도하는 한편, 관련 제도 개선 건의 및 기금 운용 관련 거래 기관의 환경·사회·지배구조 등 정보 활용 유도 등을 추진합니다.

〈원칙 8〉 국민연금기금은 책임투자의 효과적 이행을 위해 필요한 역량과 전문성을 제고하기 위해 지속적으로 노력합니다. 이를 위해 책임투자 관련 국제 기관투자자 협의체 등을 통하여 해외 연기금 및 기관투자자와 지속적인 커뮤니케이션 채널을 구축하고 교류 확대 등을 추진합니다.

〈원칙 9〉 국민연금기금은 기금의 책임투자 현황과 방향을 투명하게 공개하고, 책임투자 원칙 및 지침, 책임투자 이행 내역 등을 주기적으로 보고합니다.

3. 한국거래소 ESG 정보공개 가이던스

최근 글로벌 자본시장은 지속가능한 발전을 위한 기업의 역할에 주목하고 기업의 비재무적 요인을 투자 의사결정에 반영하는 ESG 투자 문화가 확산되고 있지만 아직 대부분의 국내 기업들은 기업의 비재무 정보의 공개 수준은 매우 제한적이며 이에 대한 인식도 낮은 수준이라 할 수 있다. 이에 한국거래소는 2021년 1월에 상장법인의 ESG 정보공개 활성화를 위하여 〈ESG 정보공개 가이던스〉를 제정하여 공포하였다.

이 가이던스는 정보공개를 위한 실질적 방법 등을 안내하기 위해 작성된 것으로서 이를 통해 ESG 정보공개에 익숙하지 않은 상장법인들의 불편을 줄이려는 데 그 취지가 있다.[77] 가이던스는 정보공개의

필요성, 보고서 작성과 공개 절차, 그 과정에서 준수해야 할 원칙 및
ESG 정보공개와 관련한 글로벌 표준 등으로 구성되어 있는데, 그 주
요 목차를 간추리면 아래와 같다.

한국거래소 ESG 정보공개 가이던스

구분	주요 내용
1. 목적	가이던스 제정의 목적
2. ESG의 개념	ESG의 개념, 정보공개의 필요성
3. 이사회 및 경영진의 역할	ESG 이슈 관리를 위한 이사회·경영진의 역할
4. 정보공개 원칙	ESG 정보공개 과정에서 준수해야 할 원칙
5. 중요성	중요성의 개념 및 중요성 평가 절차
6. 보고서 작성 및 공개 절차	이해관계자 의견 수렴 등 보고서 작성 절차
7. 공개 지표	주요 정보공개 표준 및 권장 공개 지표
[참고] 주요 표준의 공개 지표	WFE, TCFD 및 GRI의 공개 지표

※ WFE는 세계거래소연맹(The World Federation of Exchanges)을 뜻한다.
출처 : 한국거래소, "[보도자료] 「ESG 정보공개 가이던스」 제정 및 교육 동영상 제작" (2021.1.18)

구체적으로 이 가이던스는 상장법인들이 실질적인 도움을 받을 수
있도록 주요 항목에 대한 모범규준Best Practice과 공개 대상 정보를 선
택하는 데 참고할 수 있는 권고 공개 지표12개 항목 21개 지표를 제시하고
있다. 권고 지표는 환경·사회·조직의 3개 카테고리를 기준으로 세부
항목과 이를 평가하는 지표들로 구성되어 있다.

한국거래소의 ESG 관련 정보 공개 권고 지표

구분	환 경	사 회	조 직
항목	온실가스 배출(3) 에너지 사용(3) 물 사용(1) 폐기물 배출(1) 법규 위반·사고(1)	임직원 현황(4) 안전·보건(3) 정보 보안(1) 공정 경쟁(1)	ESG 대응(1) ESG 평가(1) 이해관계자(1)

참조: 괄호 안의 숫자는 해당 항목 세부 지표의 수를 표시함
출처: 한국거래소, "[보도자료] 「ESG 정보공개 가이던스」 제정 및 교육 동영상 제작" (2021.1.18)

한국거래소는 ESG 정보공개 가이던스에서 상장기업이 ESG 정보공개 시 지켜야 할 정보공개 원칙으로 ① 정확성accuracy, ② 명확성clarity, ③ 비교 가능성comparability, ④ 균형balance, ⑤ 검증 가능성verifiability, ⑥ 적시성timeliness을 제시하고 있다.

평가

기업의 사회적 책임의 경우와 마찬가지로 ESG 관련하여 연성 규범이 많이 제시되어 있다. 이처럼 연성 규범이 이용되는 이유는 무엇인가? 이를 나누어 살펴보면 다음과 같은 효용이 있음을 알 수 있다.

첫째, 규범 수립norm-setting에 필요한 비용을 줄일 수 있다. 일반적으로 경성 규범의 경우에는 그 법적인 강제력을 염두에 두고 제정되기 때문에 연성 규범의 경우보다 신중한 입장에서 제정 작업을 하여야 하지만 연성 규범의 경우에는 법적 강제력이 없다 보니 상대적으

로 규범 관련 당사자들에게 위험이 적으므로 경성 규범에 비하여 용이하게 수립이 가능하다. 강제력이 없는 규범에 대하여는 준수하지 아니하는 경우에 제재할 수 있는 방법이 없기 때문에 실효적이지 않다고 볼 수도 있지만, 오히려 강제력이 없기 때문에 광범위하고 심도 있는 합의를 형성하는 데 용이하다는 이점을 누릴 수도 있다.[78]

둘째, 개방성이 보장된다. 연성 규범은 그 형성 과정에서 연성 규범에 관심이 있는 광범위한 개인 또는 집단의 참여가 가능하다. 이러한 개방성은 민간 분야의 활발한 참여를 제고시켜서 투명성을 보장하게 되어 그러한 규범의 보급을 용이하게 한다.[79]

셋째, 유연성을 확보할 수 있다. 연성 규범은 다양한 법체계와 조화를 이룰 수 있음은 물론이고 급속하게 변화하는 변화무쌍한 사회적 환경에서도 신속한 적용이 가능하다.[80] 특히 시장은 경제 변동에 따라 변화가 심한 분야이므로 새로운 법규로서 대응하는 것도 시장의 변화에 맞추어 신속하고 유연하게 이루어져야 한다. 더군다나 시장을 둘러싼 법적·상업적 제도와 환경에는 다양성이 혼재되어 있기 때문에 구속적인 규범에 의한 획일적인 방법으로는 정확하고 적시의 대응이 곤란하다. 이러한 점에서 연성 규범은 매우 큰 의의가 있다.

3
ESG와 유사 개념

국내에는 아직까지 ESG의 개념을 정립하기 위한 심도 있고 활발한 논의가 이루어지지 않고 있다. 본래 어떤 개념을 한정짓거나 정의하기 위해서는 그 개념의 대상을 특정하고 그 개념을 다른 것과 구별하게 하는 내재된 보편적인 원리를 밝히는 과정이 필요하다. 그러나 ESG는 그 특성상 아직까지 발전 과정에 있으며 문제 지향적이다. 이 때문에 ESG는 유동적인 변화가 가능한 개념이라 할 수 있다. 따라서 ESG의 구성요소를 특정하고 그것을 중심으로 개념을 정의하는 것은 ESG의 발전적 미래를 제대로 포섭할 수 없다는 단점이 있다. 그러므로 ESG의 연혁적인 측면에 주목하고 이를 ESG의 확산 과정이나 특성에서 발견되는 보다 보편적인 원리로부터 그 정체를 파악해야 한다. 이번 장에서는 ESG와 유사한 개념인 CSR, SRI, CSV의 개념, 그리고 이들과 ESG와의 차이점을 살펴본다.

ESG와 CSR의 구별

CSR의 정의

제2장에서 살펴본 바와 같이 ESG가 본격적으로 논의되기 전에 사회적으로 쟁점이 되었던 대표적인 것이 CSR이다. 기업은 사회의 여러 구성요소들과 상호작용을 한다. CSR은 기업이 공동체의 구성원으로서 자발적으로 사업과 관련된 여러 이해관계자들을 분석하고 이에 추가하여 사회적·환경적 요인들을 분석하여 이를 적극적으로 경영 활동에 적용하도록 하는 것을 요구하는 것을 말한다고 본다. 때문에 CSR은 기업들에게 기업 자체의 이윤 추구 활동 외에 사회적으로 기여를 하는 것도 기업의 책임이라고 인식하고 실천하도록 하는 것이다.

OECD의 〈다국적 기업 가이드라인〉은 기업의 책임 경영Responsible Business Conduct이라는 개념을 처음 소개하였는데, 이는 인권법, 환경보호, 노동관계 및 재무적 책임 준수를 포함하고 있으며 사회적으로 요구되는 각종 요구들을 말하는 것으로 기업의 사회적 책임을 의미하는 것으로 해석되기도 한다.[81] 이 같은 해석을 고려한다면 기업의 책임 경영은 국제적인 규범으로서 발전되어 왔으며 갑자기 어느 날 등장한 개념으로 보기는 어렵다.[82]

국내에서 CSR에 관한 논의는 이미 상당한 정도로 진행되어 왔고, 이런 논의들은 대기업뿐만 아니라 중소기업의 경우에도 경영의 고려사항으로 권장되고 있다.[83] 중소기업의 경우에도 CSR을 통해서 소비자 만족을 높일 수 있는 제품의 개발이나 제품 개발 프로세스의 개선을 이룰 수 있고, 근로자들의 창의성과 근로 의욕을 높일 수 있으며, 소문을 통해서 회사를 더 많이 대중에게 알릴 수 있고, 회사의 사회적 이미지를 개선할 수 있는 등의 장점이 있다는 것이다.[84] 중소벤처기업 부가 운영하는 '중소벤처 24'라는 사이트에서는 CSR을 "기업 활동 에 의해 영향을 받거나 영향을 주는 직·간접적 이해관계자들에 대하 여 발생 가능한 제반 이슈들에 대한 법적, 경제적, 윤리적 책임을 감당 할 뿐 아니라, 기업의 리스크를 줄이고 기회를 포착하여 중장기적 기 업 가치를 제고할 수 있도록 추진하는 일련의 이해관계자 기반 경영 활동"으로 정의하고 있다. 중소벤처기업부는 CSR에 관한 다양한 정 의를 아래와 같이 소개하고 있다.[85]

- **Deborah Doane, The Myth of CSR :** 이익 창출 및 이해관계자 들의 수요에 부응하기 위해 규제에 순응하는 것 이상으로 기업이 노 력하는 것
- **OECD :** 기업과 사회와의 공생 관계를 성숙시키고 발전시키기 위해 기업이 취하는 행동
- **World Business Council for Sustainable Development(1998) :** 직원, 가족, 지역, 사회 및 사회 전체와 협력해 지속가능한 발전에 기 여하고 이들의 삶의 질을 향상시키고자 하는 기업의 의지
- **Commission of the European Communities(2001) :** 기업 스 스로가 자신의 사업 활동을 행할 때나 이해관계자와의 상호관계에서 자발적으로 사회적 또는 환경적인 요소들을 함께 고려하는 것

이러한 사회적 책임 개념 이슈는 다양한 분야에서 발생할 수 있는데, 회사의 이름으로 정치자금을 제공한 사건에서 대법원은 "회사의 대표이사가 보관 중인 회사 재산을 처분하여 그 대금을 정치자금으로 기부한 경우 그것이 회사의 이익을 도모할 목적으로 합리적인 범위 내에서 이루어졌다면" 합리적인 경영 판단의 적용 범위 내에 있는 것으로 판단하였다.[86] 이는 합리적인 범위 내에서 이루어지는 회사의 공익적 행위는 회사가 아무런 제약 없이 할 수 있다는 것이다.

CSR의 이해관계자 자본주의와의 관련성

미국의 경우 1919년 미시간 주 대법원은 〈닷지 대 포드자동차Dodge v. Ford Motor Co. 사건〉에서 이사는 전적으로 주주의 이익을 위하여for the exclusive benefit of the shareholders 회사 업무를 수행해야 한다고 판시하였다.[87] 이 사건은 당시 회사가 이익을 주주에게 배당을 하지 않고 새로운 공장을 추가 건설하는 데 투자하겠다고 결정하자 주주였던 닷지 형제가 새로운 공장 건설을 반대하면서 회사의 이익을 주주들에게 배당해야 한다고 다투었던 사건이다. 회사 측은 새로운 공장의 건설 이유를 보다 저렴한 가격으로 자동차를 생산하여 미국인들의 삶의 질을 높이겠다고 밝힌 바 있었다. 이에 대해 미시간 주 대법원은 회사의 목적은 그러한 인류애적인 사고의 구현이 아니라 주주들의 최대 이익이 목표라고 설시한 바 있다.

그 후 1930년대 초에 콜롬비아대학 로스쿨의 벌Berle 교수와 하버드대학 로스쿨의 도드Dodd 교수는 "회사 경영자는 누구를 위한 수탁자인가?"를 두고 논쟁을 벌인 바 있다. 벌 교수는 주주 중심주의 shareholder primacy의 입장에서 경영자는 주주에 대해 의무를 부담한 다고 주장한 반면, 도드 교수는 하버드 로 리뷰에서 회사의 경영진이 주주의 이익을 위해서 행동하여야 하지만 주주의 이익만을 위해서 행 동하여야 하는 것은 아니라고 하면서 기업은 보통법상 사적인 문제라 기보다는 공적인 문제로서 기업의 경영진은 공적인 이익을 위해서 행 동하여야 한다고 주장하였다.[88] 도드 교수의 주장은 이해관계자 자본 주의stakeholder capitalism의 개념과 관련성을 가지고 있는 것이다.[89] 이 상과 같이 기업의 사회적 책임에 대한 논의는 적극적인 주주권 행사 를 지향하는 주주 행동주의shareholder activism가 확산되면서 한층 강 화되기는 하였으나,[90] 이는 주주 자본주의를 초월하여 이해관계자 자 본주의와 연결되어 있다는 점이 특징이다.

CSR의 구체적 사례

CSR에는 사회 공헌 활동이라고 불리는 다수의 활동이 이에 포섭된 다. 예를 들어 기업들이 스포츠단을 운영하는 것도 이러한 활동의 하 나로 인식될 수 있다. 우리나라의 경우에도 기업들은 각종 스포츠단 을 운영한다. 양궁협회는 현대자동차 그룹이 오랜 기간 회장사로 있 으면서 대한민국 양궁이 2021년에 개최되었던 2020 도쿄올림픽에 서 남녀 혼성, 남자 및 여자 단체, 그리고 여자 개인까지 5개의 전체 메달 중 4개를 석권하는 위업을 이루는데 물심양면의 지원을 다했다. 과거 복싱에 한화그룹이, 레슬링은 삼성그룹이 회장사를 맡으면서 해당 종목을 세계적인 성과를 내는 종목으로 육성하는 역할을 했다. 그리고 우리나라에서 가장 대중적으로 인기 있는 스포츠인 프로야구단도 이런 사회 공헌과 수익을 내는 기업, 홍보의 수단 등의 역할들이 혼합되어 있다. 프로축구도 프로페셔널이라고 하지만 축구단 운영이 사회 공헌이라는 인식에서 완전히 자유롭지 않다.

이런 유사한 사례가 일본에서도 발견된다. 2019년에 방영된 일본 드라마 중에 '노사이드 게임ノーサイド・ゲーム, No Side Game'이 있다. 럭비 경기가 종료된 상황을 말하는 '노사이드 게임'이라는 단어를 드라마 제목으로 사용한 것이다. 이 드라마에서 등장하는 자동차 회사는 기업의 이미지 제고를 위해서 럭비단을 운영한다. 그런데 사장은 럭비단을 운영하려고 하지만 차기 사장으로 유력한 상무는 럭비단이 우리 돈 약 140억 원에 달하는 14억 엔의 예산을 사용하면서도 순위는 일본 사회인 럭비 리그에서 최하위이고 기업 이미지에도 도움이 되지

출처 : 공식 홈페이지인 https://www.tbs.co.jp/noside_game_tbs/

않으니 없애야 한다고 생각한다. 이 럭비단을 운영하는 것이 맞을까 아니면 생산성에 기여하거나 기업의 수익성에 기여하는 바가 없는 럭비단은 해체되어야 하는가. 이 문제가 드라마를 관통하는 큰 질문이다. 드라마의 주인공이라고 할 수 있는 신임 럭비단 단장은 럭비단에 대해서 부정적인 인식을 가지고 있었지만 점차 럭비단의 존속 이유를 사회 공헌에서 찾고 럭비단이 성적을 내야만 하고, 동시에 지역사회에 공헌하는 자원봉사 활동을 하여야 하며, 이를 통해서 기업의 수익에도 기여할 수 있도록 하여야 한다는 결론을 내린다. 그리고 다수의 일본 드라마가 그렇듯이 교훈적인 일장 훈시들을 거치면서 럭비단은 하나가 되고 좋은 성과를 낸다.

CSR과 ESG의 비교

CSR은 사회 공헌의 성격을 가지고 기업들이 이를 행하면 긍정적인 이미지를 가질 수 있는 것으로 자발적으로 기업이 자신의 이익의 일부를 사회적으로 환원하는 것을 의미한다. 이는 회사의 공익적 행위가 회사의 실적에 도움이 되어 궁극적으로는 회사의 이해관계자의 이익 증진에 기여한다고 보기 때문이다.[91] 즉, 공익적 행위를 하는 회사의 경우 그 행위로 인한 평판 프리미엄reputational premium이 더 많은 이익 획득을 위한 원동력이 된다는 것이다.[92] 이 밖에도 예컨대, 회사의 CSR로 인하여 사회가 발전되고 윤택해지면 회사의 상품을 구매할 능력이 증가하여 장기적으로는 회사의 수익성을 제고한다는 논리 등도 제시되어 있다.[93]

ESG는 여기서 나아가 사회적 책임을 다하는 기업에 대하여 투자를 하는 것이라는 성격을 가지게 되었고, 따라서 어떤 기업이 사회적 책임을 다하는 기업인지, 예를 들어 환경, 사회, 지배구조 개선에 관심을 가지고 노력하는 기업인지에 대한 평가를 위한 정량적인 지표를 만들어 갔다는 점에서 차이가 있다.[94]

말하자면, CSR은 기업 스스로가 능동적으로 추구하여 기업의 이미지를 제고하는 반면에 ESG는 금융시장의 요청에 의하여 이해관계자를 배려하게 되는 측면이 강하다는 차이가 있다. 이런 점에서 적절한 평가 지표의 개발은 ESG의 특징적인 요소임과 동시에 가장 중요한 성패의 기초라고 본다.

ESG와 SRI의 구별

SRI란 CSR 경영을 추구하는 기업을 선별하여 투자를 하고, 아울러 이를 통해 기업이 CSR 경영을 행하도록 유도하는 투자 방법을 의미한다. 사회적 책임 경영을 외부적 압력에 의한 것이 아니라 스스로 사회적 책임을 다하기 위한 내부통제시스템의 일종으로 이해하기도 한다.[95] 이 견해는 사회책임투자SRI는 기업의 CSR 경영을 적극 유도할 수 있는 투자 방법으로서 의미를 가지고 있다고 보고, CSR을 다하는 기업을 선별하여 투자를 하고, 투자한 기업이 CSR 경영을 할 수 있도록 유도한다는 점에서 SRI는 중요한 역할을 할 수 있다고 본다.[96] 즉, 기업에 대한 투자 여부를 판단함에 있어 기업의 가치를 재무적인 차원에서만 평가하는 것이 아니라 사회적·환경적 측면 등도 고려하여 판단하는 것으로서, 기업의 CSR 경영 수행 여부가 투자 판단에 중요한 요소 중의 하나가 되는 것을 의미한다.[97]

투자의 시각에서 보면 사회적 책임투자는 다시 ① 지역 개발 투자 Community Development Investment, ② 사회 개발 투자 Social Development Investment 및 ③ 사회적 책임 있는 공공 투자 Socially Responsible Government Expenditure로 나눌 수 있데, 이러한 투자들은 투자 대상을 선정함에 있어 사회 전체에 이익을 고려한다는 점에서 공통점을 가지고 있다.[98] 금융회사는 이런 사회적 투자를 유도할 수 있는 지위에 있다. 이런 점에서 2001년 영국보험협회는 이를 위한 가이드라인을 제정한 바 있다. 보험회사가 기업에 대한 사회적 책임의 관점에서 리스크를 보고·공시하는 것을 요구하는 가이드라인으로서, 동 가이드라인의 발표를 통해 보험회사가 SRI를 자산운용의 한 방법으로 채택하였다.[99] 일본에서도 2003년에 스미토모투자신탁住友信託銀行이 기업 연금을 대상으로 하는 SRI펀드를 개발하여, 재무적 측면과 함께 사회적 측면과 환경적 측면을 고려하여 투자 대상을 정하였다.[100]

미국 SRI 주체들의 네트워크 조직인 SIF Social Investment Forum는 투자 의사결정에 있어서 개인적 가치와 사회적 가치를 통합하여 행동하는 것을 '사회적 책임투자'라고 칭했다.[101] 영국 SIF도 '사회적 책임투자'는 투자자의 금전적 목적과 사회, 환경, 윤리 문제에 대한 관심을 결합하는 행동이라고 하였다.[102]

이상에서 살펴보듯이 SRI는 투자 포트폴리오에 윤리적·사회적 관심사를 반영하는 데 비하여 ESG는 기업의 재무적 평가에 비재무적 분석을 추가하되 경제적 가치 창출을 더 중시하여 최적의 투자 성과를 강조하는 측면에 있다는 점에서 차이가 있다.

ESG와 CSV의 구별

CSV의 의의

기존에는 경제적 효과와 사회적 가치의 창출은 상반되는 것이라고 생각했지만, 이에 대해 양자의 공존 나아가 서로가 서로를 높이는 상황 – 기업 활동 자체가 사회적 가치를 창출하면서 동시에 경제적 수익을 추구하는 것 – 을 목표로 하는 것을 '공유가치 창출Creating Shared Value, CSV'이라 한다. 이 개념은 기업의 경쟁력과 주변 공동체의 번영이 상호 의존적이라는 인식에 바탕을 두고 기업의 목적이 이익 추구만이 아니라 공유가치 창출로 바뀌어야 한다는 생각에 기초한 것으로 마이클 포터Michael Porter와 마크 크리머Mark Kramer가 주창한 이론이다.[103] 이 개념은 CSR이라는 개념이 등장하면서 함께 대두되었고, 기업들이 자신들이 속한 지역사회 및 국제 사회를 위해 다양한 사회 공헌 활동을 하였지만 이런 노력에도 불구하고 기업을 둘러싼 위험 요소들이 극복되지 않고 있다는 문제의식에서 논의된 것이다. 이는 창조적 자본주의Creative Capitalism 내지 사회적 혁신Social Innovation 등의 다양한 개념으로 논의되었다.

마이클 포터는 기업 성과 제고를 위해서 기업의 수익 활동과 사회적 활동을 연계하여야 한다고 주장하였다. 그는 제품과 시장에 대한 사회적 수요와 잠재된 이익 및 위협 요소를 분석하고, 소비자들의 제품과 시장에 대한 다양한 요구를 충족하여 공유가치를 창출할 수 있다고 하였다. 다음으로 기업의 가치사슬에서 효율성을 제고하여 공유가치를 창출하여야 하는 바, 그는 이를 통해서 에너지 사용을 줄이고 자원 고갈이나 환경오염 문제나 노동 안정성을 높이는 것을 목적으로 한다. 협력업체에 기술을 공유하여 품질개선과 생산성 향상을 도모하여 공유가치를 창출하고, 유통에서의 경제적 가치를 높이고, 직원의 생산성을 높여서 직원의 임금과 복지, 교육 등을 강화하고 노조의 참여도 높여서 직원 생산성 개선을 도모한다. 마지막으로 지역 클러스터를 형성하고 활성화하여 대학, 연구소 등 해당 산업과 연관된 다양한 주체들이 형성되어 협업을 통한 기업의 생산성과 경쟁력을 향상시키도록 한다. 이와 같은 활동들은 여러 기업들의 실제 CSV 활동에 대한 소개나 지속가능성보고서에서 볼 수 있다.

CSV의 구체적 사례

실제 기업들이 CSV를 하고 있는 사례들을 볼 필요가 있다. 예를 들어, 식품기업 섹터에서 논의되는 CSV를 각 회사의 홈페이지를 통해 찾아서 정리·비교하면 옆의 표와 같다. 이들 기업들의 CSV 방향을 살펴보면 각 사의 주력 제품의 소비자 또는 소비 환경을 중심으로 그들의 건강, 삶의 질의 개선, 환경 개선 그리고 일자리 창출 등 환경 및 사회 문제에까지 관여하며 긍정적으로 기여하려는 모습을 발견할 수 있다.

주요 기업의 CSV 활동 사례

기업명	내용
롯데 그룹	롯데그룹은 CSV를 여성, 나라사랑, 글로벌, 상생, 환경 등을 롯데의 사회적 가치를 높이기 위한 활동으로 소개하고 있다.
스타 벅스	식품회사가 맛과 양에 집중하다가 소비자의 영양 개선과 건강에 제품의 초점을 맞추는 경우에 해당한다. 환경 발자국 줄이기의 일환으로 이 회사는 커피 원산지에서 매장까지 환경 발자국을 줄이는 노력을 하고 있음을 강조한다.
네슬레	네슬레는 회사의 미션을 'Good food, Good life'라고 정하고 자신들의 음식이 우리의 삶을 건강하게 하는 것이라고 선언한다. 이런 점에서 그들은 장기적으로 이해관계자들의 삶에 긍정적인 영향을 미치고자 하는 바, 이를 위해서 2030의 비전으로 자신들의 경영 활동으로 지구에 미치는 영향을 '제로'가 되는 것을 목표로 한다고 한다. 실천적으로 이 회사는 생산공장을 원료 생산지에 두어서 운송비를 줄이고 현지에 이익을 나누는 방식을 취한다.
CJ	CJ는 베트남 농촌 개발 사업을 통해서 베트남에 농업기술을 보급하고 이곳에서 생산된 고추를 구매하고, 중소기업을 발굴하여 이들과 동반성장할 수 있도록 하고, 실버 택배와 전동카트를 도입하여 고령화 시대에 일자리를 제공하면서도 환경을 고려한 운송이 되도록 노력하고 있다. 이와 함께 환경오염을 줄이는 운송 방식의 채택, 원자재를 재활용함으로써 환경을 개선하고 자원 활용 방식을 개선하여 협력업체의 이윤 창출에 도움을 제공하고 있다.

CSV와 CSR 및 ESG의 비교

마이클 포터는 "CSV는 사회적 책임도 아니고, 자선 활동도 아니고, 지속가능성조차도 아니라, 경제적인 성공을 달성하기 위한 새로운 길이다"라고 하면서 "CSV는 회사가 해야 하는 일 중의 변두리에 있어서는 안 되며 중심에 있어야 한다"고 주창하였다.[104] 마이클 포터에 의하면 CSR과 CSV의 차이는 비즈니스와의 연계에 있다고 한다. 즉 전자는 기업의 경제적·법적 책임 외에도 사회적 책임을 요구하는 것인데 반하여, 후자는 기업 활동에서 발생하는 비용을 줄이고 지속적인 성장을 위해서 기업이 단순한 기부가 아니라 기업의 이익과 사회적 기여가 조화를 이루어야 한다고 주장하였다. 예를 들면, CSR은 항공기 회사가 문화재 보호를 위해 협력하는 등 기업이 평소 종사하고 있는 사업과는 관계없는 활동에도 적용되지만, CSV는 기업의 영업을 통해 사회적 과제를 해결하여 '사회적 가치'와 '기업 가치'를 동시에 추구하는 것이다. 마이클 포터는 단기적인 성과 지표들에 매몰되

CSR과 CSV 비교

구분	CSR	CSV
가치	기업의 선행	비용 대비 획득 가능한 경제적, 사회적 편익
내용	사회 공헌 활동, 지속가능성	기업과 지역사회가 공동으로 가치 창출
계기	임의적 혹은 외부의 압력	경쟁으로 인한 불가피성
특징	수익 극대화와는 별개의 활동	수익 극대화와 연계됨
주제의 선정	외부의 보고서나 기호에 의해 결정	기업마다 다르고 자발적으로 선정
한계	기업의 성과나 예산에 영향을 받음	기업의 모든 예산을 목적에 맞게 재편성

출처 : Michael, E. Poter & Mark R. Kramer, Creating Shared Value: How to Reinvent Capitalism and Unleash a Wave of Innovation and Growth, 89 Harvard Business Review 62, 75 (2011)

어 있는 기업들이 자신의 지속가능한 성장을 위한 자원을 고갈시키고, 소비자들의 복리well-being를 무시하고 있기 때문에 자본주의가 위기에 봉착해 있다고 보았다. 그에 따르면 CSR과 CSV는 옆 페이지 하단에서 보는 것처럼 차이가 있다.

여기서 한걸음 더 나아가 CSV와 ESG의 차이점을 살펴보면 다음과 같다. CSV는 기업과 지역사회가 상생하자는 것을 핵심으로 하고 있는 반면에 ESG는 기업과 투자자의 관계로부터 시작되었다는 점이 가장 큰 차이라 할 것이다. ESG는 투자자의 관점에서 기업이 비재무적인 문제를 잘 해결하는 경우 장기적인 재무성과도 양호할 것이라는 점을 시사한다는 점에서 CSV의 기본적 개념과는 차이가 크다.

제2부

ESG와 규범

4
ESG와 환경 관련 규범

먼저 ESG에서 'E'는 환경, 즉 자연환경을 말한다. 환경은 사회나 지배구조라는 요소에 비하여 직관적으로 우리의 삶에 근접해 있다. 투자 판단을 함에 있어 대상 기업의 영업이 자연환경에 미치는 영향과 그로 인해 발생할 수 있는 기업 활동에 대한 리스크를 평가하여 고려하는 것이 ESG에서의 E를 중시하는 주된 취지다. 환경을 고려한다는 것은 가장 우선적으로 이산화탄소의 배출량 삭감을 떠올리게 되지만, ESG에서 평가되는 항목은 기후변화뿐만 아니라 대기 및 수질 오염, 원자재와 에너지 등 자원의 이용 방법, 생물 다양성 등 매우 다양하다.

이처럼 환경을 고려한 투자와 소비를 위해서는 기업의 환경에 대한 포트폴리오 공시를 통해서 투자자와 소비자들이 알 수 있어야 한다. 기업의 입장에서는 이 같은 파괴적 변화가 이루어지더라도 생존 가능하고 지속 성장이 가능하다는 것을 보여 주어야 한다. 환경 요소가 시

장에 미칠 엄청난 파괴력을 감안하면 ESG에서 E는 해당 기업의 성장
·지속가능성에 중요한 영향을 미칠 것이다. 이번 장에서는 ESG와 관
련하여 환경 관련 연성 규범과 경성 규범에 관하여 살펴본다.

연성 규범

ISO 26000

국제표준화기구라고 할 수 있는 ISO는 여러 나라의 표준 제정 단체
들의 대표들로 이루어진 국제적인 표준화 기구로서 1947년에 출범
하였으며 나라마다 다른 산업, 통상 표준의 문제점을 해결하고자 국
제적으로 통용되는 표준을 개발하고 보급하는 역할을 하고 있다.[1] ISO
는 1970년대 이전에는 경제성장을 통한 양적 팽창이 곧 발전이며 복
지 증대라고 생각해 왔으나 환경오염이 심각해지자 "과연 자연을 희
생시키며 이룩한 경제성장이 바람직하며 이런 형태의 발전이 계속 가
능할 것인가?"라는 의구심과 함께 산업화와 도시화에 기인한 전 지구
적 환경문제에 관심을 가지기 시작했고, 1972년 스톡홀름에서 개최
된 유엔인간환경회의UNCHE에서 환경적인 제약을 고려하지 못한 경
제개발은 낭비적이고 지속 불가능하다는 지적 속에서 '지속가능 발
전' 개념이 최초로 등장하게 되었다.[2]

　이후 이러한 기업 또는 조직의 사회적 책임에 관한 논제는 1987년
세계환경개발위원회, 1992년 리우에서 개최된 유엔환경개발회의, 그

리고 2002년 요하네스버그에서 열린 지속가능 발전 세계정상회의를 거쳐 단순히 환경보호라는 소극적 주제를 넘어 경제성장, 환경보호, 사회 통합이라는 3대 축을 형성하는 미래지향적 발전인 '지속가능 발전'이라는 적극적 주제로 전환될 필요성이 있음을 인정하였고, 정부 · 기업 및 시민사회를 아우르며 지속가능 발전의 실천을 위해 포괄적이고 종합적인 역할을 담당할 국가 단위 기구인 지속가능발전위원회 NCSD의 설립을 권고하게 되었다.[3]

이러한 세계적인 조류에 맞추어 ISO 이사회는 2001년에 기업의 사회적 책임에 대한 표준을 만드는 것이 적절한지를 검토할 것을 소비자정책위원회에 요청하였고, 2002년 9월 ISO 기술관리부는 소비자정책위원회의 권고에 따라 기업의 사회적 책임에 대한 표준을 ISO가 개발할 필요성이 있는지를 좀 더 연구하기 위해 다양한 이해관계자들을 포함하는 전략가그룹을 구성하였다. 2002년 2월 전략가그룹은 ISO에 여러 가지 권고 사항을 제출하였고, 2004년 6월 ISO는 스웨덴 표준원 주관의 사회적 책임에 관한 국제회의에서 사회적 책임에 관한 ISO 표준을 개발하기로 결정하였다. 이후 2005년 3월 브라질에서 사회적 책임에 관한 표준을 개발하기 위한 작업이 시작되었고, 이후 2010년 5월 덴마크 총회에서 최종 국제표준안을 완성하였고, 2010년 9월 국제 투표 결과 국제표준으로 최종 채택이 결정되어 2010년 11월 국제표준으로 발간되었는데, 그것이 ISO 26000이다.[4]

ISO 26000의 7개 핵심 주제는 조직 거버넌스, 인권, 노동 관행, 환경, 공정 관행, 소비자 이슈, 지역사회 참여 · 발전인데, ISO 26000 가이드라인에서는 이들 핵심 주제 또는 분야가 기업이나 조직의 지속가능성에 영향을 미칠 리스크가 존재하는 분야라고 명시하고 있다. 이들 주제들은 서로 맞물려 있기는 하지만 환경과 관련된 부분을 먼저 살펴본다.

ISO 26000는 환경 관련 사항에 관해 여러 규정을 두고 있다. 조직은 환경기준환경 책임, 예방적 접근, 환경 리스크 관리, 오염자 부담을 존중하고 촉진해야 한다. ISO 26000 중 자연환경에 미치는 영향과 비즈니스 리스크를 평가하는 기준은 다음과 같다.

> 6.5 환경
>
> 　6.5.3 오염 예방
>
> 　6.5.4 지속가능한 자원의 이용
>
> 　6.5.5 기후변화 완화 및 적응
>
> 　6.5.6 환경보호 및 생물 다양성 및 자연 서식지의 회복

ISO 26000은 특히 환경과 관련하여 조직의 환경에 대한 영향을 줄이기 위해 조직은 조직의 결정과 활동의 직접적 그리고 간접적인 경제, 사회, 보건 및 환경적 시사점을 고려하는 통합 접근방식을 채택하고 있다. 환경적 책임은 인류의 생존과 번영을 위한 전제 조건이며 사회적 책임의 중요한 측면으로 다른 사회적 책임의 핵심 주제와 쟁점에 밀접하게 연계되어 있다. ISO 14000 시리즈 표준과 같은 관련 기술적 도구들은 조직이 시스템 방식으로 환경 쟁점을 다루는 것을 돕는 전체적 틀로 사용 가능하다.[5]

GRI 표준

GRI 표준은 세계에서 가장 널리 사용되고 있는 비재무 보고의 기준이다. 세계 유수 기업들이 GRI 표준을 이용하여 기업의 지속가능성을 검토하고 이 보고서를 바탕으로 기업 간의 투명성 등을 비교 평가할 수 있다. GRI 표준 중에서 환경 관련된 부분은 아래와 같다.

3. 환경
　　301 원재료
　　302 에너지
　　303 물과 폐수
　　304 생물 다양성
　　305 대기로의 배출
　　306 폐수 및 폐기물
　　307 환경 준수
　　308 공급업체의 환경적 평가

TCFD의 권고안

TCFD는 〈기후변화 관련 재무정보 공개협의체Task Force on Climate-related Financial Disclosures〉의 약어다. 이는 G20의 요청을 받아 국제기구인 금융안정위원회FSB, Financial Stability Board가 산업주도형 협의

체로 설립한 것이다. ESG 투자의 목적은 원래 지구 환경과 인권 등 사회문제를 해결하는 것이 주목적이 아니라 어디까지나 투자하는 측에 리스크가 될 요소를 피하거나 리스크를 줄이는 데 있다. 따라서 TCFD는 투자자, 은행, 보험회사 등이 각 기업의 기후변화 관련 리스크를 이해하는 데 도움이 되는 기후변화 관련 재무정보의 공개 방법을 개발하는 것이었다.

TCFD는 2017년 6월에 기업 등에 대하여 기후변화 관련 리스크 및 기회에 관한 다음의 항목에 대해 공개할 것을 내용으로 하는 권고안을 발표하였으며, 2021년 현재 금융위원회와 환경부 등 정부기관

기후변화 관련 재무정보 공개 주요 내용

구분	주요 공개 내용
지배 구조	• 기후 리스크와 기회에 대한 이사회의 관리·감독 내용 • 기후 리스크와 기회를 평가·관리하기 위한 경영진의 역할
전략	• 단기/중기/장기적인 기후변화 관련 리스크와 기회 • 기후 리스크와 기회가 영업, 전략 및 재무 계획에 미치는 영향 • 지구 평균기온 2°C 이내 상승 시나리오를 포함한 다양한 기후 관련 시나리오가 영업, 전략 및 재무 계획에 미치는 영향
리스크 관리	• 기후 리스크 식별, 평가 및 관리 절차 • 기후 리스크 식별, 평가 및 관리의 리스크 관리체계 통합 방법
지표 및 목표치	• 기후 리스크와 기회를 평가·관리하기 위해 사용하는 지표 • 온실가스 배출 정보 및 관련 리스크 • 기후 리스크와 기회를 관리하기 위해 사용하는 목표치 및 성과

출처 : 금융위원회, 「[보도자료]「기후변화 관련 재무정보 공개협의체(TCFD)」에 대한 지지 선언과 정책 금융 기관 간 「그린금융 협의회」 출범으로 녹색금융 추진에 더욱 박차를 가하겠습니다.」 (2021.5.24) 4면

과 여러 금융 유관기관이 TCFD를 지지한다고 선언한 바 있다.[6]

국민연금의 ESG 평가 지표

국민연금은 ESG 평가 지표를 개별 기업의 투자 의사결정과 주주권 행사를 위한 기준 등으로 활용하고 있다. ESG 평가 지표 중에서 환경 관련 부분은 다음과 같다.

국민연금의 ESG 평가 지표 중 E 관련 부분

구분	ESG 이슈	정의	평가 지표
환경 (E)	기후변화	탄소배출 관리 수준	온실가스관리시스템
			탄소배출량
			에너지 소비량
	청정생산	환경 유해물질 배출 관리 수준	청정생산관리시스템
			용수 사용량
			화학물질 사용량
			대기오염물질 배출량
			폐기물 배출량
	친환경 제품 개발	환경 친화적 제품 개발 노력 수준	친환경제품 개발 활동
			친환경 특허
			친환경 제품 인증
			제품 환경성 개선

한국거래소의 ESG 정보공개 가이던스

한국거래소는 ESG 정보공개 가이던스에서 환경과 관련하여 환경 요소는 온실가스 배출, 에너지 사용, 물 사용, 폐기물 배출, 환경 법규 위반 및 사고를 내용으로 하는 권고 지표를 제시하고 있다. 이 권고 지표는 기업이 ESG 정보를 공개하는 경우 관련 지표를 포함할 것을 권고하고 있는 것이다.

한국거래소 ESG 정보공개 가이던스 중 E 관련 권고 지표

구분	항목	지표	비고
환경	온실 가스 배출 (3)	직접 배출량 (Scope 1)	회사가 소유하고 관리하는 물리적 장치나 공장에서 대기 중으로 방출하는 온실가스 배출량
		간접 배출량 (Scope 2)	회사 소비용으로 매입 또는 획득한 전기, 냉난방 및 증기 배출에 기인한 온실가스 배출량
		배출 집약도	활동, 생산 기타 조직별 미터법의 단위당 배출된 온실가스 배출량
	에너지 사용 (3)	직접 에너지 사용량	조직이 소유하거나 관리하는 주체의 에너지 소비량
		간접 에너지 사용량	판매 제품의 사용 및 폐기처리 등 조직 밖에서 소비된 에너지 소비량
		에너지 사용 집약도	활동, 생산 기타 조직별 미터법의 단위당 필요한 에너지 소비량
	물 사용 (1)	물 사용 총량	조직의 물 사용 총량
	폐기 배출 (1)	폐기물 배출 총량	매립, 재활용 등 처리 방법별로 폐기물의 총 중량
	법규 위반 ·사고 (1)	환경 법규 위반·사고	환경 법규 위반·환경 관련 사고 건수 및 조치 내용

경성 규범

환경 분야 실정법

탄소배출에 대한 문제 인식은 〈기후변화에 관한 국제연합 기본협약〉과 1997년 12월 11일 채택된 〈기후변화에 관한 국제연합 기본협약에 대한 교토의정서〉에 의해서 공식화되었다.[7] 한국도 탄소배출[8]을 비롯하여 환경을 보호하기 위해 여러 종류의 법을 제정하여 시행하고 있다. 환경 분야에서 대표적인 법률로서는 대기환경보전법, 자연환경보전법, 물환경보전법, 폐기물관리법, 토양환경보전법, 환경분쟁조정법, 생활화학제품 및 살생물제의 안전관리에 관한 법률, 화학물질관리법, 환경영향평가법, 환경오염시설의 통합관리에 관한 법률, 기후위기 대응을 위한 탄소중립·녹색성장 기본법등이 있다.[9]

탄소중립기본법

기후위기 대응과 2050 탄소중립 달성을 위한 법적 기반으로서 「기후위기 대응을 위한 탄소중립·녹색성장 기본법」이하 '탄소중립기본법'이라 함이 2021년 8월 31일 국회를 통과하여 제정되었다. 전 세계 14번째로 2050 탄소중립 비전과 이행 체계를 법제화한 탄소중립기본법은 "기후 위기의 심각한 영향을 예방하기 위하여 온실가스 감축 및 기후위기 적응 대책을 강화하고 탄소중립 사회로의 이행 과정에서 발생할 수 있는 경제적·환경적·사회적 불평등을 해소하며 녹색기술과 녹색

산업의 육성·촉진·활성화를 통해 경제와 환경의 조화로운 발전을 도모함으로써, 현재 세대와 미래 세대의 삶의 질을 높이고 생태계와 기후 체계를 보호하며 국제사회의 지속가능 발전에 이바지하는 것을 목적"으로 한다제1조. 여기서 '탄소중립'이란 "대기 중에 배출·방출 또는 누출되는 온실가스의 양에서 온실가스 흡수의 양을 상쇄한 순배출량이 영(零)이 되는 상태"를 말하며제2조 제3호, '탄소중립 사회'는 "화석 연료에 대한 의존도를 낮추거나 없애고 기후 위기 적응 및 정의로운 전환을 위한 재정·기술·제도 등의 기반을 구축함으로써 탄소중립을 원활히 달성하고 그 과정에서 발생하는 피해와 부작용을 예방 및 최소화할 수 있도록 하는 사회"를 뜻한다제2조 제4호.

탄소중립기본법은 2050년 탄소중립을 국가 비전으로 명시하고, 이를 달성하기 위한 국가전략, 중장기 온실가스 감축 목표, 기본계획 수립 및 이행 점검 등의 법정 절차를 체계화한 것이다. 이 법은 2050년 탄소중립을 실질적으로 지향하는 중간 단계 목표를 설정하였다. 구체적으로는 ① 2030년 온실가스 감축 목표는 기존2018년 대비 26.3%보다 9%를 상향하여 35% 이상 범위에서 사회적 논의를 시작하도록 법률에 명시하였으며, ② 2018년부터 2050년까지 선형으로 감축한다는 가정하에 2030년 목표가 37.5%가 된다는 점을 감안할 때, '35% 이상'이라는 범위는 2050 탄소중립을 실질적으로 지향한다는 의미를 지니고 있다.[10] 이 법의 체계를 도표로 나타내면 다음과 같다.

탄소중립기본법의 체계

총괄

(비전) 2050 탄소중립 + 환경·경제 조화

(전략·목표) 국가전략 + 중장기 온실가스 감축 목표

(이행 체계) 탄소중립 녹색성장 기본 계획 (국가·시도·시군구)

분야별 시책

온실가스 감축
- 기후변화영향평가
- 탄소인지예산제도
- 배출권·목표관리
- 탄소중립 도시
- 지역 에너지 전환
- 녹색건축·교통
- 흡수원·CCUS
- 국제 감축사업
- 종합정보관리

기후위기 적응
- 감시·예측
- 기후위기 적응대책 (국가, 지방, 공공기관)
- 지역 기후위기 대응
- 물 관리
- 녹색국토
- 농림수산 전환
- 적응센터

정의로운 전환
- 사회안전망
- 특별지구
- 사업전환
- 자산손실 최소화
- 국민참여
- 협동조합 활성화
- 지원센터

녹색성장
- 녹색경제
- 녹색산업
- 녹색경영
- 녹색기술
- 조세제도
- 녹색금융
- 정보통신
- 순환경제

기반

탄소중립·녹색성장 이행 확산(지방자치단체, 생산·소비, 녹색생활, 탄소중립 지원센터 등)

기후 대응 기금

※ CCUS는 Carbon Capture, Utilization and Storage의 두문자로 구성된 용어로서 "대기 중이나 배출가 스에 포함된 이산화탄소를 모은 뒤 이를 산업적으로 활용하거나 안전하게 장기간 저장하는 기술"을 의미 한다.

※ 출처 : 환경부, "[보도자료] 2050 탄소중립을 향한 경제·사회 전환 법제화 탄소중립기본법 국회 통과" (2021.8.31)

5
ESG와 사회 관련 규범

ESG에서의 S의 경우는 E와 비교할 때 상대적으로 관찰자에 따라서 달라질 수 있다. 그런데 기업의 입장에서 보면 사회적 요소를 제대로 통제하지 못하게 되면 그 충격은 상대적으로 장기간 지속될 수 있어 기업의 지속적인 성장에 부정적인 영향을 장기간 끼치게 된다는 점에 특징이 있다.

사회적 요소는 기업 활동에 참여하는 여러 구성원들과 지역사회를 포섭하는 개념으로 이해된다. 이에 해당하는 것은 산업안전, 하도급 거래, 소비자보호, 공정거래 및 공정무역 이슈, 개인정보 보호, 인적자원 관리, 고객만족, 인권, 남녀평등이나 젠더 이슈, 노동문제 등이 포함될 수 있다.

유엔의 글로벌 콤팩트 10원칙UN Global Compact 10 principle[11]이 이런 점에서 참고가 된다. 이 원칙은 인권, 노동, 반부패anti-corruption 등의 주제를 다루고 있다. 기업은 국제적으로 선언된 인권 보호를 지지하고 존중해야 하며, 기업은 인권 침해에 연루되지 않도록 노력해야 하고, 기업은 결사의 자유와 단체교섭권의 실질적인 인정을 지지하고, 모든 형태의 강제 노동을 배제하며, 아동노동을 근본적으로 철폐하고, 고용 및 업무에서의 비합리적인 차별을 없애야 한다. 본 장에서는 ESG와 관련하여 사회 관련 연성 규범과 경성 규범에 관하여 살펴본다.

연성 규범

ISO 26000

ISO 26000이 정한 7대 기본 원칙 중의 하나로서 조직기업은 이해관계자의 이익을 존중하고 충분히 고려하여야 한다. 구체적으로 살펴보면 이 원칙은 조직이 이해관계자의 이해를 존중하고 배려하여 대응하여야 하는 원칙을 의미한다. 여기에서 이해관계자라 함은 조직의 결정 사항과 활동에 관심을 가지고 있는 개개인 및 집단을 의미하며, 이에는 그 조직의 협력업체 내지 공급자가 포함된다.[12] 예컨대, 하도급 거래에서의 수급업자, 가맹사업 거래에서의 가맹사업자, 대규모 유통업 거래에서의 납품업자 및 점포 임차인 등은 대기업의 주요한 이해관계자에 해당된다. 그 다음으로 조직의 이해관계자의 이익 및 요구 사항을 존중하고 인식하며 제시된 관심사에 대해 대응하여야 한다. 또한 이해관계자의 법적 권리와 합법적 이익을 인식해서 그 이해관계자의 상대적 역량을 고려하여야 한다. 특히 이해관계자 이익과 광범위한 사회 이익과의 관계뿐만 아니라 지속가능한 개발과의 관계 및 이해관계자와 조직의 관계 및 특성을 파악하여야 할 뿐만 아니라 조직의 결정에 의해 영향받을 수 있는 이해관계자의 관점까지도 배려하여야 한다.

ISO 26000이 사회적 책임을 위한 국제적인 연성 규범이다 보니 기본원칙에 대한 하위 단계로서 ESG의 S에 해당하는 사회 부분에 관한 핵심 주제를 다양하게 정하고 있다. ISO 26000 중 '사회' 관련 부분을 정리하면 아래와 같다.

> 6.3 인권
>
> 6.4 노동
>
> 6.6 공정 관행 실천
>
> 6.7 소비자 이슈
>
> 6.8 지역사회 참여 및 발전

GRI 표준

ESG의 S 관련한 기준은 GRI 표준에서 '경제'와 '사회' 분야 주제에 망라하여 마련되어 있다. 사회 분야는 19개의 세부 항목을 구체적으로 예시하며 매우 상세하게 구분되어 있는데 관련 기준을 종합하여 정리하면 옆의 표와 같다.

국민연금 ESG 평가 지표

국민연금의 ESG 평가 지표 중 S 관련 이슈는 다양하다. 구체적으로
는 인적자원 관리, 산업안전, 하도급 거래, 제품 안전, 공정경쟁의 영
역에서 평가를 하는 방식을 채택하고 있다. 세부적인 평가 지표는 아
래와 같다.

국민연금의 ESG 평가 지표 중 S 관련 부분

구분	ESG 이슈	정의	평가 지표
사회 (S)	인적자원 관리	근로환경과 인권 및 다양성 관리 수준	급여
			복리후생비
			고용
			조직문화
			근속연수
			인권
			노동관행
	산업 안전	작업장 내 안전성 관리 수준	보건안전시스템
			안전보건경영시스템 외부 인증
			산재다발사업장 지정
	하도급 거래	공정하고 합리적인 협력업체 관리 수준	거래 대상 선정 프로세스
			공정거래 자율준수 프로그램
			협력업체 지원 활동
			하도급법 위반 사례

제품 안전	제품 안전성 관리 수준	제품안전시스템
		제품안전 경영시스템 인증
		제품안전사고 발생
공정경쟁	공정경쟁 및 사회발전 노력 수준	내부거래위원회 설치
		공정경쟁 저해 행위
		정보보호시스템
		기부금

한국거래소 ESG 정보공개 가이던스

한국거래소의 ESG 정보공개 가이던스 중 사회 관련된 권고 지표는
임직원, 안전·보건, 정보 보안, 공정경쟁으로 구성되어 있다. 지표도
다른 연성 규범에 비하여 단순하게 마련되어 있다는 점이 특징이다.

한국거래소 ESG 정보공개 가이던스 중 사회 관련 권고 지표

구분	항목	지표	비고
사회	임직원 현황 (4)	평등 및 다양성	성별·고용형태별 임직원 현황, 차별 관련 제재 건수 및 조치 내용
		신규고용 및 이직	신규 고용 근로자 및 이직 근로자 현황
		청년인턴 채용	청년인턴 채용 현황 및 정규직 전환 비율
		육아휴직	육아휴직 사용 임직원 현황

안전·보건 (3)	산업재해	업무상 사망, 부상 및 질병 건수 및 조치 내용
	제품안전	제품 리콜(수거, 파기, 회수, 시정조치 등) 건수 및 조치 내용
	표시·광고	표시·광고 규제 위반 건수 및 조치 내용
정보보안 (1)	개인정보 보호	개인정보 보호 위반 건수 및 조치 내용
공정경쟁 (1)	공정경쟁·시장 지배적 지위 남용	내부거래·하도급거래·가맹사업·대리점 거래 관련 법규 위반 건수 및 조치 내용

경성 규범

사회 분야 실정법

ESG 중에서 사회 분야 관련 실정법은 매우 다양하다. 구체적으로는 근로기준법, 소비자기본법, 개인정보보호법, 표시·광고의 공정화에 관한 법률, 산업안전보건법, 위험물안전관리법, 하도급거래 공정화에 관한 법률, 제품안전기본법, 소음·진동관리법, 중대재해처벌 등에 관한 법률 등이 있다. 이하에서 최근에 제정된 중대재해처벌법에 대해 살펴본다. 중대재해처벌법 도입 단계에서 다양한 사회적 관점에 따른 이견이 있었지만, 중대재해예방을 위해 경영책임자등에게 안전보건 확보 의무를 부여하여야 한다는 것이 입법 의도를 보인다.

중대재해처벌법

2021년 1월 26일 「중대재해처벌 등에 관한 법률」이 제정되었는데, 이 법은 상시 근로자 50인 이상인 사업장에 대해서는 공포 후 1년이 경과한 날2022년 1월 27일부터 시행하며, 상시 근로자 50인 미만 사업장에 대해서는 공포 후 3년이 경과한 날2024년 1월 27일부터 시행한다.

중대재해처벌법에 따르면 '중대재해'란 '중대 산업재해'와 '중대 시민재해'를 말한다제2조 제1호. '중대 산업재해'란 「산업안전보건법」에 따른 산업재해 중 사망자가 1명 이상 발생하거나 동일한 사고로 6개월 이상 치료가 필요한 부상자가 2명 이상 발생하거나 동일한 유해 요인으로 급성중독 등 대통령령으로 정하는 직업성 질병자가 1년 이내에 3명 이상 발생하게 된 재해를 말한다제2조 제2호. '중대 시민재해'란 특정 원료 또는 제조물, 공중이용시설 또는 공중교통수단의 설계, 제조, 설치, 관리상 결함을 원인으로 하여 발생한 재해로서 사망자가 1명 이상 발생하거나 동일한 사고로 2개월 이상 치료가 필요한 부상자가 10명 이상 발생하거나 동일한 원인으로 3개월 이상 치료가 필요한 질병자가 10명 이상 발생하게 된 재해를 말한다. 다만, 중대 산업재해에 해당하는 재해는 제외한다제2조 제3호.

중대재해처벌법은 사업주 및 경영책임자등에 안전 및 보건 확보 의무를 부과한다제4조. 여기서 '사업주'는 자신의 사업을 영위하는 자 또는 타인의 노무를 제공받아 사업을 하는 자를 의미한다제2조 제8호. '경영책임자등'은 사업을 대표하고 사업을 총괄하는 권한과 책임이 있는 사람 또는 이에 준하여 안전·보건에 관한 업무를 담당하는 사람을 가리키며, 중앙행정기관, 지방자치단체, 지방공기업, 공공기관의 장도 이에 해당한다제2조 제9호. 사업주 또는 경영책임자등은 사업주나 법인 또는 기관이 실질적으로 지배·운영·관리하는 사업 또는 사업장에서 종사자의 안전·보건상 유해 또는 위험을 방지하기 위하여 그 사업 또는 는 사업장의 특성 및 규모 등을 고려하여 재해 예방에 필요한 인력 및 예산 등 안전보건 관리체계의 구축 및 그 이행에 관한 조치, 재해 발생 시 재발방지 대책의 수립 및 그 이행에 관한 조치, 중앙행정기관·지방자치단체가 관계 법령에 따라 개선, 시정 등을 명한 사항의 이행에 관한 조치, 안전·보건 관계 법령에 따른 의무 이행에 필요한 관리상의 조치를 하여야 한다제4조. 사업주 또는 경영책임자등이 사업주나 법인 또는 기관이 제3자에게 도급, 용역, 위탁 등을 행한 경우에도 이상의 조치를 하여야 한다. 다만, 이러한 의무는 사업주나 법인 또는 기관이 그 시설, 장비, 장소 등에 대하여 실질적으로 지배·운영·관리하는 책임이 있는 경우에 한정한다제5조.

중대 산업재해로 인하여 사망자가 발생한 경우 사업주 또는 경영책임자등을 1년 이상의 징역 또는 10억 원 이하의 벌금에 처하며, 부상 또는 질병이 발생한 경우 사업주 또는 경영책임자등을 7년 이하의 징역 또는 1억 원 이하의 벌금에 처한다제6조. 중대 산업재해 중 사망사고 발생 시에는 법인이나 기관에 대해 50억 원 이하의 벌금, 부상사고나 질병 발생 시에는 법인이나 기관에 대해 10억 원 이하의 벌금을 부과할 수 있다. 다만 법인 또는 기관이 안전 및 보건의무 위반행위를 방지하기 위해 해당 업무에 관하여 상당한 주의와 감독을 게을리 하지 않은 경우에는 그렇지 않다제7조. 사업주 또는 경영책임자등이 고의 또는 중대한 과실로 안전 및 보건 확보 의무를 위반하여 중대재해를 발생하게 한 경우 해당 사업주, 법인 또는 기관이 중대재해로 손해를 입은 사람에 대하여 그 손해액의 5배를 넘지 않는 범위에서 배상책임을 진다. 다만, 법인 또는 기관이 해당 업무에 관하여 상당한 주의와 감독을 게을리 하지 아니한 경우에는 배상책임이 부여되지 않는다제15조.

6
ESG와 지배구조 관련 규범

기업지배구조corporate governance라는 개념은 1960년대 미국에서 기업의 비윤리적, 비인도적인 행동을 억지한다는 의미로 사용되었으며 시대적 흐름에 따라 변화를 거쳐 오고 있다. 사전적 의미에서 기업지배구조는 기업을 둘러싼 이해관계자들의 관계를 조정하는 메커니즘, 경영자원의 조달과 운영 및 수익의 분배 등에 대한 의사결정 과정과 감시 기능, 기업가치 극대화를 위해 이해관계자 간 대리인 비용과 거래 비용을 최소화하는 메커니즘, 기업 경영을 감시·규율하는 기구를 의미하는 것으로 다양하게 정의되고 있다. 현실적인 지배구조는 소유와 경영의 분리에 따라 주주가 자본을 투자하고 경영권은 제3자 기관이 담당하며, 제3자 기관을 다른 기관이 감시·감독하는 일련의 체계로 볼 수 있다. 소유와 경영의 분리로 소유자인 주주의 이해와 경영진의 이익이 반드시 일치하지 않기 때문에 기업의 소유자인 주주가 경영진을 효율적으로 통제하기 위한 장치다.

ESG에서 지배구조가 부각되는 것은 지배구조가 투명해지면 기업의 흥망성쇠를 좌우하는 변수가 줄어들어 지속가능성을 확보할 수 있기 때문이다. 기업의 지배구조 수준이 높을수록 경영진을 효과적으로 통제하여 대리인 문제를 줄이고 기업과 관련된 이해관계자와의 갈등을 완화시켜 기업의 위험을 감소시킬 수 있기 때문이다.[13] 즉 기업의 지배구조 수준이 낮을수록 많은 변수가 발생하여 기업의 지속적인 성장을 방해한다는 의미다. 이번 장에서는 ESG와 관련하여 지배구조 관련 연성 규범과 경성 규범에 관하여 살펴본다.

연성 규범

ISO 26000

ISO 26000은 조직 지배구조organizational governance를 "조직이 목표 추구를 위한 결정을 내리고 이를 실행하는 체제"로 정의하고 있다. 따라서 ISO 26000은 기업뿐만 아니라 정부·노조·시민단체 등과 같이 모든 조직이 사회적 책임을 갖는다는 것을 기반으로 하고 있다. 다만, ISO 26000는 지배구조 이슈에 한정하여 독자적인 내용을 마련하지 않고 있으며, 대부분 사회 분야에서 간접적으로 지배구조 관련 이슈를 다루고 있는 것이 특징이다.[14]

GRI 표준

GRI 표준은 102-18부터 102-39에 걸쳐 지배구조에 관한 기준을
제시하고 있다. 이를 일목요연하게 정리하면 다음과 같다.

102. 일반 공개사항

    4. 지배구조

102-18 지배구조

102-19 권한 위임

102-20 경제, 환경 및 사회 항목에 대한 임원 수준의 책임

102-21 경제, 환경 및 사회 항목에 관한 이해관계자와의 협의

102-22 최고 지배기관 및 위원회 구성

102-23 최고 지배기관의 의장

102-24 최고 지배기관의 지명 및 선출

102-25 이해상충

102-26 목적, 가치, 전략 설정의 최고 지배기관의 역할

102-27 최고 지배기관의 집단적 지식

102-28 최고 지배기관의 능력 평가

102-29 경제, 환경 및 사회에 미치는 영향의 특정과 관리

102-30 위험 관리 과정의 효과

102-31 경제, 환경 및 사회 항목의 검토

102-32 지속가능성 보고 관련 최고 지배기관의 역할

102-33 중요한 관심사에 대한 소통

102-34 중요한 관심사의 성격과 총수(總數)

102-35 보상 정책

102-36 보상 결정 과정

102-37 보수에 관한 이해관계자 참여

102-38 연간 보수 총액의 비율

102-39 연간 보수 총액 비율의 증가율

국민연금의 ESG 평가 지표

국민연금은 지배구조 관련한 평가지표를 매우 세밀하게 구분하여 나열하고 있다. ESG 평가 지표 중에서 지배구조 관련 부분은 다음과 같다.

국민연금의 ESG 평가 지표 중 G 관련 부분

구분	ESG 이슈	정의	평가 지표
지배구조 (G)	주주의 권리	주주권리 보호 및 소통 노력 수준	경영권 보호장치
			주주의견 수렴장치
			주주총회 공시 시기
	이사회 구성과 활동	이사회의 독립성 및 충실성 수준	대표이사와 이사회 의장의 분리
			이사회 구조의 독립성
			이사회의 사외이사 구성 현황
			이사회 활동
			보상위원회 설치 및 구성
			이사 보수 정책 적정성

감사제도	감사의 독립성 수준	감사위원회 사외이사 비율
		장기 재직 감사 또는 감사위원 비중
		감사용역 비용 대비 비감사용역 비용
관계사 위험	관계사 부실로 인한 위험성 수준	순자산 대비 관계사 우발채무 비중
		관계사 매출 거래 비중
		관계사 매입 거래 비중
배당	배당 등 주주가치 환원 노력 수준	중간/분기배당 근거 마련
		총주주수익률
		최근 3년 내 배당 지급
		과소 배당

한국거래소의 ESG 정보공개 가이던스

한국거래소의 ESG 정보공개 가이던스에 따른 조직에 관한 권고 지표
는 다음과 같이 다소 단순하게 설계되어 있다.

한국거래소 ESG 정보공개 가이던스 중 지배구조 관련 권고 지표

구분	항목	지표	비고
조직	ESG 대응(1)	경영진의 역할	ESG 이슈의 파악/관리와 관련한 경영진의 역할
	ESG 평가(1)	ESG 위험 및 기회	ESG 관련 위험 및 기회에 대한 평가
	이해관계자(1)	이해관계자 참여	이해관계자의 ESG 프로세스 참여 방식

경성 규범

지배구조 분야 실정법

기업지배구조의 문제는 기본적으로 상법과 「독점규제 및 공정거래에 관한 법률」^{이하 '공정거래법'}에 의해서 규율된다. 상법은 개별회사의 지배구조를, 공정거래법은 기업집단의 지배구조를 규율한다. 금융회사의 경우에는 「금융회사의 지배구조에 관한 법률」^{이하 '금융회사 지배구조법'}에 의해 추가적인 규정이 마련되어 있다. 예를 들어 위험관리책임자를 두도록 하는 조항이 대표적이다. 또한 주식회사 등에 대한 외부감사를 다루는 「주식회사등의 외부감사에 관한 법률」^{이하 '외부감사법'}이 있는데, 외부감사법도 내부회계관리제도를 운용하는 관점에서 지배구조에 영향을 미치는 내부통제장치와 합쳐서 회사에 대한 통제 기능을 수행하고 있다. 공공기관의 경우에는 「공공기관의 운영에 관한 법률」[15]이 별도로 있다. 상법의 준법지원인과 금융회사 지배구조법의 준법감시인도 준법통제기관compliance이라는 점에서는 공통점이 있다.

최근 금융소비자 보호를 위해 「금융소비자 보호에 관한 법률」이 시행되었는데, 이 법 역시 금융소비자 보호를 위해 금융회사 내부에 지배구조법에 따른 내부통제위원회와는 별도의 내부통제위원회를 설치하도록 하였다. 금융회사의 경우에는 특히 주주 외에 금융소비자의 이익을 도모해야 할 공익성을 가지고 있기 때문에 일반 주식회사의 지배구조보다도 더 엄격한 규율을 부과한 것으로 이해할 수 있다.

상법

상법상 이사회가 설치된 주식회사의 주요 내부기관으로는 주주총회와 이사회, 대표이사 또는 집행임원 등이 있으며, 이들 사이의 권한 관계와 법적 책임의 구조는 마치 '역逆피라미드형'inverted pyramid의 형태를 취하고 있다.[16] 주주가 역피라미드의 최상단 부분을 점하면서 주주총회에서 이사를 선임하고 감시·감독하며 회사 구조의 근본적인 변경과 같은 중요한 의사결정을 담당하고 있다. 이사회는 이사로 구성되는 기관으로서 역피라미드의 중간 부분에 위치하면서, 전통적으로 회사의 경영과 경영정책의 수립을 담당하며 집행임원을 선임할 수 있는 권한을 가지고 있다제408조의2 제3항 제1호. 이사회는 주식회사의 필수적인 제3자 기관Drittorganschaft으로서 주로 회사 업무와 관련하여 의사결정을 담당한다. 대표이사 또는 집행임원은 역피라미드의 최하단 부분을 점하면서 이사회의 결정과 이사회가 수립한 정책 등을 집행하는 역할을 담당하고 있다제408조의4. 이 밖에 회사의 업무 및 회계 감사를 주된 직무로 하는 감사 및 감사위원회가 있다.

제3부
ESG와 기관투자자

7
글로벌 책임투자 시장

ESG는 기업의 CSR이나 CSV와는 달리 투자자 의사결정 과정에서 재무적 가치뿐만 아니라 지배구조, 사회 및 환경 등 비재무적 요인까지 적극 고려하기 시작하면서 발전하게 된 개념이다. 하지만, 최근에 이러한 고려는 탄소중립을 중심으로 한 환경과 공급망 실사를 중심으로 한 사회 인권에 대해 국제적 관심과 규제가 강화되면서, 재무·비재무 구분이 모호해질 정도로 중장기 투자 전략 내에서 다양한 형태로 통합되고 있다.

ESG라는 용어는 2004년 UNGC가 발행한 〈Who cares Wins〉라는 보고서에서 최초로 사용되기 시작하였고, 2006년 4월 UN PRI에서 6개의 투자 원칙으로 구성된 '책임투자 원칙Principles for Responsible Investment'을 제정하며 본격화되기 시작했다.

UN PRI 6 Principles

No.	원문	해석
Principle 1	We will incorporate ESG issues into investment analysis and decision-making processes.	투자 분석 및 의사결정 과정 시에 환경, 사회 및 기업 지배구조 이슈들을 통합한다.
Principle 2	We will be active owners and incorporate ESG issues into our ownership policies and practices.	적극적 소유자로서 소유권 정책 및 실무에 환경, 사회 및 기업지배구조 이슈를 통합한다.
Principle 3	We will seek appropriate disclosure on ESG issues by the entities in which we invest.	투자 대상 기업에 대한 환경, 사회 및 기업지배구조 이슈를 적절히 공개한다.
Principle 4	We will promote acceptance and implementation of the Principles within the investment industry.	투자 산업 내에서 책임투자 원칙들의 수용과 실행을 촉진한다.
Principle 5	We will work together to enhance our effectiveness in implementing the Principles.	책임투자 원칙 수행의 효율성을 증진시키기 위해 상호 협력한다.
Principle 6	We will each report on our activities and progress towards implementing the Principles.	책임투자 원칙의 수행에 관한 각자의 활동과 진행 상황을 보고한다

출처 : UN PRI Homepage

UN PRI가 천명한 6가지 원칙을 보면 책임투자 논의 시 반드시 고려해야 하는 이슈와 범위, 활동과 평가, 공시, 책임투자 활성화, 상호 협력과 보고 의무 등 그 개괄적인 범위를 파악할 수 있다. 원칙 1에서는 투자 의사결정 시 ESG를 어떻게 고려할 것인지를 투자 전략과 프로세스에 밝히도록 하고, 원칙 2는 주식, 채권, 대체투자, 펀드 등 투자상품 소유자는 투자 원칙과 활동에 ESG를 능동적으로 실행하고 반영하는 '적극적 소유자'가 되어야 한다는 점을 천명하고 있다. 원칙 3은 책임투자로서 투자 대상 기업이 ESG 활동과 성과 관련 정보를 공개하도록 요구하고 이를 추구하기 위한 다각적인 방안을 모색해야 한다는 점을 강조한다. 원칙 4는 책임투자가 해당 투자 기업의 특징과 리스크, 기회 요인에 효과적으로 대처하고 이를 지속가능한 방법으로 해결하는 것인 만큼, 기업뿐만 아니라 이들이 속한 투자 산업 내에서 책임투자 원칙이 효과적으로 수용되고 실행할 수 있도록 해야 한다는 점을 강조한다. 원칙 5는 이러한 책임투자 원칙의 목적을 달성하고 효과적으로 실행하기 위해 다른 투자자나 고객, 관계 정부 당국, 국내외 비정부 기구 등 다른 이해관계자들과 서로 연대해야 함을 정의하고 있다. 마지막으로, 원칙 6에서는 각각의 투자자들이 이러한 책임투자 원칙들을 어떻게 실천하고 발전시키고 있는지 그 활동과 진행 과정, 성과 등을 공개할 것을 요구하고 있다.

　UN이 천명한 기관투자자들의 책임투자 원칙에 따라, 본 장에서는 '책임투자 시장'과 ESG를 고려한 '책임투자 방식들,' 이러한 책임투자의 '실제 사례' 등을 알아보고, '자산별 ESG 고려 방식'에서는 가장 일반적인 투자 대상인 주식과 채권을 중심으로 간략히 살펴본다.

글로벌 책임투자 현황

기관투자자들의 책임투자 규모와 비중은 전 세계적으로 매년 비약적인 성장률을 기록하며 지속적으로 확대되고 있다. 이러한 책임투자 현황은 글로벌 지속가능투자연합Global Sustainable Investment Alliance, GSIA의 발표를 통해 쉽게 확인해 볼 수 있다. GSIA에서 발표한 〈Global Sustainable Investment Review 2020〉을 보며 전 세계 책임투자 시장 현황을 조망해 본다.

우선, 글로벌 책임투자 시장의 '추진 주체Main Players'를 보면 아래에서 보는 것처럼 책임투자는 전체의 대부분인 85%를 차지하는 미국과 유럽이라는 양대 축을 중심으로 강력하게 추진되고 있다는 것을 확인할 수 있다.

글로벌 책임투자 비중 (2018 기준)

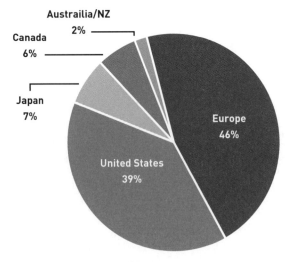

출처 : GSIA (2018년 기준), 대신경제연구소 정리

지역별 책임투자 자산군 규모 변화 (단위: USD 10억)

지역	2014	2016	2018	2020 (직전 대비)
유럽	$ 10,775	$ 12,040	$ 14,075	$ 12,017 (14.7% ↓)
미국	$ 6,572	$ 8,723	$ 11,995	$ 17,081 (42.4% ↑)
캐나다	$ 729	$ 1,086	$ 1,699	$ 2,423 (42.6% ↑)
오세아니아	$ 148	$ 516	$ 734	$ 906 (23.4% ↑)
일본	$ 7	$ 474	$ 2,180	$ 2,874 (31.8% ↑)
총계	$ 18,231	$ 22,838	$ 30,683	$ 35,301 (15.1% ↑)

출저 : GSIA, 대신경제연구소 정리

두 번째로 책임투자의 '시장 규모와 성장 속도'는 위의 표가 잘 보여주고 있다. 전체 책임투자 시장의 규모는 2014년 USD 18조 달러에서 2020년 USD 35조 달러로 6년 만에 약 2배 성장하였다. 지역별로는 최근 미국이 과거 트럼프 행정부 때와는 달리 2020년 전년 대비 42.4% 성장하는 등 책임투자 계수 산정 기준 변화를 고려해야 하나, 수치상은 유럽을 강력하게 추월하는 모습을 볼 수 있다.

셋째, 오세아니아와 일본의 책임투자 시장이 대대적으로 약진하는 모습을 확인할 수 있다. 특히, 일본의 책임투자 시장의 경우 2014년 USD 70억 달러에서 2020년 USD 2.8조 달러로 가히 폭발적인 증가세를 보여주며 규모 면에서 캐나다를 제치고 세계 3위로 올라섰다. 일본 정부의 강력한 제도적·정책적 추진과 더불어 공적연기금 GPIF의 효과적인 공조와 유인, 기관투자자들의 적극적 호응 등 당국과 자본시장의 유기적이고도 강력한 드라이브 덕분이다.

다만, 앞의 표에서 유럽의 책임투자 시장 성장률이 2020년 기준에서 볼 때 전년 대비 감소한 것을 볼 수 있는데, 책임투자 자금 기준을 '엄격하게 판단'했기 때문이므로 실제 책임투자 시장 자체가 위축되거나 감소하는 것이 아님에 주의할 필요가 있다. 이러한 변화는 책임투자 인정 여부에서 ESG 워싱을 방지하기 위한 EU 택소노미Taxonomy와 지속가능 금융공시규제Sustainable Finance Disclosure Regulation의 개념을 적극 반영하기 시작했다는 움직임의 일환으로 읽어야 한다.

지역별로 전체 운용자산 대비 책임투자 비중을 보면, 캐나다가 61.8%로 전 세계적으로 가장 큰 비중을 차지하고 있다. 두 번째 그룹은 유럽(41.5%)과 오세아니아(37.9%), 마지막으로 일본의 책임투자 비중이 가파르게 증가하고 있는데 최근 4년간 3.4%에서 24.3%까지 치솟고 있다.

지역별 전체 운용자산 대비 책임투자 비중 추이

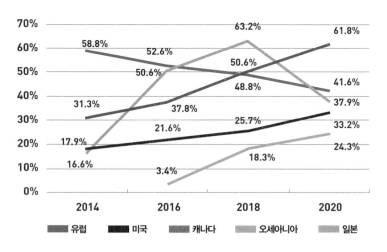

출처 : GSIA, 대신경제연구소 정리

ESG 투자 전략과 현황

UN PRI 분류

전 세계적으로 각종 보고서들이 가장 많이 채용하고 있는 2가지 책임 투자 전략 기준을 알아보자. 대표적인 ESG 책임투자 전략 분류는 'UN PRI 책임투자 분류'다. UN PRI의 책임투자 분류는 아래 그림에서 볼 수 있는 책임투자 전략을 'ESG 통합'과 '적극적 주주권 행사 및 스튜어드십'이라는 두 개의 범주 내에 속한 '5개 책임투자 전략'을 제시하고 있다. 그리고 이를 GSIA 책임투자 분류 기준으로 다시 세분하면 다음 페이지에서 볼 수 있는 7가지로 분류할 수 있다.

UN PRI 책임투자 분류

ESG 통합	통합 (Integration)	투자 분석 및 의사결정에 ESG 요소를 포함하여 리스크 관리 및 수익을 개선 도모함
	스크리닝 (Screening)	투자자의 선호와 가치 또는 윤리에 따라 잠재적 투자 목록에 대해 필터를 적용함
	테마 투자 (Thematic)	수익률을 특정 환경 또는 사회적 가치와의 결합을 추구함
적극적 주주권 및 스튜어드십	주주 관여 (Engagement)	기업과의 논의를 통해 ESG 이슈
	의결권 행사 (Proxy voting)	의안에 대한 투표를 통해 찬반 의사를 표명하거나 특정 ESG 이슈에 대한 주주 결의를 제안함

출처 : UN PRI

- **ESG 통합** ESG integration
- **네거티브 스크리닝** Negative screening
- **포지티브 스크리닝** Positive screening
- **규범 기반 스크리닝** Norms-based screening
- **지속가능성 테마 투자** Sustainability themed investing
- **임팩트 투자** Impact investing
- **기업 관여 활동 및 주주행동** Corporate engagement and shareholder action

　실무적으로는 이 중 '네거티브 스크리닝'이 가장 전통적이고 책임투자의 취지나 개념에 부합하는 전략이고, ESG 투자를 한다고 하면 당연히 재무와 ESG를 모두 고려할 것이므로 'ESG 통합 전략'을 가장 기본으로 전제하는 것으로 보면 된다. ESG 통합 전략의 경우 매우 형식적인 수준에서 기업의 적정 가치에 ESG를 직접 반영하는 등 그 적용상의 스펙트럼은 매우 다양하다. 단일 전략만을 사용하는 경우는 드물고 상기 전략들을 2~4개까지 혼합하여 운용하는 경우가 가장 많다. 이 외에 상기 전략에 ESG 상승 추이를 고려하는 전략인 'ESG 모멘텀Momentum'을 추가할 수도 있고, 일부 헤지펀드나 사모펀드의 사례처럼 재무적으로 우량한 기업이 지배구조나 ESG 등급이 열위인 경우 경영권 참여 등 관여 활동을 통해 이를 개선하기 위한 방법으로 ESG 통합 전략과 네거티브 스크리닝을 응용하는 등 입체적으로 적용할 수도 있다. 주식뿐 아니라 채권, 대체투자 등 책임투자 대상이 다양해질수록 이러한 전략의 입체적인 활용과 응용은 더욱 확대될 것으로 보인다.

지속가능 투자 전략 유형

유형	투자 방식
네거티브 스크리닝	특정 ESG 조건을 기준으로 평가되는 사업이나 기업을 포트폴리오에서 배제
포지티브 스크리닝	ESG 성과가 우수한 사업이나 기업을 선정
규범 기반 스크리닝	인권, 노동, 반부패 등 국제규범이나 표준을 기준으로 미달하는 사업이나 기업을 포트폴리오에서 배제
ESG 통합	재무적 성과와 ESG 등 비재무적 성과를 체계적 · 명시적으로 고려하여 투자 대상을 선정
지속가능 테마 투자	청정에너지, 녹색기술, 기후변화 등 지속가능성 문제를 해결하는 특정 테마나 자산에 투자
임팩트 투자	사회 · 환경적 문제 해결을 목표로 지역사회 개선이나 사회 · 환경적 목적을 지닌 사업이나 기업들을 대상으로 투자
기업 관여	주주로서 ESG 가이드라인에 따라 경영진 대화, 주주제안, 의결권 행사 등을 통해 기업 경영에 관여하여 기업가치 제고

출처 : GSIA(2018), Global Sustainable Investment Review 및 삼정KPMG 경제연구원

마지막으로, 향후 지방자체단체, 정부 기관, 각종 연기금, 금융 공기업 등 공적 기관의 ESG 투자가 늘어날 경우 임팩트 투자가 본격적으로 부각될 것으로 보이고, 스튜어드십 코드가 실질화되고 활성화될수록 수탁자 책임을 이행하고 성과를 공시해야 하는 투자자 입장에서는 기업 관여 활동과 주주 행동은 더욱 늘어날 것으로 예상된다.

ESG 전략별 투자 현황 및 활용도

앞에서 책임투자 자금이 비약적으로 성장하고 있는 것을 확인했는데,

그럼 ESG 투자 전략별로 가장 많은 운용자산을 차지하고 있는 전략과 성장세가 가장 가파르게 떠오르는 전략은 무엇일까?

GSIA IR 2020 보고서에 의하면 2016년에서 2020년까지 '책임투자 자산' 기준으로 가장 압도적인 운용자산 증가세를 보인 책임투자 전략은 단연 'ESG 통합' 전략이다. ESG 투자 시 기존의 투자에서 ESG 등급 산출 기업 투자 바스켓을 폭넓게 가져가면서도 가장 쉽게 또는 기업 가치 밸류에이션에 ESG 이슈를 직접 반영하는 등 가장 정교한 형태로 ESG를 적용할 수 있는 기본적인 전략이기 때문이다. 2018년까지 '네거티브 스크리닝'이 전통적인 방법론이었던 만큼 책임투자 비중에서도 큰 차이로 1위를 유지하던 추세가 점차 ESG 투자를 실질적으로 고민하게 되면서 역전된 것이다.

7개 ESG 전략 중 최근 가장 가파른 증가세를 보이고 있는 부문은 '지속가능 테마 투자' 전략으로 2016~2020년 사이 605%의 성장세를 보였고, 연평균 누적 성장률 역시 63%의 폭발적인 확장세를 기록하고 있다. 친환경 관련 신재생에너지나 2차 전지, Covid-19로 인해 비대면 모바일 IT 관련 회사들의 성장세와 주가 수익률이 두드러지는 시장의 현실에서도 쉽게 체감할 수 있다.

전체 책임투자 시장과 전략들이 성장 확대되고 있는 가운데 7개 전략 중 유일하게 마이너스 성장률을 기록하는 있는 전략은 '규범 기반 스크리닝'이다. ESG 투자가 UN 규범이나 이니셔티브의 규정들에 한정될 경우 그 범위가 최소한의 규범 기준 준수 여부Minimum Strandard Screening 만으로 제한되기 때문인 것으로 보인다.

책임투자 전략별 책임투자 자산군 증가 추이

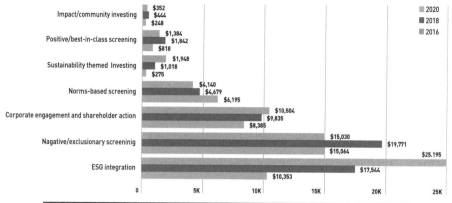

	■ 2020	■ 2018	■ 2016	GROWTH 2016-2020	COMPOUND ANNUAL GROWTH RATE
Impact/community investing	$352	$444	$248	42%	9%
Positive/best-in-class screening	$1,384	$1,842	$818	69%	14%
Sustainability themed Investing	$1,948	$1,018	$276	605%	63%
Norms-based screening	$4,140	$4,679	$6,195	-33%	-10%
Corporate engagement and shareholder action	$10,504	$9,835	$9,385	25%	6%
Nagative/exclusionary screeninig	$15,030	$19,771	$15,064	0%	0%
ESG integration	$25,195	$17,544	$10,353	143%	25%

출처 : Global Sustainable Investment Review　　　Note: Asset values are expressed in billions of US dollars.

ESG 자산별 투자 및 특징

자산별 글로벌 ESG 투자 현황

UN PRI 책임투자에서 주주권을 따로 분류하는 만큼, 일반적으로 ESG 투자는 상장 주식으로 시작하는 것이 가장 용이하다고 보면 된다. 그런 만큼 글로벌 책임투자 비중에서도 51%로 가장 큰 비중을 차지하고 있다. 차순위로 채권이 36%이므로 전체 투자의 대부분인 약 87%가 주식과 채권을 통해 실행되고 있다고 보면 된다. 그런 만큼 주식과 채권에 대한 투자 원칙과 투자 프로세스에 ESG를 어떻게 반영하고 활용할 것인지가 기관투자자들이 우선적으로 고민하는 주요 포인트다. 여기서 두 가지 점이 함께 논의되어야 한다.

첫째, 글로벌 지속가능 투자의 경우 주식 비중이 51%, 채권 36%와 부동산 및 PE/VC 자산이 13%로 주식 외 나머지 절반을 구성할 정도로, 현재 책임투자 중 거의 대부분이 '주식'으로 구성되어 있는 한국 상황에 비하면 글로벌 ESG 투자의 경우 자산 배분이 매우 균형적이란 점이다. 책임투자는 연기금 및 공적 기관에 의한 움직임에 큰 영향을 받기 마련인데, 2022년부터 ESG를 주식뿐 아니라 '채권과 대체투자로 확대'한다는 국민연금의 방침과 2021년 말부터 '수탁자 책임

글로벌 지속가능 투자 자산별 분포

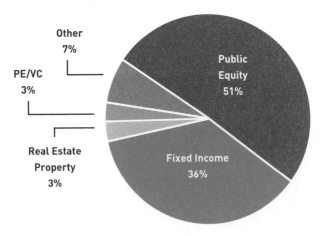

Note : Other includes hedge funds, casj/deposits, commodities, infrastructure, and not otherwise specified. Asset allocation data were not collected in Austrailia/New Zealand.

출처 : 2018 Global Sustainable Investment Review

이행 점검'을 하겠다는 산업은행의 발표에 따라 한국도 글로벌 ESG 자산 배분처럼 향후 모든 자산 클래스에 ESG가 적용될 것으로 보여 '지속가능 투자 자산 다각화와 실질화'의 방향으로 급속히 진화해 나갈 것으로 보인다.

둘째, 현재 10퍼센트 대의 비중을 기록하고 있는 사모펀드PE와 부동산 ESG와 대체투자 관련해서는 향후 그 비중이 점차 증가할 것으로 예상된다. 각국 정부와 공적 기관들을 중심으로 ESG 투자와 경영에 대한 실천 의지가 확고함에 따라 국내외 공히 전통적인 투자 수단인 주식·채권 이외의 자산으로 투자 대상이 다각화되고 있는 만큼, 전체 운용자산의 수탁자 책임을 충실히 이행하기 위해서라도 ESG 자산군이 다른 분야로 급격히 확대될 것은 쉽게 예상할 수 있다. 이 경우 ESG 평가와 적용도 자산군별로 그 특징에 따라 매우 다양하고 투자 수단에 가장 적합한 방식으로 정교하게 발전될 필요가 있다. 특히, 현재 '주식 ESG' 모형 중심을 벗어나 채권 ESG, PE 및 VC ESG, 투자회사 및 공급망 ESG 실사, 부동산 ESG 모델 개발과 정착이 시급하다.

주식 ESG와 채권 ESG

2022년을 기점으로 한국도 글로벌 책임투자의 움직임처럼 주식뿐만 아니라 채권도 ESG 시대 맞이하고 있다고 말할 수 있을 만큼, 자본 시장에서는 채권 ESG에 대한 관심이 뜨겁다. 이 경우 ESG를 적용할 때 주식과 채권의 투자 대상 성격이 전혀 다른 만큼 이러한 특성을 고려해야 하고, 이에 따라 평가도 당연히 차별화해야 한다. 주식 ESG는 워낙 책임투자의 기본으로 여겨지고 광범위하게 정착되고 있는 만큼 여기서는 잘 알려진 주식 ESG와 비교하되, 향후 활발하게 확대될 채권 ESG에 대해 보다 상세히 기술한다.

먼저 주식과 채권의 개괄적인 특징만 보더라도, ① 주식은 주주권 행사를 위한 의결권이 있지만 채권은 의결권이 없다. 무엇보다, ② 주식은 성장과 위험을 모두 중시해야 하고 기본적으로 기업 가치의 상승 잠재성을 보고 투자하고 이익 상승에 따라 배당도 더 받을 여지가 있지만, 채권의 경우 기업의 수익이 아무리 늘어난다고 해도 정해진 이자를 받을 뿐이므로 기본적인 관심 사항은 원금 보전이 어려운 부도나 기업 가치의 심각한 훼손이나 감소 등 리스크 관리가 중점 관리 사항이 된다. 또한, ③ 주식시장을 통해 적은 금액으로 자유로운 거래가 가능한 주식에 비해, 채권의 경우 규모가 클 경우 거래상의 유동성에 제한이 따른다. 관여 활동의 특징과 시계열 관련해서도 ④ 만기까지 보유하여 이자를 향유하려는 채권의 경우, 재무 혹은 ESG상의 컨트러버셜 이슈에 따라 최악의 경우 매각이 가능하고 직접 주주 제안도 가능한 주식과는 전혀 다른 관여 활동이나 수탁자 책임활동이 요구될 것이다. 마지막으로, ⑤ 똑같은 채권이라도 일반적인 회사채, 금융기관에 특화된 금융채, 각종 지방자치단체가 발행하는 지방채, 국가와 공공기관 등이 발행하는 국공채 등과 같이 서로 특성이 조금씩 다른 채권들의 경우 이들을 ESG적으로 어떻게 구분하고 통합 관리할 것인가의 문제가 있다.

이러한 사정에 따라 ESG의 구체적인 적용 시 제로 베이스Zero Base에서 고민할 경우 가장 먼저 다음 세 가지 이슈에 부딪히게 된다.

첫째, 투자 대상의 특징이 서로 다르기 때문에 기관투자자의 입장에서는 주식 ESG와 채권 ESG '평가 모델의 통합'이냐 아니면 각각 '별도 ESG 평가 모델'을 마련할 것이냐의 문제가 있다. 이때 주의할 것은 두 개 모델 모두 주식이건 채권이건 하나의 회사의 ESG를 고려하고 이를 통해 중장기적으로 지속가능한 기업 가치의 상승을 목표로 한다는 공통점이 있다는 것이다. 무엇보다 똑같은 회사의 ESG가 투자 수단이 다르다고 해서 전혀 다른 모델을 적용한다거나, 각각 서로 전혀 다른 등급을 적용한다는 것도 이상하다. 대신경제연구소에서 조사하고 분석한 글로벌 연기금과 자산운용사들의 사례에 따르면, 이러한 사정을 반영하여 대부분 'One Company, One Rating'을 원칙으로 하되, 이를 추후 투자 수단에 맞게 일부 조정하는 형태였다.

둘째, 그렇다면 회사별로 하나의 ESG 등급을 기본으로 한다는 것인데, 구체적으로 채권의 경우 어떤 ESG 지표를 다르게 적용할 것인가의 문제가 생긴다. 주식과 달리 채권은 산출된 ESG 등급 외에 신용등급과 직접 연계가 되어야 하는 이슈가 있고, 신용등급의 경우 회사의 재무적인 리스크에 주안점을 두고 있으므로 이러한 등급 조정과 변동을 적용할 때 이를 함께 고려할 필요가 있다. 즉, ESG 평가 모델의 지표에는 각종 정책이나 규정 보유 유무와 같은 '순수 비재무적인 지표'부터 탄소 국경세나 배출권 거래제 등 재무제표상 '수익 비용 계정' 또는 '자산 가치 계정'과 직결되는 지표까지 여러 가지 스펙트럼에 걸쳐져 있다. ESG 일반 모델과 여기서 산출된 등급을 중심축으로 하되, ESG로 인한 등급 조정 관련해서 반드시 '재무적인 지표 중심'으로 우선 고려해야 한다.

무디스의 회사채 신용평가 ESG 반영 체계

먼저, 무디스의 회사채 신용평가 ESG의 반영 평가 사례를 통해 구체적으로 ESG가 신용평가에 어떻게 적용되는지를 살펴본다. 무디스는 기본적인 신용평가 과정 내에서 ESG를 반영하여 이를 기반으로 다음의 4단계를 조정·통합하여 최종 등급을 산출한다.

1. E, S, G 각각의 등급 및 세부 지표별 점수 산출
2. 회사의 제품 수요, 회사 및 제품의 평판, 직간접적인 생산 비용, 재무 건전성에 ESG가 잠재적으로 미치는 세부 계정상의 영향도 측정
3. 회사의 수익성, 레버리지, 현금흐름, 매출 자산 규모, 비즈니스 모델 및 구조 등 회사 전체의 재무 중분류 이상의 재무 스코어 카드Scorecard상 중대한 영향도 측정
4. 기타 주요 컨트러버셜 및 이슈들을 반영하여 최종 등급 산출

무디스의 회사채 신용평가 ESG 반영 체계

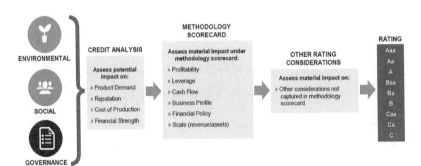

Note: The information in this exhibit is not exhaustive.
Source: Moody's Investors Service

S&P의 회사채 ESG와 신용등급 사례

앞의 무디스 사례는 회사채에 대한 ESG 등급을 어떻게 적용하는지를 보여주는데, 이는 전체적인 방법론이라 할 수 있다. 이에 비해 S&P의 회사채 ESG 신용평가 등급 사례는 실무적으로 보다 구체적인 부분을 보여주고 있다.

1. 대기 오염Pollution Factors 사례 관련 듀크 에너지 기업Duke Energy Corp. 사례를 보자. S&P는 '석탄 사업 노출'을 '현금흐름' 관련 장기 리스크라고 판단하고 등급을 안정Stable에서 A-Negative로 하향했다.

2. 환경 기회 요소Environmental Benefits 관련 콘솔 에너지Consol Energy Inc. 사례이다. S&P는 '석탄 관련 부채 노출' 감소를 비즈니스 리스크 감소 요인으로 보고 등급을 B에서 B+로 상향했다.

S&P의 ESG 요소가 감안된 평가 등급 변경 예시

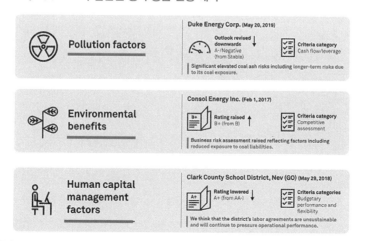

출처 : S&P Global Ratings

3. 마지막으로 인적자본 관리Human Capital Management에 해당하는 내용
   이다. 클라크 카운티 스쿨Clark County School District은 '고용계약 조건의
   불안정성'을 예산 지원으로 운영되는 조직 성격상 예산 운영과 성과, 유
   연성상의 부정적인 요인으로 판단하여 AA−에서 A+로 하향했다.

대체투자 ESG

세계 각국의 기관투자자들은 ESG 투자 전략을 주로 주식과 채권 등
전통적인 투자 자산asset class을 중심으로 적용해 왔다. 그렇지만 최근
해외 연기금을 중심으로 투자 자산군이 빠르게 다각화되고 있으면서
ESG 적용 자산 또한 점차 확대되고 있는 추세에 있다. 가장 일찍부터
능동적인 자산소유자로서 지속가능 투자를 선도해 온 미국의 캘퍼스
와 유럽에서 가장 적극적이고 체계적인 책임투자를 실천하는 연기금
으로 알려진 네덜란드 APG의 사례를 통해 대체투자 ESG의 현황을
앞에서 살펴본 ESG 투자 전략과 연계하여 정리하는 의미에서 개괄적
으로 살펴본다. 두 연기금의 대체투자 모두 가장 기본이 되는 ESG 전
략은 'ESG 통합' 전략이다.

　미국의 CalPERS가 발표한 바에 따르면 대체투자 범위는 사모펀드
Private Equity, 부동산, 인프라, 산림 관리 등에 이르는데, 사모펀드의 경
우 스크리닝 전략과 ESG 통합 두 가지를 병용하고 있으며, 나머지 투
자 자산에는 ESG 통합 전략만을 적용하고 있다. 서로 다른 자산에
ESG 통합 투자를 적용하기 위해 캘퍼스는 자산군별 투자 조직의 구

성원으로 'Cross Asset Class Sustainable Investment Team'을 구성하고, 각각의 자산별 특성과 전략을 투자 프로세스에 반영하기 위해 〈지속가능 투자 실천 가이드라인Sustainable Investment Practice Guideline〉을 개발하였다. 2016년에는 〈글로벌 인덱스, 대체투자, 채권 및 부동산Global Index, Alternative Investment Management, Fixed Income, Real Estate〉이라는 통합 투자 가이드라인을 마련했다.

미국 CalPERS 대체투자 시 책임투자 전략 활용 현황

		스크리닝	ESG 통합	테마투자	주주권	의결권
위탁 운용	Private Equity	0	0	-	-	-
	Hedge Fund	-	-	-	-	-
	Property	-	0	-	-	-
	Infrastructure	-	0	-	-	-
	Etc*	-	0(Forestry)	-	-	-

출처 : CalPERS PRI Transparency report 2020 (S&P Global Rating에서 재인용)
* : Commodities, Forestry, Farmland 등   ** : 공개되어 있지 않은 내용은 '-'로 표시함

APG는 캘퍼스에 비해 부동산과 인프라 투자 직접 운용 시 책임투자 전략 활용 현황이 보다 다양하다. 즉, ESG 통합 전략 외에 테마 투자와 주주권 행사 전략도 적극 행사하고 있다. 이 중 테마 투자의 경우 공개 보고서를 통해 활용 사례를 공개하고 있는데, 부동산Property의 경우 그린빌딩Green Building, 교육 및 인프라스트럭쳐의 경우 에너지 효율성, 클린 기술Clean Technology, 재생에너지, 커뮤니케이션 테크Communication Technology 등에 적용하고 있다고 밝혔다. 기타의 경우에는 지속가능 산림Sustainable Forestry, 지속가능 농업Sustainable

Agriculture 등을 그 예로 들 수 있다. 이를 통해 테마 투자의 사례를 확인해 보면 좋을 것이다.

APG 사례에서 국내외 부동산 투자를 주요 비즈니스로 하거나 자산 중 일정 비중 이상을 차지하는 국내 연기금이나 운용사들이 주목할 점은 부동산 및 인프라 투자의 효과적인 ESG 투자를 위해 세계적인 부동산 관련 국제 이니셔티브인 GRESBGlobal Real Estate Sustainability Benchmark에 가입하여 활용하고 있다는 점이다. 부동산 및 인프라 ESG 투자의 국제적인 대외 신인도를 높이고 실질적인 ESG 성과를 견인하고 이를 효과적으로 공개하고 관리하기 위해 반드시 도입을 검토해 볼 만하다. 2022년 기준으로 네덜란드 APG, PGGM, 스웨덴 AP, 노르웨이 GPFG, 미국 CalPERS, 캐나다 OTTP, 호주 Superfund, 일본 GPIF, 블랙록, 한국에서는 이지스자산운용이 가입하고 있다.

네덜란드 APG 대체투자 시 책임투자 전략 활용 현황

		스크리닝	ESG 통합	테마투자	주주권	의결권
직접 운용	Private Equity	-	-	-	-	-
	Hedge Fund	-	-	-	-	-
	Property	-	0	0	0	-
	Infrastructure	-	0	0	-	-
	Etc*	-	0(Commodities)	0(Forestry/Farmland)	-	-
위탁 운용	Private Equity	-	0	-	-	-
	Hedge Fund	-	0	-	-	-
	Property	-	0	-	-	-
	Infrastructure	-	0	-	-	-
	Etc*	-	0	-	-	-

출처 : APG RI report, APG PRI Transparency report 2020
* : Commodities, Forestry, Farmland 등 ** : 공개되어 있지 않은 내용은 '–'로 표시함

8

스튜어드십 코드

2016년 12월, 한국에서도 스튜어드십 코드 시대가 처음 열린 이후 만 5년이 지났다. 지난 5년간은 '도입기'로 볼 수 있다. 2010년 정부 주도로 스튜어드십 코드를 최초 도입한 영국FRA, Financial Reporting Council이나 2014년 정부 당국의 강력한 추진으로 제정한 일본FSA, Financial Service Agency과는 달리, 한국은 민간 기관 주도하에 도입되었다. 코드 가입 기관을 3단계의 등급tier으로 나누고 평가하여 최하 단계의 경우 코드 가입을 인정하지 않는 영국에 비해, 한국은 스튜어드십 코드를 '도입만' 하면 그 가입이 인정되고 산업은행과 연기금 등 자산소유자asset owner들의 기관투자자 평가에서 '가점'이 주어졌다. 수탁자 책임활동 7대 원칙Stewardship Code을 도입하여 '주주권'을 중심으로 그 '활동 내역'을 밝히는 '코드 1.0'의 시대라고 할 수 있다. 도입 자체가 자율이므로 스스로 정한 원칙을 지키고 지키지 못할 경우 그 사유를 설명하는 'Comply or Explain' 방식이다.

이하에서 전반적으로 스튜어드십 코드의 필요성과 의의, 그리고 한국 상황을 살펴보고, 글로벌 스탠다드 차원에서 세계 최초로 스튜어드십 코드가 도입된 영국, 그리고 우리와 법체계와 제도 및 문화가 매우 유사한 일본의 스튜어드십 코드 사례를 살펴본다. 2021년 1월 금융위원회에서 스튜어드십 코드 개정 과제를 발표했고, 2020년 영국과 일본이 자국 스튜어드십 코드를 개정했으므로, 이러한 사례를 통해 한국 코드의 개정 방향성을 가늠해 볼 수 있기 때문이다. 이제 스튜어드십 코드 도입과 주주권 중심의 코드 1.0 단계를 넘어, 수탁자 책임과 ESG 적용 확대를 위한 코드 2.0 시대를 맞고 있는 지금 일본의 사례를 통해 단기적인 시사점을 모색해 보고, 영국의 사례를 통해 가장 진보된 형태의 코드 3.0의 단계를 중장기적으로 고민해 보고자 한다.

스튜어드십 코드의 의의

하버드대 조지프 나이 교수는 21세기는 '소프트 파워'의 시대라고 말했다. 삶의 질과 자유가 부각되는 시대에 원하는 것을 얻으려면 명령이나 강제라는 '물리적인 힘Hard Power'보다 가치와 유인의 증대에 기초한 '자발적 동의Soft Power'가 효과적이라는 것이다. 이제 사회 변화의 근본 동인은 군사와 경제 같은 양적인 '힘'보다는 과학, 문화, 정직, 매력 등 질적인 '신뢰'에 있다는 것이다.

스튜어드십 코드는 자금 운용을 담당하는 기관투자자가 그 책임을 충실히 이행하기 위해 정책과 활동을 자율적으로 규정하고 실행하도록 하는 '연성 규범Soft Law'이다. 즉, 주주의 가장 기본적인 권리인 의결권 행사부터 상시 대화까지, 투자 대상 회사에 대한 관여의 수준과 원칙을 기관별로 선포한 후 그 이행 현황을 공시하고comply, 준수하기 어려운 경우에는 이유를 설명하도록explain 하는 것이다.

그러면 스튜어드십 코드의 성공적인 도입과 효과적인 정착을 위해서는 무엇이 필요할까. 애매할 땐 기본으로 돌아가듯 코드의 도입 취지와 연성 규범이라는 성격을 생각해 보면 알 수 있다.

현재 한국의 기업지배구조는 주로 상법, 공정거래법, 자본시장법 등을 중심으로 규율하고 있으며, 위반 시 민·형사상의 책임을 지는 경성 규범Hard Law의 통제를 받고 있다. 그러나 기업지배구조의 모든 사항을 법으로 규율할 수는 없으므로 '시장 및 참여자 규율형'인 연성 규범으로 이를 보완하자는 것이 코드의 도입 취지이다. 이를 통해 기관의 원칙과 전략의 명확한 정의 → 건설적인 관여 증가 → 정보 공시 확대정보 비대칭성 감소 → 기업의 이사회 효율성 확보대리인 비용 감소 → 전문성과 투명성 향상 → 중장기 수익성 증대기업 가치 증가 → 신뢰 및 투자 매력 향상Soft Power 확대 → 시가총액 증가코리아 디스카운트 해소의 선순환을 이루자는 것이다. 그러므로 이러한 선순환의 출발점인 기관 관여를 유도하기 위해서는 이들에 대한 '강력한 인센티브가점 부여'가 절대적으로 필요하다. 자발적 규율이기 때문이다.

그 다음 과제로 시장 참여자들이 활용할 수 있는 '정보 공시의 확대'를 들 수 있다. 자본주의 경제에서 시장 효율성은 정보 투명성과 직결되는데, 이는 여러 가지 이해관계상 자율만으로는 부족하기 때문이다. 자본시장법 시행령과 상장규정 등 기업지배구조 관련 '공시 법령 정비'를 통한 시너지 확대가 반드시 병행되어야 하는 이유다. 연성 규범은 '핵심 법규를 전제로' 이를 보완하는 수단이기 때문이다. 지배구조 공시 의무화의 배경에는 이러한 고려가 작용한 것이다. 향후 지속가능보고서 공시 의무화 역시 이러한 논의의 연장선에 있다.

우리나라의 다른 법들이 유럽 대륙법 체계의 영향을 받은 것과 달리 자본시장 관련 법률은 미국법 체계를 근간으로 하고 있다. 미국이 독립 이후 로마의 체제와 이념'견제와 균형'을 닮고자 한 것은 주지의 사실이다. 중국 최초의 통일 제국 진나라에는 법령이 매우 많았고 형벌 또한 가혹했다. 이에 비해 로마는 외국인과 범죄자에게도 시민권을 부여하는 등 '강력한 인센티브'를 준 것으로 유명하다. 그들은 이러한 '자율성과 개방성'을 바탕으로 대제국을 건설할 수 있었다. 백성들을 억압해서 6500킬로미터가 넘는 '만리장성'을 쌓은 진나라는 15년 만에 멸망했으나, 신뢰를 바탕으로 '길'을 닦은 로마는 1천년의 번영을 누렸다. 이것이 바로 소프트 파워라는 시대정신이다. 자본시장 선진화의 길목에서 정보는 더 이상 독점하고 감춰야 할 대상이 아니라는 것이다.

마지막으로, 로마의 소프트 파워는 강력한 군사력이라는 '하드 파워를 전제로' 균형을 추구했다는 점에 주목할 필요가 있다. 연성 규범인 국제법에서도 유엔 안보리의 제재권UN헌장 7장이 인정되고 있다. 자본시장은 냉혹한 곳이다. 최소한 그 '이행 감독' 역할만은 일본처럼 권위 있는 '금융감독 당국'이 해야 한다. 어떠한 정책이든 도입보다는 '실효성'이 핵심이기 때문이다. 현재는 민간 기관이 수행하고 있지만 중장기적으로는 반드시 고려해야 하는 부분이다.

스튜어드십 코드와 자본시장 그리고 ESG

국민연금은 2018년 스튜어드십 코드 도입 후 수탁자 책임활동 지침을 발표하고 기업 배당, 임원 보수 한도, 법령상 위반 우려로 주주 권익을 침해가 가능한 사안이나 주주총회에서 지속적으로 반대했지만 개선되지 않는 안건들을 '중점관리 사안'으로 규정하고 주주 활동을 하고 있다. 몇몇 자산운용사의 경우에도 이러한 변화에 맞춰 다양한 활동을 통해 적극적으로 응대했다. 트러스톤자산운용은 합리성이 떨어지는 배당을 공시한 기업에 대해 주주총회에서 '반대 의견'을 제시하며, 법적 의무는 없지만 적극적으로 '사전 공시'까지 하며 소수주주로서의 입장을 당당히 밝혔다. KB자산운용을 위시한 소액주주들은 이해상충이 발생하는 무리한 사업부 양수를 진행하는 기업에 대해 심각한 주주 가치 훼손이 우려된다는 취지의 '주주서한'을 보냈으나 회사 측에서 그대로 밀어붙이자, 주주총회 결의취소 소송까지 제기하며 결국 법원으로부터 계약 취소 판결을 이끌어 낸 바 있다. 요컨대, 코드 1.0 시대는 소수 기관투자자들이 코드를 '제정'하고 기업의 '지배구조'에 대해 '주주 활동'을 시작한 단계라고 할 수 있다.

2020년 전 세계적으로 코로나 사태를 겪으며 글로벌 팬데믹 현상으로 인한 금융시스템의 위기와 더불어 기업과 개인 활동까지 상당한 위축을 초래하는 등 사회적으로 급격한 변화를 맞이했다. 또한 유럽, 미국뿐만 아니라 전 세계에서 석탄 소비와 이산화탄소 배출량이 가장 많은 중국까지 탄소배출량 감소, 생태계 조성, 그리고 신재생에너지 생산 등의 활동을 통해 온실가스 순배출량을 0으로 만들겠다는 '넷

국민연금기금 수탁자 책임활동에 관한 지침 제13조 (중점관리사안) 관련

1. 기업의 배당정책 수립

합리적인 배당정책을 수립하지 않거나, 합리적인 배당정책에 따른 배당을 하지 않을 경우

2. 임원보수 한도의 적정성

보수금액, 기업의 경영성과 등과 연계되지 않은 이사보수 한도를 제안하여 주주권을 침해하는 경우

3. 법령상의 위반 우려로 기업가치를 훼손하거나 주주권익을 침해할 수 있는 사안
  국가기관의 조사 등 객관적 사실에 근거하여 아래의 경우에 해당할 경우

  ① 당해 회사와 관련한 횡령, 배임 행위
  ② 부당하게 특수관계인 또는 다른 회사를 지원하는 행위 (부당지원행위)
  ③ 특수관계인에게 부당한 이익을 귀속시키는 행위 (경영진의 사익편취)

4. 지속적으로 반대의결권을 행사하였으나, 개선이 없는 사안

회사의 주주총회 안건 주 기금이 지속적으로 반대의사 표시했음에도 불구하고 개선되지 않은 안건의 경우

5. 정기 ESG 평가결과가 하락한 경우

정기 ESG 평가 결과, 종합 ESG 등급이 2등급 이상 하락하여 C등급 이하에 해당할 경우

출처 : 국민연금기금운용본부

제로Net Zero'를 선포했다. 이러한 움직임에 발맞추어 한국도 2050년까지 탄소 중립국을 선언하며 선진국으로 가기 위한 그린 뉴딜정책을 발표했다. 이러한 변화로 기업의 지배구조/사회/환경을 고려하는 ESG 투자에 더욱 박차가 가해졌다. 사회 및 환경 이슈에 대한 전 지구적 관심 증가뿐 아니라 코로나 사태로 증권시장이 붕괴할 때에도

ESG를 고려한 자금은 상대적으로 '주가 변동성'이 적어서 수익률 관리에 도움이 된 것이 직접적인 이유였다. 공적 자금을 중심으로 'ESG 자금 유입'이 급격히 확대되고 있는 것 또한 명백한 글로벌 추세다.

자본시장에서 채권에 투자할 때 기업에 자금을 대여해 주면서 ESG 관련 사항을 요구할 수 있다. 소위 'ESG 채권'이다. 또한 기업이 자금을 조달할 때, ESG 등급에 따라 금리 할인을 받을 수도 있거나 조달금 자체를 사회 및 환경 개선에 자금을 쓰는 경우 더 '낮은 금리'로 자금 조달이 가능한 지속가능 채권Sustainable Bond, 사회적 채권Social Bond, 그린본드Green Bond 등도 확대되고 있다. 주식과 채권 등의 분야에서 기존의 지배구조뿐만 아니라 사회와 환경 차원에서도 재무적 의미를 창출하고 통합하는 'ESG 통합ESG Integration'의 드라마틱한 변화가 시작된 것이다.

코로나-19 위기 속의 High ESG Score Stocks 및 수익 10% 이상 환경 관련 회사 주가 변동성 비교

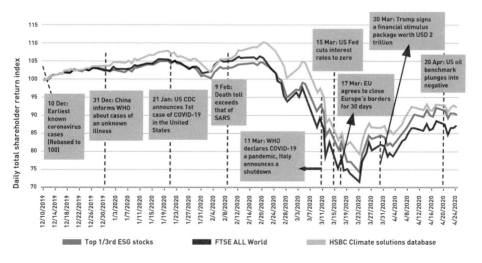

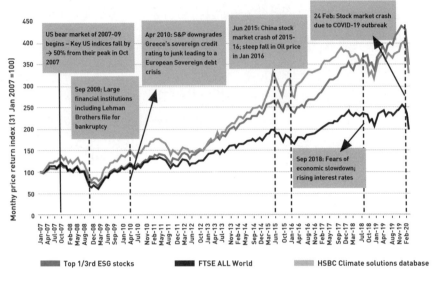

High ESG Score Stocks 및 기후 주식의 장기적 관점에서의 상당한 초과실적

출처 : HSBC (High ESG Score stocks)

요컨대, 코드 2.0 시대에 접어든 지금, 수탁자 책임활동은 보다 '명확하고 구체적인 목적Purpose'을 가지고 주식뿐만 아니라 채권이나 대체투자까지 보다 '다양한 자산asset class'에 대해, 지배구조뿐만 아니라 '사회와 환경ESG' 주제까지 아우르는 '폭넓은 활동'을 바탕으로, 이에 대한 '활동과 성과 공개'도 적극적으로 수행하는 단계를 맞이했다. 이에 따라 기업 점검과 ESG 모니터링 실질화, 활동 범위의 확대, 의결권 행사 결과만이 아닌 반대 사유 및 사전 공시 등 공시 범위 확대, 수탁자 책임활동 보고서 발간 등의 변화가 필요할 것이다. 해외 연기금이나 운용사의 활동을 참고해 보면 한국에서의 향후 방향도 쉽게 예상해 볼 수 있을 것이다. 각각 대표적인 사례로 APG와 블랙록을 통

ESG와 자본조달 비용과의 관계

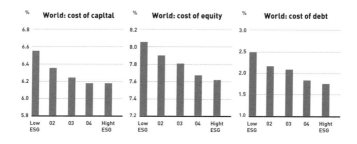

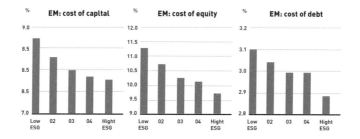

Monthly averages were reported over the period from Dec. 31, 2015, to Nov. 29, 2019. The average number of companies in the MSCI World Index and MSCI Emerging Markets Index over the analysis period was 1,552 and 960, respectively.

출처 : EGS and The cost of capital, MSCI (2020.2.25)

해서 알아보자.

APG의 수탁자 책임활동 공시를 보면 '전년 대비 금년도의 관여 활동Engagement의 변화'를 공개하고 있다. 예컨대, 2017년도 322건에서 2018년도에는 366건으로 증가했고, 2019년에는 716건으로 그 활동이 비약적으로 확대되었다는 것을 수치로 보여 준다. 또한 이러한 활동을 각종 주제별Engagement by Topic 활동으로 세분화하여 발표한다. 예컨대 2019년의 716건의 활동 중 지속가능Sustainability 이슈가 633건으로, 지배구조Good Corporate Governance 이슈가 391건으로

2019년 APG의 수탁자 책임활동 공시

출처 : APG 2018, 2019 Investment Report

주요 활동을 이루고, 인권Human Rights 이슈가 352건, 산업 안전 이슈가 163건으로 2, 3순위를 기록했다 세계 주요 연기금 및 자산운용사들의 수탁자 책임활동 공시를 보면, 이러한 세부 이슈별 관여 활동을 인포 그래픽 형태로 연도별로 서로 다른 색깔로 한눈에 파악할 수 있도록 했다. 책임활동의 충실성, 계량화된 공시, 시각적으로 가독성을 높인 모범적인 사례로 볼 수 있으므로 각 기관투자자들은 향후 수탁자 책임활동 보고서를 작성할 때 참고할 만하다.

블랙록의 수탁자 책임활동 공시를 또 다른 예로 살펴보자. E, S, G별로 관여 활동의 통계를 숫자로 보여주되, 각 관여 활동의 증가율을 시각적으로 알기 쉽게 보여주고 있다. 관여 활동의 양적인 면에서는 지배구조가 압도적으로 많은 반면, 관여 활동 증가세는 환경 분야의

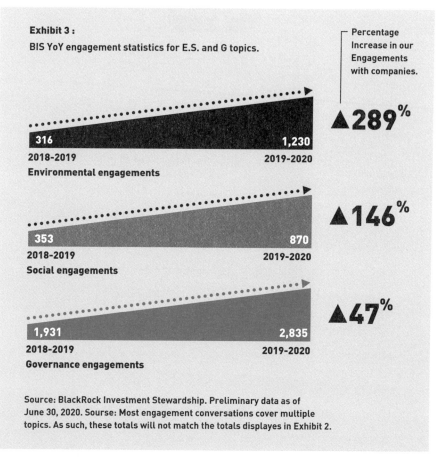

Exhibit 3 :
BIS YoY engagement statistics for E.S. and G topics.

Percentage Increase in our Engagements with companies.

316
2018-2019
Environmental engagements
1,230
2019-2020

▲289%

353
2018-2019
Social engagements
870
2019-2020

▲146%

1,931
2018-2019
Governance engagements
2,835
2019-2020

▲47%

Source: BlackRock Investment Stewardship. Preliminary data as of June 30, 2020. Sourse: Most engagement conversations cover multiple topics. As such, these totals will not match the totals displayes in Exhibit 2.

출처 : BlackRock Investment Stewardship 2020

관여 활동이 289% 증가하는 등 비약적인 발전을 이루고 있음을 확인할 수 있다. 이를 통해 각 관여 활동의 숫자나 전년 대비 비교와 더불어 전반적인 ESG 활동의 확대를 한눈에 감지할 수 있다.

일본 스튜어드십 코드와 한국 코드 개정 검토, 핵심 논점들

지난 2021년 1월 금융위에서 발표한 '책임투자 활성화' 방안에는 '스튜어드십 코드 성과 평가 및 개정 검토'와 '의결권 자문사 관리 감독 강화'가 포함되었다. 즉 'ESG 정보공개 확대' 과제 외에도 2016년 12월에 제정 도입된 한국형 스튜어드십 코드의 시행 성과를 평가하고, 'ESG 관련 수탁자 책임'을 강화하는 방향으로 개정을 검토하며, 이러한 역할을 매개하는 의결권 자문사들의 전문성과 공정성을 확보하기 위해 가이드라인이나 법적 근거를 마련하겠다는 계획이다. 세부 내용은 아직 발표되지 않은 상태이므로 고민해 볼 필요가 있다. 관찰자 입장에서 최대한 합리적이고 객관적인 눈으로 살펴보되, 정책 입안자의 마음으로 실효성에 대한 간절한 바람과 책임감을 가지고 따져보자.

먼저, 한국형 스튜어드십 코드와 비교할 해외 벤치마킹 대상부터 정할 필요가 있다. 2021년 기준으로 국제기업지배구조네트워크CGN 산하 네트워크GSCN에 등록되어 있는 스튜어드십 코드 멤버국은 18개국이다. 너무 많아 복잡하다. 게다가 코드 자체의 내용도 대동소이하므로 제도적·문화적 맥락을 고려해 줄일 필요가 있다. 상법은 제정 당시 일본의 영향을 받았으나 IMF 이후의 상법과 자본시장법 모두 영미법의 영향이 컸다. 전 세계에서 최초로 코드를 제정하고 가장 '선진적'으로 운영하고 있는 나라는 '영국'이고, 2016년 한국형 코드 도입 당시 법제도와 경제·문화의 '유사성' 차원에서 가장 많이 고려한 사례는

'일본'이었다. 따라서 이들 두 나라의 사례를 분석하면 한국형 스튜어드십 코드의 미래나 로드맵 또한 감이 잡힌다.

그럼 이번 코드 개정의 논점들은 무엇이 되어야 할까? 단기적인 변화를 알아보기 위해서는 일본의 개정 과정과 내용이 참고가 된다. 일본 또한 2014년 코드 제정 후 2017년과 2020년에 두 차례 개정했다. 첫 번째 개정 시 강조된 부분은 공적기금과 같은 자산소유자asset owner가 자금 운용 위탁 시 자산운용자asset manager를 통해 자신의 수탁자 책임활동을 잘 수행할 수 있도록 '지시/감독/모니터링'을 해야 한다는 점이다. 이제 스튜어드십 코드 '가입'에 그칠 게 아니라, 수탁자 책임이나 ESG에 대해 '실질적인 활동'을 해야 한다는 의미다. 예컨대 대화engagement의 횟수만이 아니라 '대화의 품질과 성과'까지 요구한다는 것이다. 최근 연기금과 국책은행을 중심으로 자금 위탁기관에게 ESG 활동을 요구하는 흐름과 궤를 같이 한다. 기존에 '상장주식'을 대상으로 '자산운용사' 중심이었던 수탁자 책임활동에 '비상장사 주식, 채권과 인프라 투자'까지 대상이 추가되고 이행 주체가 '사모펀드와 벤처캐피탈'까지 본격적으로 확대된다는 뜻이다. 실제로 이를 둘러싼 많은 논의를 보면 한국도 일본의 코드 진화와 비슷한 과정을 겪고 있다는 것을 실감하고 있다. 변화는 제도가 이끌기도 하지만 트렌드에 맞게 제도가 뒤따르기도 한다. 반드시 고려해야 할 사항이다.

두 번째 논점으로 강조되어야 할 부분은 다른 기관투자자와의 '연대'다. 영국이나 주요 선진국들과 달리 한국과 일본의 스튜어드십 코드에서는 투자자 연대 조항이 없다. 하지만 일본은 "다른 기관투자자와 협동협력적 관여 활동, collaborative engagement이 유익beneficial할 수 있다"고 해설하면서 1차, 2차 개정에서 공히 이를 세부 지침에 넣어 강력히 권고하고 있다Guidance. 동시에 기관투자자 '경영진의 책임과 역할' 또한 필연적으로 강조되었다. 이후 일본의 주주행동과 관련한 시장 및 업계는 폭발적으로 성장했다. 한국에서는 도입 당시 일본 코드에도 없을 뿐 아니라 기업의 지배구조에도 위협이 된다는 재계의 격렬한 반대를 근거로 '연대' 원칙은 제외되었다. 하지만 지배구조뿐만 아니라 ESG 경영이 총체적으로 중시되고 있는 지금, 특히 사회와 환경 이슈는 '이해관계자 모두의 노력'이 요구된다는 점과 이를 활성화하기 위해서라도 '연대'의 필요성은 더욱 부각될 수밖에 없다. 역시 논쟁은 많을 것이다. 대통령의 ESG 언급도 있었던 만큼 코드의 정식 조항으로 포함될 것인지, 일본의 사례처럼 권고 수준이 될지, 아니면 이번에도 제외될지 지켜볼 일이다.

마지막으로 의결권 자문기관의 역할이다. 일본은 1차 개정에서 자문서비스 회사의 조직, 이해상충, 권고 의견 절차 등을 '공개'할 것을 요구했고, 2020년 3월 2차 개정에서는 기존 7개의 코드 외에 8번 조항을 별도로 추가할 정도로 강조하고 있다. "의결권 자문기관들은 기관투자자가 수탁자 책임활동을 적절히 수행할 수 있도록 투자 전반의 기능들the functions of the entire investment chain의 발전을 위해 노력해야 한다"는 내용으로 '포괄적인 의무'를 규정한 것이다. 금융위의 세 번째 과제는 이러한 흐름을 반영한 것이다.

의결권 자문사 규율은 미국처럼 증권거래위원회SEC를 통해 감독하되 '중요한 사실의 허위/오도'의 경우 사기방지 조항anti-fraud rule까지 적용하는 방식, 유럽처럼 증권감독청ESMA이 권고한 모범규준Best

Practice Principles이나 코드 방식의 병행, 아니면 일본처럼 의결권 자문사가 자체적으로 규정한 스튜어드십 코드를 따르는 방식이 있다. 이번 발표에서는 가이드라인 방식과 자본시장법상의 규제를 검토하겠다고 밝혔다. 의결권 자문사들을 법적으로 규제할 경우 정책적으로는 기업이나 기관투자자 모두에 대해 수탁자 책임활동을 더욱 강하게 추진하도록 하는 제도적인 명분이 생긴다. 자문서비스업자들에게는 일견 불편할 수도 있지만 업계의 생태계가 진화하고 업의 영역 또한 대폭 확대될 수 있다는 점에서는 고무적이다. 전문성이나 이해상충을 스스로 증명해야 했던 상황에서, 향후 법 규정으로 담보되어 그러한 노력들이 공개될 수 있으면 자유도는 오히려 높아질 수 있다. 과연 책임투자자의 시대가 본격 도래했다고 할 수 있을 것이다.

일본 스튜어드십 코드의 특징과 원칙

일본 스튜어드십 코드 특징

1. 제정 및 개정 연혁

2014년 스튜어드십 코드를 처음 도입하고 2017년 5월 1차 개정에 이어 2020년 3월 2차 개정이 이루어짐

2. 2020년 2차 개정의 특징

① 개선 사항 : 투표 결정 이유 공개 기업에 대한 수탁자 활동 자산 관리자의 수탁자 활동에 의한 결과 및 자체 평가

② ESG 요소를 포함한 지속가능성 이슈에 대한 참여 의식 고취

③ 연금의 수탁자 활동 지원

④ 의결권 자문회사 체계 정비 및 의결권 자문 프로세스 공표, 기업과 적극적인 의견 교환

⑤ 연금 운용 컨설턴트의 이해상충 관리 체제 정비 및 공표

출처 : FSAC Financial Service Agency, 금융청

영국 스튜어드십 코드와 중장기 방향성

현재 개정을 앞두고 있는 한국 스튜어드십 코드의 단기적인 변화 방향으로 일본을 참고했다면, 중장기적 변화는 전 세계에서 가장 적극적이고 선진적인 영국 코드를 참고하면 된다. 코드의 평가, 명확한 정책 의지, 내용의 포괄성과 엄밀성까지 그야말로 '코드 3.0'으로 부를 만하다. 2012년 1차 개정 후 2020년부터 전면 개정되어 시행되고 있는 영국 스튜어드십 코드의 특징과 세부 항목들을 살펴보고 코드 적용의 이상적인 모습들을 조망해 본다.

영국은 FRCFinancial Reporting Council에서 코드를 직접 관할한다. 금융당국에서 코드를 실효성에 따라 평가하여 등급별로 나눈다. 3등급을 받은 기관이 개선이 없을 경우 코드 가입은 무효가 된다. 코드 가입은 했으나 '제대로 된 수탁자 책임활동'을 제대로 하지 않은 기관은 제외하는 것이다. 한국과 차이가 크다.

영국의 개정 코드는 기존에는 한국이나 일본처럼 '7대 원칙Principles' 뿐이었으나 이제 2세트로 분화되면서 보다 전문화되고 구체화되었다. 연기금이나 보험사 또는 자산운용사들에게 적용되는 '자산소유자 및 운용사용 12대 원칙,' 그리고 이들에게 의결권 자문이나 ESG 평가 등 각종 서비스를 제공하는 '서비스 자문사용 6대 원칙'이다.

먼저 도입부에서는 기존의 코드 원칙들을 준수하고 이중 '일부 따르지 못한 경우 그 사유를 충실히 설명'하는 "Comply or Explain" 방침을, 코드 '원칙들을 적용한 후 그 활동과 결과를 설명'하는 "Apply and explain"으로 변경했다. 즉, 수탁자 책임 의무에 요구되는 활동들을 모두 이행할 뿐 아니라 소기의 성과까지 거두어야 함을 명확히 한 것이다. 이러한 기조는 마지막 원칙인 Principle 12 '권한과 책임의 적극적 행사Signatories actively exercise their rights and responsibilities'에서도 확인할 수 있다. 의지를 넘어 결기까지 느껴진다.

자산소유자 및 자산운용자 12대 원칙들은 ① 목적과 거버넌스 Purpose and Governance, ② 투자 접근Investment Approach, ③ 관여 Engagement, ④ 권리의 실행과 책임Exercising rights and responsibilities의 4가지 범주로 되어 있다. 한국에서는 아직 낯설지만 해외에서는 기관투자자뿐만 아니라 개인투자자들도 많이 활용하고 있는 '자산운용지침 가이드라인IPS, Investment Policy Statement'과 흡사하다. 고객과 수익자의 니즈에 따라 자금 운용 기관의 확고한 철학을 중심으로 자금의 성격과 위험 성향risk tolerance에 따른 자산 배분asset allocation과 전략을 도출하여 이를 투자에 반영하고 수익 및 위험관리return & risk management를 하는 것을 말한다. 코드에서는 Principle 1처럼 '지속가능성과 ESG에 따른 장기 가치 창출'이 대전제가 될 것이다.

Principle 4에서는 '시장 전체 시스템 리스크'의 포착과 대응을 강조한다. 2008년 금융위기를 겪으며 도미노처럼 퍼져 나가는 자본시장의 위험을 시장 참여자가 스스로 감지하고 또 지켜내자는 것이다. 최근 팬데믹과 기후위기에 직면한 만큼 공동 대응의 필요성은 더욱 증가했기 때문이다.

코드 가입기관은 이러한 '수탁자 책임활동들의 효과'를 지속적으로 평가, 관리 및 검토하고Principle 5, 이러한 정책이 일관되게 반영될 수 있도록 자산운용사나 의결권 및 ESG 자문업체를 모니터링Principle 8 해야 한다. 지속가능성은 전 방위적으로 지속적으로 추진하는 것이 필수다.

핵심은 ESG 관련 중요한 수탁자 책임을 조직 내에서 시스템상으로 투자와 통합하는 것인데Principle 7, 이슈가 있을 경우 적극적으로 관여engagement를 수행하여 자산가치의 손실을 막거나 보전하고, 오히려 이를 기회로 장기적으로는 가치를 더욱 향상시킬 수 있도록Principle 9 해야 한다. 이후 이러한 활동과 결과는 고객 및 수익자와 소통하도록 한다Principle 6.

또한 필요한 경우에는 다른 투자자들뿐 아니라 해당 회사, 고객, 연구 단체 또는 정부 당국 등 '다양한 이해관계자들과 협력'하며 해당 회사에 영향을 끼칠 수 있어야 Principle 10 한다. 예컨대 투자회사가 탄소정책 준수 요청을 지속적으로 무시하는 경우, 이러한 정책을 지지하는 그 회사의 주요 고객과도 협력하여 해결할 수도 있다는 것이다. 수탁자 책임활동의 주제들은 단계적으로 확대해 나갈 것이다 Principle 11. 이때 중점 이슈들은 해당 기관의 우선순위에 따라 다를 것이다.

한국의 코드는 이상의 영국처럼 갑자기 대대적으로 바꾸기는 어려울 것이다. 원칙의 개수보다 중요한 건 실행이다. 영국 스튜어드십 코드의 방향과 개념이 한국에서도 가능한 많이 반영되는 현실이 되길 간절히 바란다.

영국 스튜어드십 코드의 특징과 원칙

영국 스튜어드십 특징

1. **제정 및 개정 연혁** : 2010년 스튜어드십 코드를 처음 도입하고 2012년 1차 개정이 이루어진 후 7년 만인 2019년 2차 개정이 이루어짐
2. **2020년 2차 개정의 특징**
   ① 스튜어드십 개념의 확장
   – 2012년 수탁자 책임의 목표(정의) : 고객과 수익자의 이익에 부합하는 방향으로 투자 대상 회사의 장기적 성장을 도모하는 것
   – 2019년 수탁자 책임의 목표(정의) : 자본의 분배와 관리, 감독을 통해 고객과 수익자에게 장기 가치를 창출하고 경제·환경·사회에 지속가능한 이익을 가져오는 활동
   ② 수탁자 책임활동의 실제 이행과 성과에 중점을 둠
   – 2012년 개정 전 코드 : comply or explain (원칙 준수, 예외 설명)
   – 2019년 개정 코드 : apply and explain (적용 및 설명)
   ③ 개정 코드는 기관투자자 이외에 서비스 제공자에 적용되는 원칙을 별도로 정함
   ④ 코드 적용 자산군의 확대 : 상장 주식 이외에 비상장 주식, 채권, 인프라 등 모든 투자 자산군으로 적용 범위 확대

영국 스튜어드십 코드 개요

개정 전 (2012)	개정 후 (2020)

개정 전 (2012)

1. 수탁자 책임 정책 공시
2. 이해상충 관리 정책 마련 및 공시
3. 투자 대상 회사에 대한 모니터링
4. 관여 활동의 단계적 확대에 관한 지침 마련
5. 필요한 경우 다른 투자자들과의 협력 활동
6. 의결권 행사 및 공시에 관한 지침 마련
7. 의결권 행사와 관여 활동에 대한 주기적 보고

개정 후 (2020)

[자산소유자 및 자산운용자]
(목적과 지배구조)
1. 기관투자자의 목적과 투자 신념, 전략, 문화
2. 수탁자 책임을 지원하는 지배구조, 자원, 인센티브
3. 고객/수익자의 이익을 최우선에 두는 이해상충 관리
4. 시장 전반의 시스템 리스크 식별과 대응
5. 정책 점검과 보증 절차, 활동의 효과성 평가

(투자접근)
6. 고객과 수익자의 요구를 고려하고 투자 및 수탁자 책임활동을 공유
7. ESG 이슈를 포함하여 수탁자 책임과 투자 활동을 통합
8. 자산운용사 및 서비스 제공기관 모니터링

(관여 활동)
9. 자산가치의 유지 또는 증대를 위한 관여 활동
10. 협력적 관여 활동 참여
11. 수탁자 책임활동의 단계적 확대

(권리 행사와 책임)
12. 적극적 권리 행사 및 책임 이행

[서비스 제공자를 위한 원칙]
1. 서비스 제공자의 목적과 전략, 문화
2. 지배구조, 인력, 자원, 인센티브
3. 이해상충의 식별 및 관리
4. 시장 전반의 시스템 리스크 식별과 대응
5. 고객(기관)의 수탁자 책임과 투자 활동의 통합(ESG 이슈 포함) 활동을 지원
6. 정책 점검과 절차 보증

출처 : 영국 재무보고위원회(FRC)

9
공적기금과 수탁자 책임활동

한국의 책임투자 시장에서는 국민연금의 역할이 절대적이다. 책임투자 자금 면에서 압도적인 비중을 차지하고 있을 뿐 아니라 다른 연기금들이나 자산운용사 등도 국민연금의 움직임을 주시하고 있고 여기에 보조를 맞추어 움직이고 있기 때문이다. 그러므로 한국의 책임투자 시장의 활성화 정도 및 현황을 알아보려면 국민연금의 움직임을 알아보는 것이 필수다. 여기에 더하여 산업은행의 움직임도 기관투자자들에게는 상당한 영향을 끼치기 때문에 산업은행의 수탁자 책임활동의 변화도 간과할 수 없다. 본 장에서는 자금 측면에서, 그리고 역할 측면에서 자본시장에 가장 중추적인 영향을 끼치는 국민연금과 산업은행의 수탁자 책임활동의 움직임과 변화를 살펴본다. 이를 통해 향후 자산운용업계의 변화와 이들이 투자 대상 기업들에게 요구할 수 있는 사항들을 개괄해 볼 수 있을 것이다.

한국 연기금별 책임투자 중 위탁 자금 단위: 억 원

지역	2015년	2016년	2017년	2018년
국민연금	68,521	63,705	68,775	**45,800**
사학연금	1,189	2,164	1,020	1,329
공무원연금	1,110	398	739	1,022
총계	70,820	66,267	70,534	**45,800**

출처 : 국민연금, 사학연금, 공무원연금

국민연금법과 수탁자 책임활동에 관한 지침

2021년 1월 14일, 금융위원회, 금융감독원, 한국거래소는 '기업공시 제도 종합 개선방안'을 추진하겠다고 발표했다. 이 가운데 투자자 측면에서는 ESG 책임투자 활성화를 위해 '스튜어드십 코드 시행성과 평가 및 개정'을 검토하고, '의결권 자문사의 전문성과 공정성'을 확보하기 위해 자본시장법상의 법적 근거 마련 검토 등 관리 감독을 강화한다고 발표했다. ESG 관련 수탁자 책임활동은 해외 연기금과 자산운용사의 경우 자체 기준과 관리 평가체계를 두기도 하지만, 대부분의 기관투자자들은 비용, 전문성, 행정상의 이슈로 주로 의결권 및 ESG 자문회사를 통해 수탁자 책임활동을 수행하기 때문에 이 둘은 논리상 함께 강조되고 있는 것이다. 이 경우 의결권 자문사의 역할은 단순 정보제공자에서 행동 촉진, 의사결정 지원까지 그 역할은 실로 다양할 수 있다.

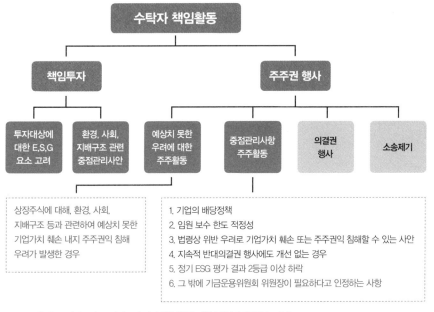

국민연금 수탁자 책임활동에 관한 지침

수탁자 책임활동

책임투자

주주권 행사

투자대상에 대한 E.S.G 요소 고려

환경, 사회, 지배구조 관련 중점관리사안

예상치 못한 우려에 대한 주주활동

중점관리사항 주주활동

의결권 행사

소송제기

상장주식에 대해, 환경, 사회, 지배구조 등과 관련하여 예상치 못한 기업가치 훼손 내지 주주권익 침해 우려가 발생한 경우

1. 기업의 배당정책
2. 임원 보수 한도 적정성
3. 법령상 위반 우려로 기업가치 훼손 또는 주주권익 침해할 수 있는 사안
4. 지속적 반대의결권 행사에도 개선 없는 경우
5. 정기 ESG 평가 결과 2등급 이상 하락
6. 그 밖에 기금운용위원회 위원장이 필요하다고 인정하는 사항

출처 : 국민연금법, 국민연금 수탁자 책임활동 지침 (대신경제연구소 정리)

그러면 발표 취지대로 '책임투자와 수탁자 책임활동 강화'는 구체적으로 어떤 의미인가? 뇌물, 공장 폭발, 갑질 사례, 폐수 유출 등 기업의 각종 사건·사고를 투자자가 다루는 방법을 이해하려면 반드시 알아야 한다. '국민연금의 수탁자 책임활동에 관한 지침'을 참고하면 쉽게 이해할 수 있다.

먼저, 수탁자 책임활동은 '책임투자'와 '주주권 행사' 2가지 축으로 구성되는데, 기존의 '주주 활동' 중심에서 '책임투자 활동'도 중추적인 Pillar 활동으로 보다 강화하고 실질화하겠다는 것이다. 그림을 오른쪽에서 왼쪽으로 읽어 나가면 수탁자 책임활동의 변화 방향을 쉽게 따라가며 이해할 수 있다. 즉, 과거에는 투자한 기업에 불법적인 문제가 있을 경우 극히 이례적·사후적으로 '소송 제기'를 통해 권리 보전을 주장했으나, 현재에는 매년 주주총회에서 '의결권 행사'를 통해서 상시적으로도 주주로서 정당한 권리를 행사하고 있다. 이러한 의견 표명에도 개선이 되지 않을 경우에는 지침상 정해진 '중점관리 사안 주주 활동'을 행사하게 되어 있고, 갑작스러운 사고나 사회적으로 물의를 일으킨 기업에 대해서는 '예상치 못한 우려에 대한 주주 활동'을 펼치게 된다. 여기서부터 기업지배구조뿐 아니라 사회와 환경 제반 문제에 관해 주주 활동이 내용상 더욱 광범위하게 펼쳐질 수 있게 되며, 더 나아가 책임투자 차원에서 '사회와 환경 관련 중점관리 사안'도 설정하여 연간 핵심 과제로서 상시적으로 집중 관리할 수 있게 된다. 이러한 책임투자 활동은 주식뿐 아니라 채권, 부동산, 사모펀드, 기타 대체투자 등 '다양한 투자 대상에 대해서 ESG를 고려'하는 것으로 발전하게 된다. 이 경우 기업들은 법제도를 떠나 외부에서 자금을 조달받을 때나 재무 운영과 회사 경영상 이러한 사항을 고려하지 않을 수 없게 된다. 기관투자자들도 ESG 고려를 통해 단지 수익률뿐만 아니라 기업과 사회, 지구 환경과 지속가능한 상생을 추구하는 '지속가능한 투자'를 하게 된다. 책임투자의 의의는 바로 여기에 있다.

　그러면 여기서 향후 추구해야 할 과제를 도출할 수 있다. '기관투자자'마다 과연 어떤 철학을 바탕으로, 어떤 우선순위에 따라 중점관리 사안을 정하고, 또 각자 어떻게 효과적으로 실행할 것인가의 문제다. 또한 이를 지원하는 '의결권 자문사와 ESG 평가사'는 이해상충 없이 어떠한 역할과 책무, 차별화된 전문성과 서비스를 담당할 것인지의 문제다. 새로운 스튜어드십 코드 시대를 활짝 열어 보려는 지금 고민해야 할 핵심 사항이 될 것이다.

국민연금 수탁자 책임활동 로드맵

2019년 11월 29일, 국민연금은 국민연금기금 책임투자 활성화 방안 로드맵을 발표하였다. 연금의 수탁자 책임활동을 구체적으로 어떻게 효과적으로 이행해 나갈지를 밝힌 것이다. 핵심은 ESG 차원에서 주식 위주로 일부 적용하던 수탁자 책임활동의 범위를 점차 전 영역으로 넓힌다는 것이다. 이를 위해 2020년에는 수탁자 책임활동 보고, 주식 ESG 모델 개선 및 채권 ESG 모델을 정립하였고, 2022년 이후부터는 국내 주식뿐 아니라 해외 주식 및 채권, 대체투자에도 ESG를 본격적으로 적용할 계획이다. 또한, 국민연금 운용 자금이 거대한 만큼 운용사에 위탁하는 부분도 많은데, 이러한 경우 영국 및 일본의 사례처럼 위탁 운용사에 대한 책임투자 모니터링을 강화한다는 방침이다. 이러한 방침을 더욱 확고히 하기 위해 2021년 4월 국민연금 이사장은 "내년까지 책임투자 적용 자산군 규모를 기금 전체 자산의 50% 이상까지 확대하겠다"고 발표했고, 9월에는 "책임투자 보고서 제출 대상을 위탁 운용사 전체로 확대하겠다"고 밝혔다. 이제 국민연금뿐만 아니라 국민연금 자금을 위탁받아 운용하는 자산운용사들까지 수탁자 책임에서 자유로울 수 없게 되었다. 바야흐로 ESG 시대와 더불어 수탁자 자본주의 시대가 도래하고 있다.

국민연금 책임투자 세부 이행 과제 로드맵

	과제	2019~현재	2020년	2021~2023년
·1단계· **자산군 확대** 및 책임투자 추진 전략 수립	ESG 통합	· 국내주식 ESG 정기평가 (연 2회) · 컨트러버셜 이슈 모니터링 · ESG 평가모형 개선 (연 1회)	· 국내주식 직접 → (액티브) 강화된 ESG 고려 방식 검토(20) 및 적용 (21) → (패시브) ESG고려 적용	· 해외주식 및 국내외 채권의 ESG 고려를 위한 기반 마련 및 적용 (21) · 대체투자(사모, 부동산, 인프라) 도입 추가 검토
	기업과의 대화	· 국내주식 중점관리사안, 예상하지 못한 우려 사안 수탁자 책임활동 추진	· 국내주식 환경(E), 사회(S) 관련 중점관리사안 마련 (가이드라인 개정) · 해외주식 수탁자 책임활동 가이드라인 마련	· 국내주식 E, S 중점관리사안의 비 공개대화 기업 선정 및 주주활동 추진 (21) · 해외주식 수탁자 책임활동 가이드 라인 마련
·2단계· **위탁 운용** 책임투자 내실화	책임투자 위탁펀드	· 국내주식 책임투자 위탁펀드 운영 중	· BM 개발 및 적용 등 (20~)	
	위탁 운용사 선정 평가	· 운용사 조직 '인력, 역량' 등을 기준으로 운용사 선정 · '반기 평가' 또는 '상시 평가' 추진	· 국내주식 책임투자 위탁펀드 ESG 평가 보고서 제출 의무화 (20~)	· 국내·외 주식 및 채권 위탁운용사 선정 시 책임투자 요소 고려방안 마련(21), 시행(22) → 가점 부여 · 모니터링 결과 반영한 평가 방안(21) 및 시행(22)
·3단계· **책임투자** 활성화 기반 조성	책임투자 원칙 제정	· 국민연금법, 기금운용지침 (제17조) · 수탁자 책임활동에 관한 원칙, 지침, 가이드라인 · 책임투자원칙 제정, 기금운용지침 반영	· 국내주식 E,S 관련 중점관리사안 신설에 관련 수탁자 책임활동 가이드라인 개정	
	책임투자 담당조직 역량 강화	· PRI 가입(09.6월) 및 컨퍼런스 참석 · ACGA, ICGN 가입 및 컨퍼런스 참석	· 책임투자 관련 해외 이니셔티브 추가 참여 · 해외 증권사 주관 컨퍼런스 등 참석	· 해외 사무소 책임투자 인력 파견 및 확대(21~)
	ESG 공시 등	· 연차보고서에 관련사항 공개 · 해외 연기금 책임투자 보고서 발간 사례 조사	· 국민연금기금 연차보고서에 책임 투자 및 주주권 행사 관련 확대 개편	· 운용사, 증권사 등 ESG 고려 활성화 유도 적용(22) · 국민연금기금 책임투자 연차보고서 별도 발간
	ESG 평가 체계 개선	· 국내주식 ESG 정기평가 (연2회) · ESG 평가모형 개선 (연1회) · 컨트러버셜 이슈 모니터링	· ESG 평가체계 개선 (E,S 중점관 리사안 추가 선정 검토와 연계) · 해외주식 관련 ESG 리서치 기관 선정 검토	

출처 : 국민연금 홈페이지

한국산업은행의 위탁운용사 ESG 투자 이행 점검

국민연금뿐 아니라 한국산업은행도 자금을 위탁하는 운용사에게 수탁자 책임 관련 및 ESG 사항에 대한 이행 점검을 실시한다고 발표하였다. 여기에는 기존 자산운용사뿐만 아니라 사모펀드Private Equity 및 벤처캐피털 업계도 포함된다. 이러한 움직임에 모태펀드까지 힘을 합칠 예정인데, 이 경우 수탁자 책임활동을 더욱 실질적으로 이행해야 하고, 스튜어드십 코드도 가입뿐 아니라 어떠한 활동을 하고 실질적으로 어떤 효과와 성과를 얻었는지를 공개해야 한다. 공적 연기금의 강력한 책임투자 이행 및 모니터링 강화로 인해 자산운용사와 사모펀드, 벤처캐피털들의 움직임이 보다 구체화될 것이고, 이러한 영향은 일반 상장기업뿐 아니라 비상장기업, 그리고 대기업이나 중견기업뿐 아니라 중소기업까지 영향을 미칠 전망이다. 산업은행의 책임투자 이행 점

한국산업은행의 위탁 운용사 투자 이행 점검 모델

평가영역	주요 평가 지표
투자 정책	• ESG 투자정책 보유 • 스튜어드십 코드 • UN PRI 등 기구 참여
투자 전략	• 투자 전략 수립 프로세스 • ESG 투자전략
투자 실행	• ESG 이슈 모니터링 • ESG 성과 관리 및 보고
의결권 행사	• 의결권 행사 지침 및 가이드라인 • 의결권 행사 충실도

출처 : KDB 산업은행 보도자료 (2021.9.1)

검 모형 항목을 살펴보자. 이를 통해 향후 기관투자자들이 수탁자 책임활동 시 어떤 것들을 중점으로 해야 할지를 개괄할 수 있을 것이다. 이는 연쇄적인 움직임과 변화의 요구를 낳을 것이므로 직접 적용 대상인 투자자뿐 아니라 기업 입장에서도 주의 깊게 볼 필요가 있다.

산업은행은 페이지의 점검 모델을 통해 산업은행 출자 펀드의 위탁 운용사 중 50개 사에 대해 ESG 투자 설계 및 실행의 적정성을 확인한 결과 아직은 ESG 도입 초기로 상당수의 운용사가 ESG 투자 설계 측면에서는 보통이지만 실행 수준은 미흡한 것으로 나타났다. 2022년 1월 산업은행은 ESG 투자 역량이 우수한 7개 운용사를 선정·발표하면서 이들에 대한 우대 정책 실시 등 ESG 투자 활성화를 위한 기반 마련에 노력하고 있다.

해외 주요 연기금의 ESG 책임투자 현황

한국의 책임투자 시장에서 국민연금의 역할이 절대적인데, 이는 글로벌 차원에서 볼 때도 크게 다르지 않다. 이는 공적기금 또는 연기금들은 막대한 자금으로 ESG 투자를 주도하는 가장 중요한 세력이라 할 수 있기 때문이다. 특히 이들 기금들은 자산운용사 등 민간 투자기관과는 달리 성격상 장기적 투자 관점을 가지고 있고, 나아가 환경·사회·지배구조의 개선에 본질적으로 깊은 관심을 가진 자금들이어서 ESG 책임투자를 주도하는 데 가장 적격이라 할 수 있기 때문이다. 이하에서 글로벌 차원에서 가장 주목받은 연기금 중 노르웨이, 일본, 네덜란드 그리고 미국의 연기금에 대해 살펴본다.

노르웨이 국부펀드 GPFG

노르웨이 국부펀드인 GPFGGovernment Pension Fund Global는 운용자산이 1조 1867억 달러 규모로 세계 최대 국부펀드다. GPFG는 독립된 펀드가 아니라 노르웨이 중앙은행의 한 계좌 형태로 설립되었고, 계좌의 공식적 소유자는 노르웨이 재무부이고, 이 펀드는 노르웨이 국민들을 위해 운영되고 있다. GPFG는 2021년 5월 기준 73개국을 대상으로 9123개 기업에 투자하고 있다. GPFG는 장기적 투자 성과 개선과 투자 포트폴리오의 ESG 반영이라는 두 가지 목적을 가지고 ESG 투자를 적극적으로 추진하고 있다.

GPFG는 2004년 노르웨이 의회가 GPFG를 위한 윤리투자지침을 채택한 이후 2013년 노르웨이 재무부가 GPFG 전략위원회에 ESG 원칙에 입각한 책임투자 전략보고서 제출과 책임투자 강화를 요구하면서 GPFG는 본격적으로 책임투자의 원칙과 전략 등을 체계화하였고, 2014년 UN PRI에 서명했다.[1]

GPFG가 수행하는 책임투자의 주요 포인트는 ① 포트폴리오 기업에 대한 의결권 행사와 적극적 소통을 통한 주주권 행사와 ② 네거티브 및 포지티브 스크리닝 전략을 통한 투자 포트폴리오의 조정을 들수 있다. 먼저 주주권 행사와 관련하여 GPFG는 적극적인 의결권 행사, 기업과의 대화, 후속 조치의 이행을 강조하는데, 특히 의결권 행사지침을 공개하여 '예측 가능성'을 제공한다. 즉 GPFG는 의결권 행사에 대해 이사회와 주주권리 보장을 중심으로 '명확한 기준Global voting guidelines'을 제시하는데 이를 통해 투자 대상 기업들이 GPFG의 방향성을 이해하고 예측할 수 있도록 한다. 또한 투자 포트폴리오 내 대형 기업과 ESG 이슈에 대해 적극적으로 소통하고 있다. 소통은 경영진과의 만남, 서한 등을 활용한다. 2019년에만 1474개 기업들과 3412회의 만남을 진행했다.[2]

둘째, 포지티브 스크리닝 전략의 경우 환경 분야에서의 투자 기회를 발굴하기 위해 저탄소 배출 에너지 및 대체연료 사용 기업, 재생에너지와 효율적 에너지 사용 기업, 천연자원 관리 우수기업을 선정해 투자 포트폴리오를 구성해 운용 중이다.[3] 또한 노르웨이 재무부에서 정한 기준에 따라 투자를 배제하는 네거티브 스크리닝 전략도 함께 구사한다. 투자 배제는 기업의 '제품 기반 배제'와 '활동 기반 배제'로 이루어진다. 제품 기반 배제 기준은 특정 무기 생산이나 담배 생산 기업과 석탄 관련 기업에 사업 비중에 상관없이 투자를 하지 못하도록 하는 '전면 배제'이거나[4] 사업상 매출의 일정 부분 이상을 차지할 경우 투자를 금지하는 '부분적 배제'를 의미한다. '활동 기반 배제'는 인권, 심각한 환경 피해, 부정부패 등의 기준을 위반한 기업들에 대해 이루어진다. 2019년 2개의 석탄 관련 기업이, 누적으로는 총 104개의 기업이 제품 기반 기준에 의해 투자대상에서 제외되었다. 활동 기반 기준에 의한 배제의 경우 2019년 8개 기업, 누적으로 총 30개의 기업이 투자 대상에서 제외되었다.[5] 이러한 투자 배제 또는 투자 축소는 기업의 지속가능보고서 분석, 그리고 포트폴리오상 다양한 시나리오를 기반으로 지속가능성을 평가한 결과를 가지고 결정된다.[6]

이밖에도 GPFG는 자체 자산운용기구인 노르웨이 중앙은행 투자관리Norges Bank Investment Management의 자체적 리스크 분석을 통해 중장기적으로 기후변화, 반부패, 인권 등의 영역에서 부정적 외부성을 초래할 수 있는 기업에는 투자하지 않고 있다.[7]

최근 한국 기관투자자들에게도 수탁자 책임활동이 매우 중요해지고 있는데, 향후 이행 방향과 목표를 점검할 때 유럽의 수탁자 책임활동을 면밀히 주시할 필요가 있다. 영미권과는 달리 대륙법 체계의 나라들로 책임투자에 적극적일 뿐만 아니라, 이러한 책임활동의 공개에도 적극적이라서 참고할 수 있는 자료가 많기 때문이다. 노르웨이의 GPFP의 투자 원칙, 조직, 책임투자 전략, 투자 배제 기업의 공개 형태와 방식을 참고해 보는 것이 유용하다. 저자의 경험으로는 글로벌 책임투자의 동향 대비 한국의 수탁자 책임활동 방향성을 고민할 때 GPFG의 보고서를 가장 우선적으로 참고했고 도움이 많이 되었다.

일본의 공적 연금펀드 GPIF

2019 회계연도 기준으로 150조 엔을 상회하고 있는 일본 GPIF Government Pension Investment Fund는 운용 규모 면에서 세계 1위의 위치를 지속적으로 지키고 있다. 국내 주식 부문에 있어서는 시장 영향력을 최소화하기 위한 목적으로 GPIF의 직접 운용은 법으로 금지되어 있어 34조 엔에 달하는 국내 주식은 모두 외부 금융기관을 통해 위탁 운용되고 있다. 따라서 수탁자 책임활동을 포함한 모든 ESG 투자 전략에서 GPIF는 원칙과 가이드라인만을 제시하고 구체적인 실행

은 위탁 운용사에 위임되는 구조다.[8]

GPIF는 2015년 3월 일본 스튜어드십 코드를 도입하고 9월에 UN 책임투자원칙UN PRI에 서명하면서 본격적으로 책임투자를 강화하는 글로벌 공적 연기금으로 평가되고 있다. GPIF는 2018년 TCFD와 Climate Action 100+에도 지지를 선언하며 TCFD 권고에 따라 기후 관련 정보 및 포트폴리오 반영 사항 등을 적극적으로 공시하며 ESG 투자와 관련하여 적극적인 모습을 보이고 있다. GPIF의 ESG 투자 기본원칙을 살펴보면 ESG 투자의 목적과 방향이 '중장기 투자 수익률 제고'임을 분명히 하고 있다. GPIF는 기금의 안정성을 확보하기 위해 최근 주식뿐만 아니라 채권, 대체투자 등 전 자산 투자 과정에 ESG 요소를 통합하고 있다. 또한 외부 자산운용사 선정과 평가에 있어서도 ESG 요소를 통합하며, 스튜어드십 코드 이행 여부를 전 자산에 적용하고 외부 자산운용사 등에게도 의결권 행사를 포함한 기업 관여를 이행하도록 권고하고 있다.[9] GPIF 역시 노르웨이 국부펀드인 GPFG와 동일하게 투자 대상 기업과의 적극적 소통과 의결권 행사를 통한 장기 수익률 제고를 수탁자 의무의 핵심으로 고려한다. 다만 일본 GPIF의 특징이라면 ESG 기반 투자 철회divestment 방식은 시장참여자의 책무를 다하지 않는 투자 형태라 판단해 사용하지 않고 있다.[10] 이처럼 GPIF는 특정 기업군을 배제하지 않고 ESG 측면에서 지속가능성을 높여 나가는 기업을 적극적으로 선별하여 투자 대상에 포함시키는 포지티브 스크리닝 전략을 중시하는 모습을 보이고 있다.[11]

한국의 상법과 경제 체계는 전통적으로 일본 제도의 영향을 많이 받았고, 수탁자 책임활동을 폭넓게 규정하고 있는 스튜어드십 코드 도입 시에도 그랬다. 그런 만큼 GPIF의 움직임과 변화는 국민연금을 포함한 한국의 주요 공적 기금들의 입장에서는 가장 우선적으로 참고할 수밖에 없다. GPIF의 책임투자 사례는 이러한 면에서 유용하게 참고할 만하다.

네덜란드 공적 연기금 ABP

네덜란드의 ABPNational Civil Pension Fund는 운용자산이 약 618조 원 규모로 세계 4~5위 규모의 네덜란드 공적 연기금이다. ABP는 공공 및 교육 부문 근로자에 대한 6개의 연기금을 통합하여 관리하는 기관으로 1996년에 민영화되었고, 2008년에 기존 ABP의 기금운용 부문을 분리한 자회사 APGAll Pension Group를 설립하여 ABP는 투자 정책을 입안하고 실제 기금을 운용하는 APG에 대한 감독 업무를 수행한다.[12]

ABP는 2015년 수립한 '2015~2020년 중기계획'을 통해 ESG를 전 투자 과정에 적용하기로 결정했다. ABP의 투자 철학은 '사람'에 대한 관심을 바탕으로 ESG 성과가 우수한 기업에 투자한다. 특히 기후변화, 천연자원 보존, 디지털화가 2050년까지 주요한 테마라고 판단해 관련 분야에 적극적으로 투자하고 있다.[13]

ABP는 제시한 투자 철학의 달성을 위해 '포지티브 스크리닝'을 중심으로 '네거티브 스크리닝'과 '주주권리 행사 및 적극적 소통' 전략을 사용한다. 포지티브 스크리닝의 경우 전체 투자 포트폴리오 내 ESG 우수 기업과 ESG 개선 가능 기업에 투자한다. 네거티브 스크리닝의 경우 특정 무기 생산 기업, UN이나 ILO와 같은 국제기관의 기준을 위반한 기업 등에 대해서는 투자를 배제하고 있다. 또한 무기 금수 조치 대상 국가의 국채에도 투자하지 않는다. 주주권리 행사의 경우 포지티브 스크리닝에서 선정된 ESG 개선 가능 기업 위주로 이루어진다.[14] 특히 투자 배제와 관련하여 ABP와 APG는 2007년부터 명확한 투자 제한 정책을 운용하고 있는데, 매년 투자 배제 기준에 부합하는 기업을 조사 분석하여 투자 포트폴리오에서 배제하고 있다. 이에 따라 APG의 경우 2020년 6월 1일 기준으로 총 160개 기업에 대한 투자 배제를 권고하였는데, 여기에는 제품 기반 사유 기업 157개, UN 글로벌 콤팩트 협약 위반 기업 3개, 무기 수출 금수 조치 해당 9개 국가가 포함된다. 우리나라의 경우 총 8개 기업이 제품 기반 사유에 해당되어 투자에서 배제된 상태다.[15]

ABP는 전통적으로 아동 착취와 인권 같은 사회적 문제 기업에 대한 네거티브 스크리닝 전략으로 유명하며, 최근 들어 기후변화 및 천연자원 보존 같은 환경문제로 ESG의 영역을 확대하고 있다.[16]

네덜란드 연기금의 이와 같은 책임투자 특징은 한국 책임투자의 방향을 가늠해 볼 때 벤치마킹 대상으로 여러모로 모범적인 사례로 보인다. 운용 조직과 수탁자 책임 조직의 관계, 명확한 책임투자 원칙과 전략, 무엇보다 이러한 원칙과 전략의 적극적인 실천과 연대, 책임활동의 광범위한 공감대, 이러한 토대 위에서 적극적인 시장 계도Market Discipline 등이 화려하게 돋보이는 연기금 사례라고 생각한다.

미국 캘리포니아 공무원퇴직연금 CalPERS

캘퍼스CalPERS는 캘리포니아 주정부에 고용된 공무원의 연금을 관리하는 기관으로서 2021년 11월 기준으로 약 588조 원 규모의 자산을 보유한 미국 내 주요 연기금 중 하나로, 가장 선도적으로 적극적 주주권 행사 등을 통해 책임투자를 실천해 온 연기금으로 유명하다. 캘퍼스는 2013년 10월 장기적인 투자 포트폴리오를 운영하기 위해 새로운 프레임워크의 일환으로 '책임투자 신념' 10가지의 투자 원칙을 미국에서 최초로 도입하였다. 이 원칙은 장기적인 투자가치 창출을 위해서는 재무적, 물적, 인적자본의 효과적 운용이 요구된다고 설명하고 있으며, 이 중 투자 원칙3과 4에서는 책임투자에 있어서 수탁자 의무의 이행과 ESG 요인 고려의 중요성을 강조한다.[17]

지배구조에 대한 적극적인 기업 관여로 유명한 미국의 CalPERS는 최근 기후변화에 대한 기관 간 연대에 적극적으로 앞장서고 있다. CalPERS도 ABP와 유사하게 기금의 투자 신념에서 ESG 투자에 대한 기금의 원칙을 간접적으로 천명하고 있다. 2015년에 개정된 CalPERS의 투자 신념에서 '투자 의사결정은 연금 가입자 및 수급자에 대한 수탁자 의무fiduciary duty를 다하는 동시에 광범위한 이해관계자의 관점을 반영할 수 있다'라고 명시하고 있다. 책임투자 또는 ESG 투자에 대한 보수적인 접근으로 해석될 수도 있겠으나, 최근 기후변화 연합에 대한 CalPERS의 적극적인 참여를 감안하면 공적 연기금의 수탁자 의무를 보다 광의로 해석하는 것으로 보인다.[18]

CalPERS의 경우 투자 배제 기준과 관련하여 자료를 공시한다거나 투자 배제 기업 리스트를 공개하고 있지는 않다. 배제 기준은 다른 연기금과 마찬가지로 제품 기반, 행위 기반, 국가 기반으로 분류할 수 있고, 배제 사유로는 담배, 특수한 형태의 무기 생산, 석탄 채굴 관련, 인권 침해, 환경 피해 등이 있으며 국가 기반 배제 사유로는 수단과 이란 관련 기업이 이에 해당한다. 2019년 기준으로 CalPERS에서 수단 및 이란 관련 투자 배제 조치에 따라 매각 대상이 된 기업은 총 16개, 투자 배제 검토 대상 기업은 총 12개, 그리고 감시·감독 대상이 된 기업은 총 54개다.[19]

우리나라의 경우 2019년 12월 말 기준으로 CalPERS의 이란 및 기업에 대한 투자 배제 조치에 따라 투자 배제, 배제 검토, 감시·감독 대상으로 지정된 국내 기업은 총 5개다. 두산은 투자 배제, 우리금융그룹은 투자 배제 검토, 그리고 두산밥캣, 두산중공업, 현대중공업은 감시 감독·대상으로 지정되어있다.[20]

한국의 기관투자자들은 캘퍼스 사례를 다음 세 가지 면에서 반드시 참고를 할 필요가 있다.

첫째, 그 유명한 '캘퍼스 효과'이다. 2014년 CalPERS의 연구 분석 결과에 따르면 포커스 리스트 기업의 누적수익률이 벤치마크로 사용한 Russel 1000 대비 주주활동 이전 3년 −38.9%에서 '주주 관여 활동'이 시작된 이후 5년차에는 14.4%의 양의 수익률을 기록하였다는 것이다.[21] 캘퍼스 효과를 통해 기업에 대한 책임투자 활동이 연기금의 장기 수익률에도 도움된다는 방향성에 좀더 확신이 가게 되고, 이로 인해 다양한 주주활동을 보다 적극적으로 추진할 수 있는 계기가 된다.

Callpers의 주주권 행사 및 스튜어드십 코드 이행 연혁

연도	내용
1984	**투자 대상 회사 지배구조 개혁 프로그램 도입**
1985	미국 기관투자자협의회 설립 지원(C II : The Council of Institutional Investors)
1987	**포커스리스트 프로그램 도입**
1989	투자자와 환경단체 연합(Cerse) 설립·지원하며 환경 이슈의 중요성 강조
1994	부동산 책임계약프로그램(Real Estate's Responsible Contractor Program) 도입, 공정한 노동환경(공정임금과 고용평등)의 중요성 강조
1995	글로벌 지배구조네트워크(ICGN) 창립 멤버로 참여
1996	International Corporate Governance Program 도입
2001	캘리포티아 신생운용사(EMP)제도 도입으로 캘리포니아 소재 11개 신생 PE운용사에 4.6억 달러 투자
2002	엔론 사태 이후 금융시장 개혁 프로그램 도입
2003	기후변화위험투자자네트워크(INCR) 발족, 기후변화 리스크관리 정책, 절차, 공시에 관한 투자자 협력 증진 도모
2004	에너지소비 절감을 위한 에너지 효율 목표를 설정하는 Environmental Technology Investment Program 도입
2005	**UN PRI, UNEP FI 가입**
2008	주주 관여 정책 가이드라인 'The Global Principles of Accountable Corporate Governance' 채택
2009	미국 사모펀드운용사의 지배구조 가이드라인 'The Institutional Limited Partners Association (ILPA) Principles' 제정 지원
2011	Total Fund ESG Integration plan 발표 Responsible Property Investment Strategies 도입
2012	Total Fund ESG Integration 실행 방안 도입
2013	Sustainable Investment Research Initiative 도입
2016	**일본 스튜어스십 코드 가입**
2017	**미국 스튜어스십 코드 가입**

출처 : 한국사회책임투자포럼 보완 및 정리, CalPERS (2014)

둘째, 주식과 지배구조G 중심에서 부동산과 사모펀드 등 거의 모든 자산 클래스에 대해 노동환경 등의 사회S와 기후변화 및 에너지 절감 등 환경E까지 확대해 가는 이행 과정을 눈여겨 볼 필요가 있다[22]. 여기에 비하면 한국은 아직 초기 단계로 이행 단계와 고도화 설계 시 반드시 참고할 만하다.

셋째, 이러한 다양한 활동에도 불구하고 수탁자 책임활동의 기업 리스트 공개에는 적극적이지 않은 특징 또한 주의해서 봐야 한다. 이러한 활동 공개와 재무적 효과가 음의 상관관계가 있다는 논문으로 구체화되었다. 단, 여기에는 영미법상의 체계와 '소송의 나라'라는 미국 법률 환경의 특수성을 고려해야 할 필요가 있다. 시장 감시와 연대 Market Discipline의 역효과를 가설적으로 생각해 볼 수 있다.

자산소유자와 자산운용자는 각 기관의 특성에 맞게 이러한 수탁자 책임활동을 참고하여 철학과 원칙, 전략에 반영하고 이를 지속적으로 추진해 나가야 한다.

제4부

ESG와 경영

10
ESG 경영의 의의

최근 투자자 및 이해관계자들의 환경, 사회적 책임 및 투명 경영 거버넌스ESG 문제에 대한 관심이 급증하고 있으며, 특히 코로나19로 인한 경제 상황, 공중보건 문제 및 사회 공정 위기 등으로 인하여 이러한 트렌드는 더욱 가속화되고 있다.[1] 인간이 환경을 파괴한 결과 발생한 인재라고 여겨지는 코로나19로 인하여 전 세계적으로 환경오염과 기후변화 등 환경문제에 대한 인식이 달라지고 있으며 기후변화는 기업 경영에 있어서 하나의 상수로 여겨지고 있다.[2] 기업이 환경 및 사회적 영향을 관리할 것을 요구하는 투자자, 규제 기관, 직원 및 대중의 관심을 언론 보도에서 쉽게 접할 수 있으며, 세계적인 유행병, 인종 차별, 소득 불평등 증가, 기후변화로 인해 자본주의가 이해관계자를 고려해야 한다는 요구는 점점 급증하고 있다.

ESG 트렌드가 코로나19로 인한 경기 침체기에서는 후퇴할 것이라는 예상은 잘못된 것으로 입증되고 있다. 코로나19로 인한 글로벌 경제 침체에도 불구하고 지속가능한 투자 자산은 지속적으로 최고치를 기록하고 있다. 2020년 9월 모닝스타Morningstar의 보고서에 의하면 지난 3년 동안 지속가능성에 초점을 맞춘 인덱스 펀드의 개수와 운용자산이 두 배가 되었다. 2020년 2분기 말 현재 지속가능성에 중점을 둔 인덱스 펀드는 534개이고, 운용자산은 2500억이다. ESG 투자에서 유럽에 뒤처진 미국에서는 지속가능한 인덱스 펀드의 운용자산은 지난 3년 동안 4배가 되었으며, 전 세계 ESG 인덱스 펀드의 총 운용자산의 20%를 차지하고 있다.

2020년 3월 뱅크오브아메리카Bank of America 보고서에 의하면 ESG 투자는 실제로 강세장 현상이 아니라고 주장했으며, 2020년 4월 모닝스타 보고서는 ESG 펀드가 다른 펀드 유형보다 위기를 더 잘 극복하고 있다고 한다. 블랙록이 발표한 〈지속가능한 투자: 불확실성 속에서의 회복력〉이라는 제목의 보고서에 의하면 2020년 1분기에 글로벌 지속가능성 공모펀드에 405억 달러의 신규 자금이 유입되었는데, 투자자들이 기존 포트폴리오를 리밸런싱하면서 전통적 펀드보다 지속가능성 펀드를 더 선호하는 모습을 보였고, 또한 ESG 포트폴리오의 실적이 코로나19로 인한 경기 침체기에 기존 포트폴리오의 실적을 능가했다는 것을 보여 주고 있다.[3] 본 장에서는 ESG 경영에 관한 제반 사항을 살펴본다.

지배구조 측면에서의 ESG 경영

주주

1. 기업은 누구를 위해 운영되는가?

주주는 기업에 투자하여 기업으로부터 많은 이익을 얻고자 하는 욕구를 가진다. 기업의 경영진은 법률을 위반하지 않는 선에서 이익을 창출하여 투자한 주주에게 최대의 이익을 제공하는 것이 최대 목표였다. 밀튼 프리드먼Milton Friedman이 기업은 게임의 규칙을 준수하면서 자원을 활용해 이익을 증가시키는 것이 유일한 사회적 책임이라고 역설한 바와 같다. 주주 중심주의 원칙하에서 경영진이 지역, 환경, 사회 등 다양한 분야의 이해관계자의 이익을 만족시키기 위해 주주의 이익을 희생하는 것은 고려의 대상이 아니다. 사회적 기여는 주주가 기업으로부터 받은 배당으로 기여하면 충분하다고 본다.

ESG 경영은 환경, 사회와 같은 다양한 분야 이해관계자들의 이익을 함께 추구할 것을 요구한다. 그동안 기업의 존재 이유가 주주의 이익을 최우선으로 한다는 개념에서 이해관계자의 이익을 함께 추구하는 개념으로 확장하고 있다.

기업의 목적을 주주의 이익 추구에서 이해관계자의 이익 추구로 변경하기 위해서는 자본을 투여하는 주주의 투자 개념 또한 변경되어야 한다. 경영진은 시대의 흐름에 따라 ESG의 개념을 도입하여 사회, 환경과 같은 이해관계자의 이익을 추구하고자 하나, 투자자인 주주가 여전히 자신의 이익 추구만을 원한다면 경영진은 주주의 의사에 반해 기업을 경영하는 것이 된다. 따라서 ESG가 도입되기 위해서는 최우선적으로 투자자인 주주가 기업을 바라보는 관점에 대한 대전환이 이루어져야 한다. 주주는 기업에 투자를 하지만, 투자의 목적은 자신의 이익 추구와 동시에 기업이 환경, 사회와 같은 외적 요소를 고려하여 경영하여야 한다는 최소한의 암묵적 동의 또는 적극적인 요구를 해야 한다. 주주가 경영진에 대해 ESG 경영을 요구하는 분위기가 형성돼야만 경영진은 비로소 경영 목표를 주주의 이익과 환경·사회적 이익을 함께 고려하는 방향으로 잡을 수 있고, 이를 통해 지속가능한 ESG 경영이 가능해진다.

ESG에서 지배구조가 강조될수록 주주의 역할 또한 강조된다. 기업의 주인인 주주가 ESG에 대한 이해가 없는 가운데 경영진이 ESG 경영을 추구한다고 하더라도 기업의 경영 목표를 설정하는 최종 의사결정권자인 주주가 ESG 경영을 허용하지 않는다면 기업은 ESG 경영을 수행할 수 없다. 주주는 자신의 이익이 줄어든다 하더라도 환경, 사회와 같은 요소를 반영하여 이해관계자들의 이익을 추구하는 것을 기업의 경영 목표로 생각하여야 만이 경영진이 ESG 경영을 수행할 수 있다.

ESG 경영의 도입으로 기업의 경영 목적 또한 주주 중심주의 shareholder primacy에서 이해관계자 우선주의stakeholder primacy 또는 적어도 이해관계자 자본주의stakeholder capitalism로 변화가 불가피하다. 주주는 기업이 이해관계자들의 이익을 배려한 후에 자신의 이익을 추구하는 것을 허용해야 한다. 즉 과거 주주 중심주의에서 기업은 주주의 이익을 최우선으로 생각하고 주주의 이익을 극대화하기 위한 노력을 하였고, 주주는 기업으로부터 배당을 받아 사회로 환원할 것인가는 주주의 선택 사항이었다. 그러나 ESG 경영에서는 기업이 이해관계자를 배려하고서 주주에게 이익을 가져다주면 이를 어떻게 사용할 것인가는 주주의 선택 사항으로 바뀐다. ESG 경영에서 주주는 기업에 투자를 하는 것으로 이해관계자들의 이익을 동시에 만족시키는 역할을 하게 된다.

기업이 이해관계자의 이익을 극대화하여 기업의 평판이 좋아져 매출액이 증가하고 기업의 이익이 극대화 될 수 있다. 이익의 극대화는 자연적으로 주주의 이익 극대화로 이어져 주주 중심주의를 우회적으로 달성하는 계기가 될 수도 있다. 그렇다면 ESG 경영 또한 기업이 주주의 이익을 최우선으로 한다는 근본적인 취지는 변화가 없게 된다. 따라서 주주는 경영진에 대해 ESG 경영을 촉구해야 하는 지위에 서게 된다.

주주 중심주의하에서는 기업은 주주에게 이익을 얼마나 나누어 주는가에 따라 경영진의 능력이 평가되었다. ESG 관점에서 경영진은 기업과 관련된 환경, 사회 분야에 얼마나 기업이 기여하였는가에 따라 경영 능력을 평가받게 된다. 경영진이 주주에게 배당을 적게 하고 환경, 사회 분야에 투여하는 것을 주주는 용인할 수 있어야 경영진이 ESG 관점에서 경영을 할 수 있다. 만약 주주가 허용하지 않는다면 ESG 경영은 구호에 불과한 것으로 경영진이 채택할 수 없는 경영 철학이 된다. ESG 경영을 강조하면 불가피하게 주주의 회사에 대한 영향력이 축소될 수밖에 없다. 주주의 경영진에 대한 영향력이 축소되는 경우 경영진은 주주의 이익보다는 자신의 이익을 추구하고자 하는 유인도 함께 강해진다는 문제점이 발생한다.

2. 이해관계자로서의 주주

주주는 기업에 투자하여 수익을 얻고자 한다. 기업은 주주의 투자를 받아 운영하여 수익을 창출하여 투자자인 주주에게 배당을 한다. ESG 경영은 주주의 투자에서부터 주주에게 이익을 배당하는 과정까지 주주의 이익만이 아닌 이해관계자의 이익을 함께 배려하는 상생 경영을 하라는 주문이다. 한편, 기업은 투자자인 주주의 이익을 증대하기 위한 노력도 함께 추구한다. ESG 경영이 주주의 이익을 희생하여 이해관계자의 이익을 확대하는 것으로 볼 수는 없다. 만약 주주의 이익을 희생하고서 이해관계자의 이익을 추구한다면 기업 제도의 근간을 무시하는 것으로 영리기업이 존재할 이유를 찾기 어렵게 된다. 엄연히 수익을 추구하는 영리기업으로 하여금 비영리를 추구하도록 하는 것은 본말이 전도된 것이다.

기업은 주주의 이익을 최대화하기 위해 이익을 사내에 유보하는 것이 아니라 적극적인 배당정책을 실행할 필요가 있다. 2020년 기준 우리나라 증시에 상장된 기업과 상장지수증권ETN 2900여 개 중 중간배당을 하는 기업은 50여 개사, 분기 배당은 5개사이며, 국내 기업들 대부분은 기말 배당을 하고 있다. 2021년 2분기 50여 개사가 중간배당을 공시하여 지난해 대비 28% 증가하였다. 중간배당의 증가는 ESG 경영의 확대에 따른 이해관계자인 주주의 이익을 확대하는 방향으로 전환한 것으로 보인다.

2008년부터 2018년까지를 기준으로 할 때 한국의 평균배당성향은 24.82%에 그치지만, 일본은 32.47%, 중국은 33.19%, 미국은 38.69%에 달한다. 같은 기간 G7 국가의 평균 배당성향이 47.58%이고, BRICS 국가의 평균 배당성향이 35.67%인 것에 비하면 한국 기업의 배당성향은 매우 낮은 것으로 나타난다.[4] 우리나라 기업의 자사주 매입은 1%에 불과하여 다른 나라들에 비해 주주 환원에 매우 소극적이다. 이러한 낮은 주주 환원 정책은 외국 투자자들이 우리나라에 투자하는 것을 꺼려하는 '코리아 디스카운트'의 한 이유가 되기도 한다.[5] 과거에 비하여 우리나라 기업의 순이익 증가는 가파르게 상승하고 있으나 발생한 이익을 주주들에게 환원하지 않고 기업에 유보하는 사내유보율을 높이고 있다. 주주가 투자를 통해 수익을 얻는 것을 경영진이 차단하는 것으로 이해관계자인 주주의 이익을 보호하는 것과는 동떨어져 있다.

3. ESG 경영의 주축으로서의 주주

ESG 경영에서 주주는 매우 중요한 위치에 있다. 주주가 주주총회를 통해 경영진이 ESG 경영에 나서도록 유도할 수 있는 지위에 있기 때문이다. 경영진이 ESG 경영을 위해 주주의 이익이나 회사의 이익을 감내할 수 있는 범위 내에서 희생하는 것을 투자자인 주주가 승인해야 경영진이 ESG 경영에 적극적으로 나설 수 있다. 경영진이 ESG 경영을 위해 주주의 이익을 전적으로 희생하고서 이해관계자의 이익을 추구하거나 ESG 경영으로 회사의 이익이 막대하게 감소하는 것을 허용하기는 어려울 것이다. 경영진이 ESG 경영에 나서지 않는 경우 주주는 각종 주주 제안 제도를 통해 ESG 경영에 나서도록 촉구할 수도 있다. 주주는 기업이 ESG를 실천할 수 있도록 경영진과 함께 주도적인 역할을 하여야 ESG 경영이 기업의 경영 철학으로 자리매김할 수 있다.

주주는 기업의 최고 의사결정 기관인 이사를 주주총회를 통해 선임하여 기업의 운영을 감독할 수 있는 권한을 가진다. 주주는 ESG 경영에 관심을 가질 사람을 이사로 선임하고 선임된 이사로 하여금 ESG 경영에 부합하는 경영을 하는지를 감시하고 주요 의사를 결정하도록 요구할 수 있다. 주주는 단순히 투자자 내지는 소유자의 지위에서 한 발 나아가 기업이 ESG 경영을 하도록 요청하고 ESG 경영이 기업에 뿌리내리도록 할 수 있는 ESG 경영의 한 축으로서의 지위를 가진다.

이사회

1. ESG와 이사회

이사회는 기업에서 경영에 필요한 판단을 구체적으로 내리고 결정을 집행하는 집행기관의 지위를 가진다. 기업의 주인은 주주다. 주주가 기업의 주인이라 하여 기업 경영에 능통하다고 보기 어렵다. 주주들로 구성된 주주총회를 통해 의사를 결정하고 집행하는 것도 가능하다. 현실에서의 주주는 기업의 주인이라는 인식보다는 기업을 투자 대상으로 보는 일반인들이며, 그들이 회사 경영에 능통하다고 보기 어렵다. 급변하는 현대 사회의 시장경제에서 주주들이 의사결정하고 이사회에서 집행하기에는 많은 시간을 필요하기에 기업이 주주총회를 의사결정 기구로 활용하기에는 매우 어렵다. 기업이 신속한 의

사결정을 위한 일정한 조직을 구성하고, 소수가 참여하여 의사결정을 하는 기관이 이사회다. 이사회는 소유와 경영의 분리라는 대원칙하에 주주의 이익을 위하여 그들의 전문가적 능력을 활용하여 기업의 경영을 담당한다. 기업의 최고 의사결정 기구는 주주총회이나, 업무집행권은 이사로 구성된 이사회가 담당하므로 이들이 ESG 경영을 어떻게 이해하고 접근하느냐가 곧 그 기업이 ESG 경영을 효과적으로 달성하고 있는가로 나타난다. 그렇기 때문에 ESG 경영에 있어 이사회의 기능과 역할이 다시금 강조될 수밖에 없다.

ESG 경영에 있어 이사회는 구성부터 달라질 필요가 있다. 그동안의 전통적인 이사회 구성으로는 새로운 환경인 ESG 경영에 효과적으로 대응하기 어렵다. 이사회는 다양한 이해관계자를 포함할 수 있도록 여성, 근로자 등 다양한 이해관계자를 이사로 선임하고 환경과 사회 분야에 정통한 전문가를 이사로 영입하여야 하며, 지배주주와의 관계에서 독립성이 보장되는 사외이사를 선임하여 ESG 변화에 발 빠르게 대처해야 한다.

2. 이사회 구성

한국은 2020년 현재 이사회의 여성 비율은 2.4%로 전체 49개국 중 47위를 차지하고 있어 매우 낮은 편이다. 2.4%의 여성 임원 또한 지배주주와 관련성을 가지는 사람으로 구성되어 있다. 급기야 법률적으로 여성 임원 비율을 일정 수준 준수하여야 하는 의무를 부과하고 있다. 이는 외국의 입법 사례를 검토하여 도입하였으나 ESG 경영이 화두가 되면서 그 정당성을 부여받고 있다. 이러한 추세에 맞추어 기업들은 여성 이사를 선임하기 위해 고군분투하고 있다. 자본시장법은 이사회에 여성 이사를 두도록 의무화하는 여성임원할당제를 도입하였다제165조의20.[6] 이 제도는 노르웨이를 시작으로 미국, 독일, 이탈리아 등 유럽을 중심으로 시행되고 있다. 한국상장회사협의회에 따르면 2020년 1월 기준 자본시장법이 적용되는 226개 기업 중 여성 이사가 있는 기업은 110개사48.7%로 나타났다. 대상을 국내 500대 기업으로 확대하면 여성 이사의 비율은 3.6%에 불과하다. 1995년 국제연합여성회의UN Women's Conference가 여성 참여 비율을 2010년까지 30%에 달하도록 한 권고에 비해서도 매우 낮은 수준이다.

ESG 경영에서 여성 이사의 비율을 강조하는 것은 여성 이사의 참여 비율이 높을수록 기업의 사회적 책임활동CSR, Corporate Social Responsibility이 증가한다는 연구로부터 찾을 수 있다. 여성 이사의 박애주의와 보편주의는 기업의 CSR 활동에 긍정적 영향을 미친다. 여성 임원은 여성의 위험회피 성향과 세심함으로 이사회의 효율성에 영향을 미쳐 기업지배구조에도 긍정적 영향을 미친다.[7] 이사회에 여성 참여는 단순한 성불평등 해소가 아니라 기업 경영에 여성의 특성을 반영하여 환경, 사회, 지배구조 측면에 긍정적 영향을 미치기 때문에 ESG 경영을 효과적으로 달성할 수 있게 된다. ESG 열풍이 불면서 기업들도 여성 이사의 수를 늘리기에 고심하고 있다. 어느 그룹은 여성 사외이사 3명을 선임하여 ESG 위원회 위원으로 위촉하고 ESG 경영에 효과적으로 대응하도록 하였다. 10대 그룹 여성 사외이사는 45명으로 전체 사외이사 중 여성 비율은 12.4%이며, ESG 열풍이 분 2021년 이후에 선임된 여성 사외이사는 28명41.8%에 달하고 있다.[8]

이사회 구성 다양성에 대한 최근 논의는 근로자가 이사회에 참여하여 기업의 의사결정 과정에 참여하는 근로자 이사제의 도입에 관한 것이다. 이사의 선출은 전적으로 주주총회 권한으로 법률에서 제한하지 않는다면 이사를 누구로 선출할지는 기업의 자율적 사항이다. 우리나라는 2016년 서울시 투자출연·기관에서 근로자 이사제를 도입할 수 있도록 〈서울특별시 근로자 이사제 운영에 관한 조례〉를 둔 것을 시작으로 해서 제도권에서 논의가 이루어지고 있다. 서울시는 산하 공공기관으로 한정하여 근로자 이사제를 도입할 수 있도록 하였다. 근로자 이사제는 독일의 공동의사결정제도와 유사한 형태로 단기적인 성과주의를 추구하는 주주 중심 지배구조의 폐단을 극복하기 위한 대안으로 도입된 제도다. 근로자 이사제를 확대하여 기업에도 도입할 수 있는가는 법률이 근로자 이사제 도입을 강제하지 않는 한 결국 기업의 주인인 주주들이 허용할 것인가로 현재에도 자율에 맡겨져 있다. 이사회에 근로자의 이해관계를 반영한다는 점에서 ESG 경영에 있어 내부통제장치로서의 역할을 수행할 수 있을 것으로 보인다.

3. 사외이사

사외이사는 이사의 지위에 있으나 기업의 상시적인 업무에 종사하지 않는 자다. 사외이사 제도는 이사회가 경영진 또는 지배주주로부터 독립성을 높이기 위해 1997년 외환위기를 계기로 도입되었다.[9] 사외이사는 경영진 또는 지배주주로부터 독립된 사람이 이사회 구성원으로 참여하여 경영진을 효율적으로 감시하는 제도다. 이사회에서 사외이사 비율이 높을수록 경영진 및 지배주주의 이해관계로부터 독립되어 의사결정을 할 수 있기에 기업 경영의 효율성을 높일 수 있다. 사외이사의 독립성 보장은 이사회의 효율적인 감시 기능을 수행하여 기업 가치를 제고하기도 한다. 사외이사의 독립성이 보장되기 위해서는 경영진이나 지배주주로부터 자유로운 사람이 사외이사의 역할을 수행할 때 달성된다. 실제에 있어서는 외면적으로는 독립성을 갖추었다고 하나 실질적으로는 지배주주 또는 경영진과 친분이 있는 사람이 사외이사로 선임되어 독립성이 확보되지 못하고서 거수기에 불과하다는 비판으로부터 자유롭지 못한 것이 현실이다. 그 주된 원인은 사외이사 선임이 경영진의 추천으로 이루어지기 때문에 독립성이 확보되지 못하여 본래의 도입 목적인 경영진에 대한 효율적인 감시·감독을 하지 못하고 있다. ESG 경영은 기업 운영의 투명성을 통해 지속가능한 기업 경영이 가능하도록 하는데 있다.

사외이사는 독립성과 더불어 전문성을 갖춘 사람이어야 한다. ESG가 강조되는 현 시점에서 기업은 그동안 기업이 가보지 못한 환경과 사회 분야에 대한 관심을 가져야 한다. 그동안의 사외이사의 전문성은 기업이 영위하고 있는 사업에 정통한 사람이었다. ESG 경영에서는 기업이 그동안 잘 알지 못하는 분야인 환경과 사회 분야에 정통한 사람들이 그들의 전문적인 식견을 바탕으로 이사회에 참여하여 ESG 경영을 수행하여야 한다. 외부이사의 전문성은 기업으로 하여금 환경과 사회를 보다 잘 이해할 수 있도록 지원한다. 또한 이사회의 의사결정과정에 다양한 이해관계자들의 의견을 전달하여 기업이 ESG 경영을 지속할 수 있도록 한다. 최근 기업들은 ESG 경영을 추구하기 위해 환경 서비스 회사의 대표이사를 사외이사로 선임하거나 사회적 문제

해결을 돕는 스타트업 투자에 경험을 가진 사람을 사외이사로 선임하는 등의 발 빠른 움직임을 보이고 있다. 기업 규모가 적거나 환경·사회와 관련된 문제에 얽혀있거나 ESG 경영에 뒤늦게 뛰어든 기업은 관련 분야의 전문가를 사외이사로 선임하는 데 애로를 겪고 있는 상황임을 보면 우리나라에서 ESG 경영은 대세로 자리를 잡아 가고 있는 것으로 보인다.

4. 이사회 내 위원회와 ESG

이사회는 회사의 업무 집행에 관한 의사결정 기능과 감독 기능을 수행한다. 이사회 기능을 활성화하고 경영 효율성 및 전문성을 확보하여 경영 투명성을 제고하기 위해 이사회 내에 위원회 제도를 도입하여 운영하고 있다. 이사회 위원회 제도는 감독 기능의 효율적, 전문적 수행 및 지속적 감독을 위한 구조를 형성하는 데 있다. 1999년 개정 상법 이전에도 이사회 내에 위원회를 설치하여 운영하였으나 법률적 지위를 가지지 않고서 운영되었고 그 효과성도 불분명하였다. 1999년 개정 상법은 현실적으로 운영되는 위원회를 법제도화하여 이사회의 하부 기관으로 자리매김하였다. 위원회는 법률에서 제한하는 이외의 사항을 이사회로부터 위임받아 권한을 행사하며 위원회의 결의는 위임받은 범위 내에서 이사회의 결의와 동일한 효력을 가진다.

ESG 경영과 관련하여 기업들이 이사회 내에 ESG 위원회를 신설하는 열풍이 불고 있다. ESG 열풍과 함께 이사회 내의 위원회 조직이 비로소 활기를 띠고 있다. 2021년의 통계에 따르면 국내 매출 상위 500대 기업 가운데 분기보고서를 제출하는 334개 기업 중 ESG 위

원회가 설치된 기업은 29%인 97곳으로 나타났다.[10]

국내의 어느 반도체 회사는 2021년 8월 기존 거버넌스위원회를 지속가능경영위원회로 개편하고 위원으로는 전원 전문가를 사외이사로 선임하겠다고 발표하여 ESG 경영에 적극적인 실천 의지를 드러냈다. 이처럼 이사회 내에 ESG 위원회를 신설하는 것은 기업의 자율적 사항으로 손쉬운 일이다. ESG 위원회를 설치하는 것은 쉬우나 ESG 위원회가 ESG 경영에 걸맞게 운영되는 것은 설치보다는 훨씬 어려운 일이다. 물론 ESG 위원회를 설치하지 않는 것에 비해 설치하는 것이 ESG 경영을 위한 출발점을 갖추었다고 평가할 수 있다. 설치만큼 중요한 것은 설치된 ESG 위원회가 얼마나 자주 열리고 위원회에서 무엇을 논의하는지가 더욱 중요하다. 통상 ESG 위원회에서 환경과 사회 분야에 대한 논의는 쉽게 이루어질 수 있으며 그 성과 또한 쉽게 나타날 수 있다. 환경 분야 전문가를 영입하여 기업이 환경적 측면에서 간과한 부분을 전문가적 소견에 따라 판단하면 된다. 기업이 환경오염 물질을 얼마나 배출하고 있는지, 어떻게 하면 환경오염 물질을 줄일 것인지를 기술적으로 논의하여 그 결과물을 도출하면 된다. 사회 분야에서 ESG 위원회의 역할은 더 많은 고민을 해야 한다. 지금과 같이 기업이 사회 공헌 활동을 위해 자원봉사, 기부, 사회취약계층에 대한 지원 등을 수치적으로 얼마나 하였는가를 표면적을 계산하여 우리 기업은 ESG 경영에 있어 S는 이만큼 이루었다는 것으로 포장할 수 있다. 사회 분야는 얼마를 투입하였다는 것만으로 기업이 ESG 경영을 제대로 하였다는 것으로 설명하기 어려운 분야다. 단편적인 사회 공헌 활동으로 기업이 사회적 책임을 다하였다고 말할 수 없기 때문이다. 특히 G분야에 있어 ESG 위원회가 얼마나 위원회로서의 존재가치를 발휘할 것인지는 회의적이다. 지금까지의 지배구조와 관련된 논의는 이사회에서도 쉽게 논의되지 못하였으며, 우리나라와 같이 지배주주가 존재하는 환경하에서는 지배구조 문제는 지배주주와 밀접한 관련성을 가지고 있다. 그 단적인 예로 한 기업의 ESG 위원회에서는 G에 관한 사항을 한 건도 다루지 못하였다는 것으로 대변된다.[11]

감사 내지 감사위원회

1. ESG와 기업의 투명성

ESG에서 G는 지배구조로 불리기도 하나 지배구조를 명확하게 한다는 것은 궁극적으로 기업의 투명성을 높인다는 측면에서 투명성 제고로도 볼 수 있다. 기업의 투명성 문제는 소유와 경영의 분리에 따라 이사회가 기업의 의사를 결정한다. 이사회는 당연히 기업의 주인인 주주들의 이익을 우선하여야 할 것이나 그렇지 않고 자신들의 이익을 우선하는 결정을 할 유인이 크다. 주주는 이사들이 주주를 위해 기업을 경영할 수 있도록 경영자를 감시·감독할 필요성이 있으나 주인 의식이 미미한 주주들이 직접 하기에는 쉬운 일은 아니다. 따라서 기업 내에 감시·감독을 수행할 다른 기관인 감사 혹은 감사위원회를 둔다.

2. 감사 내지 감사위원회

기업은 이사의 직무 집행에 대하여 감시·감독하기 위해 감사 또는 감사위원회를 두어 대리인 문제를 축소하고 있다. 기업의 자산총액에 따라 감사기관을 어떠한 형태로 둘 것인지는 법규적 사항이다. 자산총액이 2조 원 이상인 상장회사는 감사위원회를 두어야 한다. 그 이하의 기업은 감사를 두면 된다. 상장법인의 경우 자산총액이 1천억 원이상인 경우에는 상근감사를 두어야 하고, 상법은 상근감사에 대해 일정한 자격요건을 규정하고 있지만, 기업 규모가 작은 경우에 감사의 자격을 엄격하게 규정하고 있지 않아 감사 분야의 비전문가가 감사로 선임되어 감사로서의 역할과 기능을 제대로 수행하지 못할 수 있다. 이 경우 감사는 기업의 비용으로 전문가를 선임하여 감사의 역할과 기능을 보완할 수 있다. 감사는 기업이 투명하게 운영되도록 역할을 성실하게 수행하여야 하며, 자신의 권한을 적극적으로 행사하여야 한다. 그렇지 못한 경우 일정한 법률적 책임으로부터 자유롭지 못하다.

현재 기업이 ESG 경영을 추구하는 것은 자율적 사항으로 ESG 경영을 도입하지 않더라도 위법행위는 아니다. 기업이 자체적으로 정관을 통해 ESG 경영을 도입하는 경우 기업 구성원은 정관을 준수해야 하는 의무를 부담한다. 따라서 감사는 기업이 ESG 경영의 목표를 제대로 수행하고 있는지에 대한 업무감사를 실시할 수 있다. 업무감사 결과 기업이 ESG 경영을 제대로 수행하고 있지 못한 것으로 판단한 경우 감사는 이사회 소집을 청구할 수 있고, 이사회에서 의견을 진술할 수 있다. ESG 경영이 법률적으로 도입되는 경우 감사는 이사가 ESG 경영을 수행하지 않아 기업에 손해가 발생할 것으로 우려되는 경우 이사에 대해 ESG 경영과 상반된 행위를 하지 않도록 청구할 수 있다.

외부감사인

주식회사에 대한 감사는 내부감사와 외부감사로 나뉜다. 전자는 상법에 따라 감사 또는 감사위원회가 설치된 경우에는 감사위원회가 수행하는 반면에 후자는 「주식회사등의 외부감사에 관한 법률」이하 '외감법'이 정한 특정한 요건을 충족하면 회계처리를 적정하게 하기 위하여 회사로부터 독립된 외부의 감사인이하 '외부감사인'이 그 회사에 대하여 의무적으로 실시하는 회계감사로 정의된다제4조 제1항. 상법상 감사는 이사 또는 집행임원의 직무 집행을 감사하고 업무감사를 위하여 언제든지 이사 또는 집행임원에 대하여 영업에 관한 보고를 요구하거나 회사의 재산 상태를 조사할 수 있는 권한을 가진다상법 제412조, 제408조의9. 결산업무와 관련하여 감사는 이사로부터 매 결산기의 재무제표와 영업보고서를 제출받아 법정 기한 내에 이에 대한 감사보고서를 작성할 의무를 부담한다상법 제447조의3, 제447조의4.[12] 외부감사인의 임무는 회계감사에 한정된다는 점에서 회계감사와 업무감사를 모두 수행하는 상법상의 기관인 감사와는 구별된다.[13] 이상과 같이 법률적으로 내부감사와 외부감사의 주체가 구분됨에도 불구하고, 외감법은 재무보고 및 회계감사와 관련하여 감사에게 상당히 비중 있는 역할을 맡기고 있다. 그 역할을 크게 나누어 보면 회사의 재무제표 작성에 대한 감시자로서의 역할, 내부회계관리 제도에 대한 평가자로서의 역할, 내부 신고 관련 고지 상대방으로서의 역할, 부정행위에 대한 조사·보고자로서의 역할 및 외부감사인의 선임·해임 요청자로서의 역할 등이 있다.

ESG 경영의 기대 효과

영향력과 중요성 증대

ESG 영향이 증가하고 점점 더 중요해지고 있다. 비즈니스 활동은 사회에 긍정적인 영향과 부정적인 영향을 모두 미친다. 부정적인 영향에는 기후변화 및 날씨 관련 사건, 대기 및 수질 오염, 생태계 파괴, 동물 학대, 공급망의 인권 남용, 잠재적으로 안전하지 않은 관행 및 제품에 대한 기여가 포함된다. 많은 사람들은 기후변화 및 생물 다양성 손실과 같은 인간 활동과 관련된 대부분의 부정적인 영향이 악화되고 있다고 생각한다. 세계 빈곤은 감소 추세를 보이고 있다. 글로벌 GDP는 지난 20년 동안 꾸준히 증가하며, 비즈니스 세계는 혁신, 일자리 창출, 자선 활동 및 기타 공헌을 지속하고 있다. 일부 조직은 친환경 목표를 적극적으로 수용하고 장려했으며 사람, 지구 및 이익을 고려하는 3중 수익을 높이는 것을 목표로 한다.[14]

투자의 표준으로서의 투명성

ESG 정보공개 추세는 투명성을 높이기 위한 방향으로 꾸준한 움직임을 보이고 있다. 여러 증권거래소를 포함해 ESG 정보의 공개 기준 및 표준을 제시하는 조직들은 보다 향상된 ESG 정보공개를 요구하고 있다. 시민 단체와 언론은 산업 재해, 환경 파괴 및 인구에 미치는 영향과 관련하여 지속적인 성과 및 특정 이벤트를 정기적으로 추적하고 보고

한다. 소셜 미디어는 또한 지속적인 투명성의 원동력이 되었으며 고객은 진열대에서 보는 제품 뒤에 무엇이 있는지 이해하고 싶어 한다.

ESG가 투자의 표준이 되고 있고 ESG 투자가 널리 퍼지고 적극적으로 받아들여지는 데 반해, ESG 점수ESG score에 대한 실제 기준은 존재하지 않는다. 확고하게 정립된 일련의 기준에 따라 기업의 부채 상태를 살펴보고, 다른 기업과 비교하여 해당 기업의 재무 상황을 파악할 수 있지만, ESG에 대해서는 그럴 수가 없었는데 이제 상황은 변화하고 있다.

서스테널리틱스Sustainalytics와 모건스탠리캐피털인터내셔널MSCI 등의 회사는 ESG 점수를 산정할 수 있는 체계를 만들어서 투자자들이 기업의 ESG 관련 비즈니스 활동과 성과를 이해하는 데 도움을 제공하고 있다. 기업이 지출하는 비용, ESG 영향과 성과로 인한 비즈니스 의사결정을 바탕으로 생각해 볼 때, 기업은 보편적인 점수 체계를 크게 반길 것이다. 공개된 기준은 기업 내부 프로세스를 명확히 이해하는 데 도움이 되고 착한 ESG 행동을 유도한다.

기업은 '인간과 환경에 좋은 것'이 가치 있다고 생각하기 때문에 ESG 투자를 수용한다. 장기적 성장으로 목표와 수익을 달성하려면 단기적으로 고생을 감수할 만한 가치가 있다고 결정한 것이다. 공정하고, 사회적 책임을 다하고, 환경을 보호하는 것이 직원과 비즈니스 파트너는 물론 투자자도 실행해야 할 과제로 여겨진다. 이러한 진보적인 관행을 채택한 기업이 궁극적으로 성공적인 기업이 될 것이다.[15]

평판 리스크 위험에 대응

기관에 대한 신뢰와 기존 광고의 힘이 감소함에 따라 조직은 평판이 전략적 자산을 구성하고 ESG 관행에 직·간접적으로 영향을 받을 수 있다는 사실을 깨닫게 되었다. 평판은 선진국의 B2C 기업의 문제로 여겨지지만 모든 시장의 많은 B2B 기업은 공급망 전반에 걸쳐 더 큰 위험과 강화된 투명성 요구 사항의 영향을 받는다. 이에 대응하여 많은 기업들이 내부적으로 그리고 공급망 사이에서 ESG 요소의 우선순위를 정하고 있다. 이러한 조직은 확장된 기업의 어느 곳에서나 중요한 ESG 이벤트가 평판을 손상시킬 수 있음을 알고 있다.[16]

이사회에서 ESG가 무엇인지 모르는 사람은 없거나 소수에 불과하고 대부분은 ESG를 자주 거론할 것이다. 사실 ESG 전략 계획의 필요성은 날이 갈수록 높아진다. 아무것도 하지 않아도 비용이 늘어나는 것과 마찬가지다. 세계 최대 자산운용사인 블랙록의 CEO 래리 핑크가 2020년 기업 CEO들에게 쓴 서신에서 ESG가 오늘날 투자 지표가 되는 이유를 요약해서 설명했다. 핑크는 "이미 보았듯이 기후 위기가 발생하는데 비즈니스 리스크와 기후 위기를 떼어놓고 생각할 수 없다"라고 말했다. 그는 한편으로 실제 기준이나 ESG 메트릭스 정보 공시 없이 투자액을 바탕으로 주가를 매기는 것은 어렵다고 덧붙였다. 운용자산이 7조 달러에 이르는 블랙록 같은 기업의 행보를 통해 기업들은 투자 결정 시 ESG에 투자하는 비용과 투자하지 않았을 때의 비용을 책정하는 방법을 알아내려고 애쓰고 있다.

착한 ESG 행동 방식이 다양한 성과를 올릴 수 있는 투자라는 점이 분명해지고 있다. 그 성과는 먼저 데이터 센터에서 배출하는 탄소 등의 ESG 리스크를 관리하는 방식에서 거둘 수 있다. 또 고객정보 보호와 보안 문제를 해결하고 혁신을 위한 직원의 다양성을 조성하는 것에서도 수익을 극대화할 수 있다. 그 밖에 투자자가 우리 기업을 고려하도록 만드는 추가 인센티브를 창출할 수도 있다. 많은 기업이 ESG 요소를 수입과 투자에서 세 번째 요소로 여긴다.[17]

임직원의 가치에 부응

임직원들은 본인이 일하는 곳을 자랑스러워하고 그 회사의 목적, 사명 및 문화가 본인의 가치와 일치되기를 원한다. 특히 젊은 전문 인력들은 이런 점을 더 중요하게 생각한다. 기업 가치 선언문과 경영진의 메시지는 유능한 젊은 전문 인력을 유치하는 데 중요한 작용을 한다. 훌륭한 ESG 실적이 있고 부정적 ESG 요소가 없으면 특히 인력이 부족하고 경쟁이 강한 산업에서는 그 기업에게는 인재 채용에 있어서 장점이 될 수 있다.

ESG는 미래의 젊은 세대가 관심을 가지고 추진하고 있는 사회적 이슈이다. 향후 세대 간의 부의 이동이 베이비 붐 세대에서 엑스X 세대, 밀레니엄 세대, 제트Z 세대로 이루어질 것이다. 젊은 세대들은 베이비 붐 세대들이 ESG 관련 쟁점을 전혀 이해하지 못하고 무시한다고 생각한다. 미래 젊은 세대는 ESG를 아주 중요하게 생각하므로, 기업의 ESG 수준과 평가가 젊은 투자자의 투자처와 투자 방식에 크게 영향을 미칠 것이다. 그들은 지속가능한 기업sustainable corporations을 바람직한 투자처라고 생각한다. ESG 계획과 실행 방식을 비즈니스 목표에 통합하지 않는다면 이러한 트렌드에서 도태될 것이다. ESG 트렌드에 대처하지 못하는 기업은 향후에는 생존하지 못할 것이다.

비즈니스 가치 증대

ESG 문제가 기업에 위험한 이벤트로 나타나는 시기는 오래 걸릴 수 있다. 기후변화 및 물 부족과 같은 많은 환경 위험은 오랫동안 예상되었지만 다른 위험한 사건이 보다 빠르게 나타난다. 모든 ESG 위험이 장기적인 것은 아니다. 비즈니스 모델, 재료 및 노동 원천, 진화하는 규정 및 이해관계자의 행동에 따라 ESG 문제는 회사의 공급망, 평판 및 주주 가치에 단기적인 위협이 될 수도 있다. 공급망에서의 아동노동 또는 강제 노동, 제품의 발암성 성분 또는 분쟁 광물, 경영진의 결정이나 행동에 대해 시작된 주요 집단소송의 잠재적 영향을 고려하여야 한다. 단기 및 장기적인 측면에서 주주 가치에 대한 잠재적인 영향을 고려할 때 경영진은 ESG 위험을 생성하는 모든 요인을 측정하고 이를 해결하는 방법을 개발해야 한다.[19]

우리는 빠르게 나빠지는 자연환경에 대해 새롭고 놀라운 정보를 매일 접하고 있다. ESG 실행은 환경보호에 긍정적인 기능을 한다. 환경문제를 완화하고 해결책을 제시하여 더 나은 미래를 대비하기 위해 국가와 정부가 중요한 역할을 맡고 있지만, 기업체도 보다 주도적으로 나서야 한다. 기업체는 ESG 변화를 수용하려고 정부 및 공공기관과 협력할 수 있고, 조직적인 변화를 밀어붙여 전 세계에서 이에 상응하는 보상을 받을 수도 있다. 정부에서 관련 정책을 수립하고 이행할 때까지 기다릴 수만은 없다. 기업체가 ESG 목표를 달성하려면 각 기업의 비즈니스 프로세스가 기후에 미치는 영향과 그것을 해소할 방법을 설명해야 한다. 효율화 방안에 투자하거나 재생에너지 및 탄소상쇄권carbon offsets을 구입해서 목표에 도달할 수 있는 방법도 있다. ESG 계획을 실행하려면 단기적으로 기업이 비용을 지불해야 하지만 장기적으로 미래에 주주에게 배당금으로 기여할 수 있다.

11
ESG 경영의 주요 이슈

과거에는 주주와 투자 기업 간의 소통은 분기별 실적 발표나 주주총회 등에서 이루어졌지만 요즘 투자자는 상시적으로 투자 기업과 소통하는 것이 가능하다. 이런 소통을 통해 투자자는 투자 기업이 자발적으로 변화하도록 설득할 수 있다. 이런 소통이 실패하면 투자자들은 주주제안서를 제출하고 개별 이사 해임에 투표하는 방식으로 압력을 가하고 있다.

투자자들은 그들의 투자 활동에서 ESG에 점점 더 관심을 집중하고 있으며 기업이 ESG 경영을 수행하기를 원한다. 전문적인 투자회사들은 본인들의 투자 관련 신탁 의무가 환경 및 사회문제에 부합하는지를 지속적으로 점검한다. ESG에 대한 투자자의 관심은 선량한 가치 창출과 일치하지 않는 투자를 철회하려고 한다. 소수의 선두 자산운용사 및 투자관리회사에 대한 투자 운용 자금의 집중으로 인해 투자 대상 회사들이 ESG에 집중하도록 하고 있다. 투자자는 ESG 경영 우선순위를 중심으로 기업과 소통하려 하고 있으며 기업은 이에 효과적으로 대응하여야 한다. 이제 투자자는 기업 임원 평가에 대해서도 ESG 기준을 도입하도록 촉구하고 있다.

이해관계자 거버넌스의 부상

자본주의가 태동하고 영국과 네덜란드의 동인도회사를 기원으로 하여 주식회사가 등장한 이후 기업의 주된 목적은 주주를 위한 이익을 창출하는 것이라는 주주 우선주의에 대해 거의 의문이 없었다. 그러나 오늘날 기업이 이해관계자인 지역사회에서 봉사해야 하는 역할은 감독 당국, 투자자, 임직원, 학계 및 일반인에 의해 활발하게 논의되고 있다.

조직에 있어서 기업의 목적은 중요하며, 궁극적으로 기업지배구조와 기업 내부 업무에 지대한 영향을 미친다. 특히 주식회사의 경우 주주 우선주의와 단기 이익 극대화라는 도그마가 지배하고 있다. 그러나 오늘날 투자자, CEO 및 감독 당국은 "이해관계자 거버넌스"를 염두에 두고 기업을 바라보고 있다.

전통적으로 기업은 이익 창출에 주력했고 정부는 규제를 통해 사회나 환경에 대한 피해를 해결했다. 오늘날 투자자, 임직원, 소비자 및 NGO는 기업이 불평등에서 기후변화에 이르기까지 사회 및 환경문제를 해결하라고 촉구하고 있다. 많은 기업들이 새로운 시대적 소명을 수용하고 브랜드와 비즈니스 전략을 사회적 책임 및 환경보호에 우선순위를 맞추어 가고 있다. 최근에는 정부와 기업의 책임 구분이 모호해지면서 새로운 법적·윤리적·실제적 문제가 기업을 대상으로 제기되기도 한다. 이제 기업도 에너지와 원재료 등 비재무적 요소를 사용하여 환경에 미치는 영향E, 노동자의 건강, 안전, 다양성을 비롯한 사회적 임팩트S, 기업 윤리, 주주의 권리, 임원 성과 보상 정책 같은 지배구조G 특성 등에 적응하고 자체적으로 변화를 도모할 필요가 있다.[20]

기업 운영을 위한 조직의 사회적 측면에서 ESG 리스크를 생각하여야 한다. 운영에 대한 법적 문제와 달리 운영에 대한 사회적 책임은 어느 정도 고객이 구매 결정을 통해서 행사한다. ESG 평판이 손상되거나 고객이 해당 기업을 지구 온난화, 수질 오염, 자원 남용, 아동노동 또는 열악한 근무 조건과 연관시키는 경우 비즈니스에서 고객의 수요가 급격히 감소할 수 있다. 고객은 지속가능한 평판으로 알려진 회사를 찾고 지속가능한 식품 및 의류 또는 공간에 기꺼이 높은 가격을 지불하고자 한다. 그리고 이러한 고객은 소수의 충성스럽고 부유한 최고층 고객이 된다. 특히 이제는 지속가능한 제품이 전통적인 제품과 비슷한 비용으로 시장에 출시되고 있으며 이런 추세는 지속될 것으로 예상된다.

다른 한편 ESG 관련 경영상의 쟁점이 도출되고 있으며 새로운 위협으로 나타나고 있다. ESG 경영이 강조되다 보니 무제한의 이사회 책임이 요구되고, 공급망 관리 정책은 더욱 강화되어 대기업이 중견·중소기업을 대상으로 하는 갑질로 변질될 수 있고, 선진국의 기업이

후진국의 기업을 지배하게 되는 결과도 도출될 수 있다. 또한 기업의 인적자원 관리 리스크는 급증하고 있으며, 개인정보 보호 의무도 보다 엄격해 지고 있다. 이에 반해 기업의 목적과 기본권에 대한 미국 대법원 판례들은 케이스마다 상반된 판결을 보여주고 있어 기업을 경영하는 경영진 및 이사회에게는 부담이 되고 있다.

ESG 경영을 추진하기 위해서는 회사의 조직별로 역할과 책임을 배분하여 운영하여야 한다. ESG 관련 조직으로는 가장 중요한 역할을 하고 최종적인 책임을 부담하는 이사회가 있고, 이사회 내 위원회인 감사위원회, 리스크관리위원회, 보수위원회, 임원추천위원회, ESG 전담 위원회 및 ESG 전담 부서 등이 있다.[21] 중소기업의 경우 대기업 수준의 이사회 제도를 운영하기에는 재정적인 부담이 있을 수 있으므로 경영진이 이사회의 ESG 역할을 대신 수행할 수도 있다. 이번 장에서는 이상에서 언급한 이슈를 대상으로 하여 심층적으로 살펴본다.

ESG 경영의 최근 이슈

무제한의 이사회 책임

미국의 경우 기업이 ESG 리스크를 공개하지 않아 책임을 지는 이사회 사례가 빈번하게 나타나고 있다. 이사회가 기후변화의 위험을 감독하지 않아 감독의 의무를 위반했거나 기후변화가 비즈니스에 미치는 진정한 영향을 공시하지 않아 연방 증권법을 위반했다고 주장하는 소송이 증가하고 있다. 엑슨모빌Exxon Mobil의 주주들은 이사회가 회사의 사업에 대한 기후변화의 리스크를 잘못 표현했다고 주장하면서 환경 위험과 관련하여 회사를 상대로 소송을 제기하였다. 한마디로 무제한의 이사회 책임 공방이 이루어지고 있는 것이다. 블랙록의 CEO인 래리 핑크도 2020년 CEO 서신에서 이사회 구성원에게 책임을 묻겠다고 한 바 있다.

"기업의 주요 이슈에 대한 적절한 대처가 없을 경우, 우리는 그 책임이 해당 기업의 이사회에 있다고 생각한다. 블랙록은 작년 2700개 기업의 이사 4800명에 대해 선임 반대 또는 기권을 행사하였다. 기업과 이사회가 지속가능성에 대한 효과적인 공시를 제공하지 않거나 관리 프레임워크를 도입하지 않는다면 우리는 이사회 구성원에게 그 책임을 물을 것이다."

— Larry Fink, BlackRock 회장 겸 CEO

출처 : BlackRock, "Larry Fink's 2020 Letter to CEOs, A Fundamental Reshaping of Finance," (https://www.blackrock.com).

미국 경제조사기관인 더컨퍼런스보드The Conference Board는 NASDAQ OMX 및 NYSE Euronext와 공동으로 NASDAQ과 NYSE의 359개 기업을 대상으로 실시한 "이사회의 관행에 대한 설문조사The Board Practice Survey"에 의하면 80% 이상의 기업이 경영진과 이사회 차원의 높은 수준에서 지속가능성 이슈를 파악하고 해결하는 역할을 해야 한다는 의견을 표명했다.[22]

이사회는 대내·외적으로 기업의 중대한 ESG 이슈를 공개하고 이해관계자와 적극적으로 소통하며 기업에게 적용되는 법과 규제를 준수하여야 한다. 투자자들은 이사회가 강력하게 작동하는 회사가 ESG 리스크를 더 잘 관리하는 경향이 있다고 판단하므로 이사회가 ESG에 적극적으로 관여해야 한다. ESG는 더 이상 회사의 지속가능성 책임자 또는 관련 임원의 단독 책임이 아니다.[23]

이사회는 ESG와 관련하여 책임을 부담할 뿐만 아니라 ESG 목표에 적합한 전략을 수립하여야 한다. 이사회가 ESG 보상 보너스 제도를 마련하여 회사의 모든 임직원들이 ESG 목표 달성에 대한 보상을 받도록 하는 것이 필요하다. 이사회는 ESG 목표를 설정하고, 선도 기업을 벤치마킹하고, 전략 개발, 자본 지출, 자본 배분 투자 및 모든 다양한 비즈니스 변화 측면에서 발생해야 하는 일에 대해 주기적으로 확인할 수 있는 전술 목표를 설정해야 한다. 이사회는 ESG 관련 모든 목표 등에 대해서 정보공개를 해서 이해관계자와 공유해야 한다.

더욱 강화되는 공급망 관리 정책

1. 국제적 동향

국내 대기업의 경우 글로벌 기업들과의 거래를 위해서 협력업체와의 공급망 관리 정책을 제대로 수행해야 하며, 중견·중소기업의 경우 대기업 또는 글로벌 기업과의 공급망 협력관계가 생존 및 성장과 직결되게 되었다. ESG 규제도 대기업 중심에서 글로벌 공급망으로 확대되고 있다. 특히 독일 공급망 실사법이 2023년 1월부터 시행됨에 따라 이에 대한 선제적 준비가 요구된다.

코로나19로 인해 효과적인 공급망 관리가 더 필요하게 되었다. 보다 안정적인 글로벌 경제에서 가장 낮은 비용의 공급업체를 우선시하고 재고 수준을 최소화했다. 그러나 오늘날 자연재해에서 사회 불안에 이르는 대규모 위기는 그 어느 때 보다 글로벌 공급망 네트워크를 혼란에 빠뜨리고 있다. 이러한 상황은 전통적인 지혜를 쓸모없게 만들고 있다. 이제 그 어느 때보다도 기업과 공급업체의 운명은 좋은 공급망 관리를 통해 결속되어 있다. 효과적인 공급망 감독에 투자하지 않으면 기업과 공급업체 모두에게 생존적인 위협이 되고 있다.

2. UN의 경우

1948년에 유엔 총회는 모든 개인에게 적용되는 30개의 인권을 나열한 세계인권선언을 채택했다. 선언은 구속력이 없으며 국가에 대한 법적 요구 사항이나 명령을 생성하지 않는다. 그것은 양도할 수 없는 권리에 대한 선언이며 각 개인이 받을 자격이 있어야 한다. 세계인권선언이 기업의 행동에 적용되는지 여부는 불분명하다. 제29조와 제30조는 모두 기업으로 확장되는 것으로 해석되었지만 선언의 표현적 가치에 관계없이 법적 구속력은 없다.

1966년 인권위원회는 시민적·정치적 권리에 관한 국제 규약과 경제적·사회적·문화적 권리에 관한 국제 규약이라는 두 가지 주요 문서를 작성했으며, 이 두 가지 모두 1976년에 국제법이 되었다. 세계인권선언과 함께 이 두 가지 계약은 국제인권장전International Bill of Human Rights 또는 국제인권헌장International Charter of Human Rights을 구성한다. 1970년대에 이 모든 조약이 기업이 아닌 국가에만 적용된다는 것을 인식한 사회 활동가들은 초국적 기업의 활동을 관리하는 코드를 만들기 시작했다. 이 헌장은 초국적 기업이 주최국의 개발 목표, 천연자원 및 기본 인권을 존중하는 의무를 창출하고자 했지만, 자발적인지 의무적인지에 대한 내부 논쟁으로 인해 채택되지 않았으며, 이 모든 노력은 1990년대에 포기되었다.

2000년에 UN 글로벌 콤팩트가 출범하면서 이러한 노력이 다시 시작되었다. 이 협약의 목적은 변화를 촉진하고 기업의 지속가능성을 촉진하고 혁신적인 솔루션과 파트너십을 장려하는 것이지만 UN의 감독이나 의무적인 참여는 포함하지 않는다. UN 글로벌 콤팩트는 자발적이지만 참가자들은 회사가 콤팩트의 10가지 원칙을 준수하는 방식을 설명하기 위해 연례 보고서 또는 진행 상황에 대한 커뮤니케이션을 발표해야 한다.

2005년 UN 사무총장은 특별 대표를 임명하고 6년의 작업 과정을 거친 후 유엔 비즈니스 및 인권 지침 원칙을 2011년에 승인하였다. 이 원칙은 자발적이지만 국가에 인권을 존중할 의무를 부과하며, 국가는 자국의 법률을 통과시켜 그 의무를 준수하여야 한다. 이 원칙은 유엔이 발행한 사업과 인권에 관한 최초의 지침이었으며, 최초의 만장일치 승인이었다. 이 원칙은 보호, 존중 및 구제 프레임워크 등의 세 가지 핵심 요소로 구성된다. 첫째, 국가는 기업을 포함한 모든 당사자의 인권 침해로부터 보호할 의무가 있다. 둘째, 기업은 인권을 보호할 책임이 있다. 셋째, 국가는 효과적인 구제책에 대한 접근 권한을 제공할 의무가 있으며 기업은 발생한 피해를 구제할 책임 등이 있다.

최근에는 전 세계에서 기업이 비즈니스와 인권을 고려하도록 요구하는 법률을 지속적으로 제정하고 있으며, 캘리포니아의 공급망 투명성법, 영국의 현대노예법2015년 및 프랑스의 실사의무법2017년, 네덜란드의 아동노동 실사법2019년 등이 있다.

3. 독일 공급망 실사법

2021년 6월 11일 독일 연방의회는 「공급망 실사법Supply Chain Due Diligence Act」[24]을 승인하여 2023년에 1월 1일 시행을 앞두고 있다. 이 법은 대기업과 협력업체 관계에서 인권과 환경문제를 조사하고 문제가 있을 때에 규제하는 법률이다. 법률의 목적은 기업이 예방 조치를 취하여 인명과 환경에 대한 피해를 방지하는 것과 피해가 발생한 경우 피해 당사자가 보다 쉽게 배상을 받을 수 있도록 하는 것이다.[25]

법률 적용 대상은 2023년 기준 직원 3000명 이상, 연 매출 4억 유로약 5400억 원 이상의 독일 내에 주된 소재지본사 및 정관상의 주소지 등 기업이며, 정부는 적용 기업이 의무를 이행하는지 확인하고 규제할 권한을 갖고 있다. 2024년에는 직원 수가 1000명 이상인 600여 기업으로 대상이 확대된다.

적용 기업은 위험 인지Identify risk, 위험 분석Analyze risk, 시정 조치Take actions, 유효성 확인Check effectiveness, 문제 제기 메커니즘 Complaint mechanism 및 투명하고 공적인 보고Transparent & Public reporting 등의 절차를 수행하여야 한다. 기업은 공급망 안에서의 인권과 환경문제를 확인하고 적정 절차를 수립하여 문제를 해결해야 한다. 먼저 기업이 문제를 발견하면 이를 해결하기 위한 조치를 취해야 하며, 문제가 해결됐는지 다시 검증하고 그 결과를 정부에 보고하는 절차를 수행해야 한다. 또한 기업은 협력업체가 기업이 조치한 행위에 대해 문제를 제기하고 항소할 수 있는 방안도 수립해야 한다. 기업은 전자 보고를 통해 보고서를 관할 정부 부서에 제출하고, 정부는 보고서를 검토하고 필요할 경우 기업에 시정을 요청한다. 기업이 문제를 시정하지 않을 경우에 정부는 규제 조치를 취한다.[26]

아동노동 및 강제 노동의 금지가 이 법의 핵심 사항이며, 이러한 금지 대상 사례가 발생하지 않도록 기업이 주의의무를 이행할 수 있는 방안을 규정하고 이를 위반하는 경우에만 이행강제금과 과태료 처분 및 해당 기업에 대해 민사적 청구권을 행사할 수 있는 법적 수단 등을 통해 규제하는 방식을 채택하고 있다. 기업에 부여된 인권 관련 주의 의무를 이행하기 위하여 위험관리를 위한 부서를 설치하여 기업 내부적으로 관할권 부여, 정기적으로 위험성 평가 실시, 개별 회사 차원의 예방 대책 수립, 손해가 발생한 경우 구제 방안 마련 및 고충 처리를 위한 부서의 설치 등을 요구하고 있다.

기업과 투자자가 공급망 관리와 감독에 점점 더 관심을 집중하는 이유는 두 가지다. 첫째, 효과적인 감독을 통해 회사와 투자자는 위험을 선제적으로 완화할 수 있다. 둘째, 공급업체와의 지속적인 파트너십을 견지하면 전반적으로 비용을 절감할 수 있다. 이를 통하여 계약 위반, 제품 보이콧, 공급업체 손실 및 자본 유출을 방지하여 비즈니스 연속성을 향상할 수 있다. 최근에는 코로나19로 인하여 공급망 감독의 중요성이 더 높아지고 있다. 코로나19로 인하여 공급망 감독과 관련하여 투자자는 기업이 두 가지 일을 수행하기를 원한다. 첫째, 회사는 직접 공급업체와 함께 ESG 위험과 기회를 식별하고 관리할 수 있도록 실사를 하여야 한다. 둘째, 회사는 자체 공급 프로세스와 동일한 관행을 공급업체가 채택하도록 보장하여 공급망 전체에 걸쳐 ESG 관리 방식을 효과적으로 적용하도록 하여야 한다.

기업은 공급망 리스크에 대한 복원력을 구축하고 공급업체와 협력하여야 한다. 공급망 관리의 지속적인 발전에도 불구하고 많은 기업이 공급망에 대한 감독 가능성을 보유하고 있지 않다. 그 결과 공급망에서 강제 노동과 아동노동은 여전히 존재하고 있다. 많은 국가들이 공급망을 감독하지 않는 기업에 대한 법적 책임을 높이기 위한 법안을 통과키고 있다. SNS 등을 통해 실시간으로 공급망 감독에 대한 실태가 보고됨에 따라 기업은 공급망 관리 측면에서 평판 위험에 직면해 있으며, 기업이 공급망 관리 차원에서 인권 기준과 규범을 준수하도록 하고 있다.

공급망 관리를 제대로 하기 위해서는 회사 내 공급망 관리팀은 물론 NGO, 노동조합과 같은 외부 이해관계자와의 광범위한 협력이 필요하다. 항상 공급망을 전체 관리하고, 공급업체 감독을 장려하고, 공급망 관리팀의 관심을 합리화하고, 공급업체를 위한 기밀과 불만 보고 방식을 만들어서 체계적으로 문제를 해결해야 한다.

증가하는 인적자원 관리 리스크

1. 국제적 동향

ESG의 S로 이동하면서 주주는 미투# Me Too 운동 이후 이사회 및 임원에 대한 소송을 많이 제기하고 있다. 이사회가 성희롱의 위험을 감독하지 않았고 이사회가 성희롱 위험이 높은 기업 문화를 공개하지 않은 것을 문제로 소송을 제기하고 있다.[27]

인적자원 관리 관련 리스크가 점점 더 중요해지는 이유는 다음과 같은 세 가지 이유 때문이다. 첫째, 인력이 회사 가치의 핵심 요소임을 인식하고 영향력 있는 투자자는 인적자원을 투자 고려 우선순위로 삼고 있으며, 기업이 인적자원을 관리하고 측정하는 방법을 이해하려는 현재 시장의 요구는 계속해서 증가하고 있다. 이러한 압력에 대응하여 많은 기업들이 이러한 문제의 중요성을 인식하고 그 가치를 알리기 위한 조치를 취하기 시작했다. 둘째, 투자자 및 주요 이해관계자는 기업이 인적자원 관리 문제의 우선순위를 정하도록 압박하고 있다. 주주 제안은 점점 더 인적자원 관리 문제를 식별하고 이러한 문제를 논점으로 삼고 있다. 직원들도 인적자원 관리에 더욱 더 관심을 가지고 있다. 이러한 압력 증가로 인해 기업은 인적자원 관련 정책을 평가하고 관련 위험을 고려해야 한다. 셋째, 최근 미국 및 글로벌 사건, 특히 체계적인 인종적 불의에 대한 전국적인 시위와 코로나19 대유행은 현재 인적자원 관리 관행의 용납할 수 없는 위험, 비효율성 및 불평등을 드러내는 한계점을 보여주고 있다. 코로나19로 인하여 전염병에 많은 근로자가 얼마나 취약한지를 보여주고 있다. 투자자들은 기업이 인력을 대우하고 다양성 관행에서 유급 병가에 이르기까지 기업 문화를 감독하는 방식을 포함하는 사회적 문제 등에 점점 더 관심을 보이고 있다.

SASB지속가능성 회계기준위원회는 블랙록 및 스테이트스트리트 등의 지지에 따라 인적자원 관리에 대한 선도적인 방식을 도입했다. SASB 표준은 인적자원 고려 사항으로 세 가지를 포함하고 있다. 첫째, 직원 건강 및 안전, 둘째, 직원 다양성, 포용 및 참여, 셋째, 노동 관행 식별 등이다.

2. 대응 방안

미국 SEC는 최근 인적자원 고려 사항을 포함하는 ESG 공개 프레임워크를 개발했으며 규정 S-KRegulation S-K의 수정을 통해 구현하려하고 있다. 제안된 개정안에 대하여 수천 건의 의견을 받은 후 SEC의 최종 규칙은 2020년 8월에 채택되었다. 새로운 규정은 원칙 기반 접근 방식을 취하고 있다.

기업은 효과적인 인적자원 관리를 위해 단기적 요구와 장기적인 가치 창출을 모두 고려해야 한다. 회사는 이사회의 감독을 통하여 효과적인 인적자원 관리를 할 수 있다. 회사가 고려해야 할 사항에는 공정한 직원 보상 보장·운영·유지, 다양성 및 포용성을 위한 전략 검토, 복원력을 극대화하기 위해 인력을 전환하는 방법 고려, 우수한 리더십을 위한 명확한 표준 명시, 직원에 대한 공정한 교육시스템 등이 포함된다. 인적자원 문제를 효과적으로 관리하기 위해서는 직원의 이익이 의사결정 수준에서 효과적으로 표현되도록 하는 것이 중요하다.

모든 기업이 고려해야 할 인적자원 관련 리스크가 중요하며 투자자와 이해관계자가 인적자원 관리에 대한 정보공개 확대를 요구하고 있다. 그러므로 선도적인 기업은 인적자원 관리를 위한 효율적이고 중앙 집중식 정보공개 체제를 구축하는 것이 필요하다.

엄격해지는 개인정보 보호 의무

1. 국제적 동향

2020년 세계경제포럼은 사이버 보안을 향후 10년 동안 세계가 직면하게 될 10대 위험 중 하나로 선정했다. 개인 데이터의 수집 및 사용이 오늘날 경제에서 가장 중요한 가치 중 하나라는 점을 감안할 때 이는 놀라운 일이 아니다. 최근의 유명 데이터 침해 사건들은 기업이 부적절한 데이터 보안의 결과로 기업이 겪는 평판 및 재정적 피해를 보여 주며 투자자는 이와 관련된 주가 하락 위험을 무시할 수 없게 되었다. 사람들은 개인정보 보호 보고 의무와 ESG가 어떻게 관련이 있는지 궁금해 할 수 있지만, 마이크로소프트Microsoft 및 애플Apple 등의 CEO는 개인정보를 인권으로 언급하기도 한다.

프라이버시는 미국의 사생활 보호를 중심으로 하는 프라이버시권과 유럽의 인격권에서 시작되었고 발전하고 있다.[28]

EU에서의 프라이버시는 헌법상의 인간 존엄성에 근거를 두고 양도할 수 없는 권리로 보고 있어 개인의 프라이버시 접근에 대한 동의가 있어야만 정보를 제공할 수 있다. 유럽은 인격권에서 프라이버시권 근거를 두고 있으며 독일 헌법재판소의 심판을 통하여 프라이버시권이 발전하고 있다. 독일 프라이버시권은 1949년 독일 헌법상 인간 존엄성 조항제1조 제1항과 자유로운 인격 발현 조항제2조 제1항 등에 근거를 두고 있다. EU는 모든 산업을 포괄하는 하나의 개인정보보호법 프레임워크를 지칭하는 옴니버스 접근 방식으로 규제하고 있다.

미국의 경우 연방대법원 판결을 통해 프라이버시권이 인정되고 인권 운동과 함께 확대되면서 발전하고 있다. 프라이버시 권리는 혼자 있을 권리right to be alone, 의사결정의 자유decision privacy 및 자기 정보 결정권Information Privacy 등을 포괄하는 권리다. 미국에서는 시장 원리에 근거를 두고 있어 프라이버시는 매매 가능한 상품으로 본다. 미국에서는 개인에게 상품에 대한 접근을 대가로 개인정보를 흥정할 수 있는 권리를 부여하는 계약의 자유를 강조하며, 부문별 전략 또는 개별 산업을 대상으로 하는 법률을 통해 개인정보를 규제한다. 최근 미국에서도 더 강력한 개인정보 보호가 필요하다는 논의들이 증가하고 있으며, 데이터 침해가 증가하고 개인정보 보호에 대한 사회적 규범이 바뀌면서 미국의 연방 개인정보보호법이 도입될 것으로 예상된다.

2. 대응 방안

개인정보 보호는 오늘날 기업과 투자자에게 중요한 재정 및 비즈니스 문제가 되었다. 투자자는 개인정보 보호에 점점 더 집중하고 있으며 기업이 데이터 관리 관행에 대해 보고할 것을 기대하고 있다. 기업은 개인정보 데이터를 수집·사용 및 보호하는 방법에 대해 보다 적극적으로 대처해야 하는 압력에 직면해 있다. 코로나19로 인하여 개인정보 보호는 다음과 같은 새로운 중요성을 보이고 있다.

첫째, COVID-19의 수많은 다른 글로벌 영향과 함께 전염병으로 인해 정보 접근에 대한 대중의 관심이 높아졌다. 바이러스가 확산되면서 많은 국가에서 시민의 정보에 대한 제한을 발표했다. 이것은 정보에 대한 접근이 여러 국제 조약과 100개 이상의 국가의 법률에 의해 보장되기 때문에 인권 문제를 제기한다.

둘째, 원격 작업 기술의 사용 증가는 데이터 보호에 상당한 영향을 미친다. 재택근무로의 신속하고 예기치 않은 전환을 감안할 때 많은 기업은 표준 보안 조치를 준수할 인프라가 없는 상황이다. 일반적인 솔루션에는 직원이 개인 장치를 사용하여 원격 작업 시스템에 접근하도록 허용하거나 직원이 이전에 사용하지 않았을 수 있는 새로운 소프트웨어를 배포하는 것이 포함된다. 최근 재택근무자의 컴퓨터를 통한 해킹이 급증하므로 재택근무 직원에 의해 급증하는 개인 데이터 침해를 적시에 식별할 수 있는 회사의 능력이 중요해지고 있다.

셋째, 회사가 코로나19에 대한 직원 노출과 관련된 정보를 처리하는 방법에 대한 질문에 직면하고 있다. 오늘날 직원의 안전을 보호하는 것과 개인정보를 침해하는 것 사이의 경계는 모호하다. 그러나 회사는 직원의 신원이나 특정 의료 정보를 공개해서는 안 되는 의무도 동시에 있다.

넷째, 연락처 추적은 개인 의료 정보의 사용 및 저장과 관련된 명백한 개인정보 보호 문제를 제기한다.

사법부의 불분명한 입장

1. 미국의 경우

미국 대법원 판례에서는 사람과 다른 성격을 가진 회사에 대하여 다양한 판례가 형성되고 발전하고 있다. 미국법상 기업의 목적과 기본권에 대한 부분을 이해해야 향후 ESG 경영과 관련된 위험과 대응 방안을 모색하는데 도움이 될 것이다. 특히 기업의 목적과 관련하여 학자들 사이에서 주주 중심주의와 이해관계자 중심주의로 나눠지고, 오랫동안 주주 중심주의가 독식하던 기업에서 이제는 이해관계자 중심주의로 옮겨지고 있다.

주주 중심주의와 이해관계자 중심주의

판례	내용
주주 중심주의	밀튼 프리드먼(Milton Friedman)과 프리드리히 하이예크(Friedrich Hayek)가 지지한 주주 중심주의(shareholder primary)는 이사와 경영자는 이사를 임명 및 해임하고 지배구조 개혁에 투표하여 기업의 지배구조를 결정할 권리가 있는 주주에게 있기 때문에 주주의 이익을 위해 회사를 운영해야 한다고 주장하였다.
이해관계자 중심주의	주주 중심주의와 달리 에드워드 프리먼(Edward Freeman)과 같은 학자들이 주장하는 이해관계자 중심주의(stakeholder primary, stakeholder theory)가 있다. 프리먼은 저서 《전략적 관리: 이해관계자 접근》에서 "비즈니스가 주주의 이익을 극대화하는 것이라는 생각은 구식이다. 21세기는 '이해관계자를 위한 관리' 중 하나다. 경영진의 임무는 트레이드오프에 의존하지 않고 이해관계자를 위해 가능한 한 많은 가치를 창출하는 것이다"라고 주장하였다.

그러나 아직까지는 미국 대법원 판례는 어느 편을 찬성하는지 혼동스럽다. 주주 중심주의와 이해관계자 중심주의에 대한 기업의 목적을 다룬 미국 대법원 판례 중 중요한 것을 살펴보면, 결론은 어떠한 일정한 기준을 가지고 판결하고 있다고 보기 어렵다.

미국 판례의 동향

판례	내용
Dodge v. Ford	1919년 미시간 대법원은 주주 중심주의를 인정하였다.
Unocal v. Mesa Petroleum	1985년 델라웨어 대법원은 이해관계자 중심주의 관점을 보여주고 있다.
Revlon, Inc. v. MacAndrews & Forbes Holdings, Inc.	1986년 델라웨어 대법원은 주주 이익 우선을 인정하였다.
Paramount v. Time	1989년 델라웨어 대법원은 직원과 같은 이해관계자의 이익을 우선할 수 있다고 판결하였다.
eBay Domestic Holdings Inc. v. Newmark	2010년 델라웨어 법원은 주주의 이익을 우선하여야 한다고 판결하였다.

미국 대법원 판례는 기업의 기본권에 대해서 세 가지 관점으로 다루고 있다. 첫째, 기업은 계약을 체결하고 물건을 사고팔고 소송을 제기할 수 있는 법인이다. 기업은 이러한 법적 분리를 통해 엄청난 부를 창출하고 책임으로부터 스스로를 보호할 수 있다. 둘째, 기업은 직원, 투자자, 경영자 등 사람으로 구성된 공유 기업이다. 셋째, 기업은 헌법상의 권리를 가진다. 세 번째 영역인 헌법상의 권리에서 논쟁이 많았

미국의 주요 판례 소개

판례	내용
Dartmouth College	마샬 대법원장은 본인의 의견에서 "기업은 법을 고려할 때 보이지는 않지만 무형으로 존재하는 인공적 존재다. 그것은 설립 정관이 명시적으로 부여하는 속성만을 소유하고 있다"라고 판결하였다.
Southern Pacific Railroad	1886년 대법원은 산타클라라 카운티 v. 남태평양 철도 사건에서 법인에게 헌법 수정 제14조에 따라 개인과 동일한 권리를 부여할 수 있다고 판결하였다.
Henkel	대법원은 회사 직원이 고용주를 대신하여 자기 고발에 대한 특권을 주장할 수 없다고 판결하였다.
American Press Company	대법원은 기업을 "사람"과 같은 동등한 권리를 가진다고 정의하면서 주 정부가 미디어에 관례적인 세금을 부과할 수 있지만 더 높은 세금은 수정헌법 제1조에 위배된다고 판시했다.
NAACP	다수의견을 대변한 윌리엄 브렌넌(William J. Brennan, Jr.) 판사는 NAACP가 시작한 소송은 "정치적 표현의 한 형태"이지 "사적인 차이를 해결하는 기술"이 아니라고 주장하면서 NAACP와 같은 기업은 제1차 수정안의 보호를 받는다고 밝혔다.
Citizen United	대법원은 시티즌스유나이티드(Citizens United)와 합의하고 기업이 정치 광고에 자금을 지원하는 것을 금지하는 연방 선거재정법이 위헌이라고 판결했다.
Hobby Lobby	법원은 회사가 개인으로 구성되어 있고 개인이 원하는 목적을 달성하기 위해 회사를 사용한다는 점에 동의하지 않는다고 판결하였다.
Masterpiece Cakeshop	2018년 미국 연방대법원은 동성 커플에게 시민권 보호를 제공하는 반면, 그러한 결혼에 대한 종교적 반대도 보호한다고 판결했다. 동성결혼에 대해 기업이 케이크를 만들거나 만들지 않는 형태의 의사표현은 미국 헌법에 의해 보호되는데, 이 사건은 언론의 자유와 종교의 자유에 대한 기업의 헌법상의 권리를 더욱 보호했다.

고, 일반적으로 회사는 개인이 가진 헌법상의 권리 중 일부를 가지고 있다.

2. 한국의 경우

상법상 주식회사 내에 주주총회, 이사회, 감사 또는 감사위원회 등을 두어 기관 간의 권한을 분배하고 있다. 그 중에서 특히 주주총회의 소집 권한을 이사회에 부여하고 있다제362조. 그럼에도 불구하고 대법원 판례는 주주총회의 소집 절차를 생략하더라도 주주 전원이 출석하여 만장일치로 이루어진 전원 출석 총회의 효력을 인정하고 있다.[29] 상법은 주주의 이익을 보호하기 위하여 주주총회의 소집 절차를 엄격하게 정하고 있기는 하지만[30] 주주 전원이 주주총회의 개최에 동의한다면 굳이 절차상의 흠결이 문제될 수 없다는 입장이다. 같은 맥락에서 설령 주주총회 소집 절차가 결여된 경우에도 1인 주주가 참석하여 총회 개최에 동의하고 이의 없이 결의하였다면 이는 전원 출석 총회로서 유효한 것으로 된다.

결국 이 판례는 기관 분화에 따라 이사회에게 부여한 주주총회 소집 결정권을 무시함으로써 사실상 주주 중심주의를 반영한 것으로 이해된다. 그러나 다른 대법원 판례에 따르면 1인 회사의 경우라 하더라도 1인 주주와 회사는 별개의 것이므로 1인 주주가 임무에 위배하여 회사에 손해를 가한 경우에는 배임죄 또는 횡령죄가 성립한다. 대법원은 그 근거에 관해서는 분명하게 판시하고 있지는 않지만 아마도 채권자의 이익을 해하기 때문으로 보는 듯하다.[31] 이 판례는 이해관계자의 이익까지 고려한 것으로 평가된다.[32] 이상과 같이 한국의 판례에서도 주주 중심주의에 입각한 판례와 이해관계자 중심주의에 입각한 것이 공존하고 있어 미국의 경우와 크게 다르지 않다.

회사 기관의 역할과 책임 분배

이사회

1. 이사회 구성

최근 투자자는 이사회가 ESG 경영과 관련하여 적절한 감시 기능을 가지고 있다는 것을 확신할 수 있는 충분한 설명을 요구한다. ESG에 대한 요인이 회사 전략에 중요하게 설정되었다면, 투자자는 이사회가 그것을 해결하기 위한 필요한 기술 또는 전문성을 갖추어야 한다. 만약 이사회가 ESG 주제에 관한 통찰력을 제공할 필요한 지식을 가지고 있지 않다면, 이사의 교육 또는 능력을 가진 이사의 채용에 가장 우선순위를 두어야 한다.

　ESG 리스크를 책임지고 감독하기 위해 이사회는 전문성, 유능성 및 지속적인 학습 등의 요소를 갖추어야 한다.[33] 한 명 이상의 이사가 ESG 전문 지식을 보유하여야 하고, 특히 중요한 환경 및 사회문제와 관련된 자격증을 보유하고 있으면 좋다. 이사회는 ESG 문제를 유능하게 다루어야 하며, 이를 통하여 ESG 문제를 비즈니스의 전략적 의사결정에 연결할 수 있어야 한다. 이사회가 ESG 유능성을 갖기 위해 ESG 문제에 대해 정확한 대화를 나누고 이러한 문제를 비즈니스와 연결할 수 있어야 한다. 이사회는 전략, 리스크 관리 및 경영진 성과 보상 시스템 등의 이슈에 대해 경영진과 협력하여 행동해야 한다. 모든 이사는 ESG 문제 및 비즈니스와의 관계에 대해 지속적으로 배워야 한다. ESG를 비즈니스 사례 및 전략적 의사결정에 고려하기 위해 이사회는 경영진과 상호 올바른 질문을 하여야 하고 ESG에 대한 기본적인 이해를 가지고 있어야 한다. 이사 개개인의 전문성, 경험 및 유능함도 중요하지만, 이사회가 해당 전문 지식을 활용하여 비즈니스에 도움이 되도록 하여야 한다. 회사는 이사들에게 ESG 관련 지식을 지속적으로 교육하여 유능성을 견지하도록 하여야 한다.

확립된 우선순위를 갖춘 ESG 경영에 대한 명확한 비전은 조직을 위한 리더십 나침판과 경로를 제공한다. 이사회는 ESG 목표를 지원하는 임직원들의 개선적인 태도와 행동을 지원하기 위해 최고경영자로부터 올바른 신호를 보내도록 해야 한다.

이사회는 경영진이 임직원들에게 ESG 목표와 리스크에 대해 경영진이 명확하게 이해를 시키도록 도와야 한다. ESG의 적극적이고 능동적인 활동은 조직 구조, 정책, 프로세스와 교육 및 인식 프로그램을 통해서 강화된다. 경영진과 직원 간, 이사회와 경영진 간의 사전 예방적인 점검을 통해서 개선과 바람직한 문화가 뿌리를 내리도록 하여야 한다. 이사회는 기업의 ESG 경영 접근 방식과 경영진단의견서MD&A, 연간 보고서 등의 기업 보고 내용의 우선순위에 대한 높은 수준의 토론 기회를 가져야 한다.

2. 이사회 운영

이사회는 기업이 단기적 결정과 장기적인 전략 간의 균형을 유지하는 중추적인 역할을 한다. 따라서 각 결정과 관련된 위험을 인식하면서 모든 이해관계자의 요구 사항을 평가해야 한다. 코로나19로 인하여 ESG 원칙의 역할이 비즈니스 위험 및 전략의 중심으로 보다 강조되고 있으며, ESG 경영이 투자자 및 일반 대중과의 신뢰를 구축하는 데 가장 중요한 요소가 되고 있다. 이사회는 조직이 위기에서 더 빠르고 효과적으로 빠져나올 수 있도록 명확하고 이해관계자를 고려한 경영 판단을 내릴 수 있도록 경영진에게 조언하여야 한다.[34]

이사회는 ESG 경영에 대한 감독을 할 수 있는 가장 효과적인 위원회 구조를 고려하고, 이사회 내 ESG 전담 위원회를 설치할 수 있다. ESG 경영을 감독하는 이사회 내 전담 위원회에 대한 업무 분장 내용은 명확하게 책임과 의무를 규정하여야 한다. ESG 리스크는 항상 진화하므로 이사회는 ESG 트렌드를 주기적으로 검토하여야 하고, 이사회의 ESG 감독 구조는 회사의 내규에 자세히 규정되어야 하고, 주주에게 공개해야 한다.

이사회는 회의에서 ESG 관련 내용이 정기적으로 토론되고 안건이 되도록 하고, ESG 관련 적절한 정보를 적시에 이사회에 제공되는 프로세스를 마련하여야 한다. 이사회는 효과적인 ESG 감독자로서 주요 이해관계자에게 적절하게 정보를 알려주고 공개하는 것이 필요하며, 이사회의 현장 방문은 회사의 환경과 사회적인 주요 사항에 대한 실습적인 측면과 경영에 대한 통찰력을 제공해 줄 수 있다. 이사회 오리엔테이션 및 교육은 복잡하고 새로운 ESG 문제에 대한 인식과 이해를 구축하는 것을 포함해야 하고 교육 주제도 외부에 공개하며, 다양한 의견 수렴을 위해 독립적인 고문 또는 외부 전문가를 활용하는 것을 고려하여야 한다.

3. 대·내외 소통 및 공시

2021년 금융위원회·금융감독원·한국거래소는 합동으로 기업공시제도 종합개선안을 발표하여 2025년부터 일정 규모 이상 기업, 2030년부터 모든 코스피 상장회사를 대상으로 지속가능경영보고서의 발간을 의무화하였다.

회사는 목적과 목표를 투자자와 이해관계자에게 적극적으로 알리는 양방향 소통 활동을 하여야 한다. 기업은 ESG와 관련된 재무적인 보고서에 투자자의 관점과 요구 사항을 고려하여야 한다. 보고서는 세부적인 사항, ESG와 관련된 정보와 지표의 내용과 거버넌스, 전략 및 리스크 관리와 관련된 주요 가정 사항을 포함하여야 한다. 주주에 대한 공시에는 ESG 관련 회사 지침과 정보의 내용을 포함하여야 하며, ESG 지표는 명확하고 측정 가능하며 미래지향적이고 비교할 수 있어야 한다. 회사가 선택한 보고서 프레임워크와 근거는 회사의 기업 보고서 경영진단의견서MD&A, 연차보고서 등에서 설명하여야 한다.

이사회는 경영진이 먼저 중요한 ESG 주제에 대한 현황 분석을 완료하도록 권한을 부여하고, 추후 해당 주제에 대한 성과를 이사회에 보고하도록 하는 것이 좋다.

투자자들은 공개된 정보를 사용하여 회사를 분석하고 투자 결정을 내리므로, 투명한 ESG 정보공개는 투자자에게 장기 수익을 위해 자본을 효율적으로 할당할 수 있는 좋은 정보를 제공하는 도구가 된다. 이사회의 구성원은 정보공개에 대한 내부통제와 관련된 경영진의 정책 및 절차와 정보 공개내용을 제대로 이해해야 한다. 회사가 공개할 정성적·정량적 정보공개 내용을 결정하면 이사회는 정보가 체계적으로 준비되고 신뢰할 수 있는지 여부를 확인하여야 한다. 이사회 보고의 일관성과 정확성을 보장하기 위해 올바른 통제가 마련되어 있는지를 감독하는 것이 중요할 뿐만 아니라 공개된 ESG 정보에 대해 회사가 제3자 평가기관으로부터 어떤 유형의 보증을 받았는지도 검토하여야 한다.

이사회 산하 위원회

1. 감사위원회

감사위원회는 경영진이 합리적 판단을 할 수 있도록 경영진의 업무처리에 대한 적법성 감독과 적정성 감독을 수행하며 회사의 전반적인 내부통제시스템의 적정성과 경영 성과를 평가·개선하는 업무를 수행한다. 감사위원회는 재무감사, 준법감사, 업무감사, 경영감사 및 IT감사 등을 수행한다. 구체적으로 감사위원회의 업무는 내부감사 계획의 수립·집행·결과평가·사후조치·개선방안 제시, 회사의 전반적인 내부통제시스템에 대한 평가 및 개선 방안, 내부감사 부서장의 임면에 대한 동의, 외부감사인 선정, 외부감사인 감사 활동에 대한 평가, 감사 결과 지적 사항에 대한 조치 확인 등을 포함한다. 감사위원회의 본연의 업무가 많지만, 경영진의 ESG 경영과 관련하여 정보공개, 프로세스 및 내부통제와 제3자 평가기관 보증 등에 대해서 이사회의 전담 ESG 위원회와 중첩되게 감독하여야 한다.[35]

2. 리스크 관리위원회

■ **ESG 리스크 식별의 어려움** 실무적으로 ESG 리스크를 식별, 평가 및 완화하기는 쉽지 않다. 리스크 식별 시스템은 식별하도록 설계되지 않은 것을 인식하지 못하며 ESG 위험을 무시하는 기업 문화는 리스크 식별 시스템을 업그레이드하는 데 필요한 임직원의 인식 제고에 도움이 되지 않는다. 주주의 투자 수익률에 영향을 미치는 기존의 재무 위험만을 찾도록 제한된 리스크 식별 시스템은 광범위한 환경 및 사회적 위험과 관련된 ESG 위험을 탐지하는 데 적절하지 않다.

ESG 리스크는 본질적으로 동적이고 상호 연관되어 있으므로 복합적이고 다양한 영향을 초래할 수 있다. ESG 리스크는 단기적, 하향식 및 규정 준수 중심적인 성향이 없고 다양한 이해관계자들의 이익 속에서 나타난다. 내·외부 이해관계자 속에서 새로운 ESG 리스크를 감지하는 고성능의 리스크 식별 시스템이 필요하다. 리스크를 식별하는 데 사용된 시스템이 운영·제품·서비스 및 시장 관련 리스크 상황을 식별하는 경우 리스크의 가능성과 심각도를 평가할 수 있도록 하여야 한다. 평판 위험에 어긋나게 수익을 창출하는 것은 규제 요구 사항을 준수하지 않는 비용으로 수익을 창출하는 것보다 더 추상적인 리스크이므로 평가하기가 쉽지 않다. ESG 리스크 완화 작업은 해당 분야 전문가, 경영진 및 이사회 위원회로 구성된 ESG 전담 조직이 해결할 수 있는 어려운 작업이다.[36]

■ **통합 리스크 관리 시스템 필요** 대부분 기업이 이미 자체 리스크 관리 프로세스를 갖추고 있을 수 있는데, 이것을 ESG 기능과 통합할 수 있다. COSO는 2018년에 지속가능한 개발을 위한 세계 비즈니스 협의회와 파트너 관계를 맺고 환경, 사회 및 지배구조 리스크에 기업 리스크 관리를 적용하는 방법을 위한 프레임워크를 개발하였다.[37] ESG 이슈가 통합된 전사 리스크 관리ERM, Enterprise Risk Management 프레임워크는 모든 주요 조직의 리스크 요소를 동등하게 식별하고, 우선순위를 정하며, 리스크를 완화하는 방법을 모색하고 주기적으로 모니터링 할 수 있다. 이사회와 경영진은 기본적인 ESG 이슈를 포함한 ERM 프레임워크 범위 내에서 ESG 리스크를 평가하여야 하며, 가정사항을 감안할 때 장기적 특성을 고려하여야 한다.[38]

이사회는 CEO와 협력하여 고위 임원에게 ESG 리스크에 대한 명확한 책임을 부여해야 한다. 적절한 행동을 할 수 있도록 권한을 부여하고 ESG 우선순위와 장기 전략 및 리스크 경영 활동의 통합을 주도할 수 있는 권한을 함께 부여해야 한다. 이사회는 ESG 리스크에 대한 경영진의 의사를 임직원에게 전달하는 건전한 내부 정책 및 행동강령을 가질 수 있도록 하여야 한다. 회사는 이러한 정책을 계약자, 공급업체 및 기타 외부 당사자에게 확대하는 방안도 고려해야 한다. 이사회는 주요한 ESG 리스크가 적절하게 평가되고 기타 리스크도 적절하게 고려되고 있는지를 평가하여야 한다. ESG를 전략과 리스크 관리 관행에 통합하였는지를 이사회가 충분히 검토할 시간을 가져야 한다. 이사회는 투자자에게 ESG 리스크를 점검하는 방법경영진의 ERM 가정, 중요성 평가와 리스크 우선순위를 검토하는데 사용하는 프로세스 포함을 공시해야 한다.

■ **리스크 전략 수립 방법** ESG 프로세스의 부정적인 영향과 긍정적인 영향을 식별하여 리스크 세부 전략 및 거버넌스 및 관리 시스템을 구축하기 위해서는 4단계의 작업을 수행하여야 한다. 첫째, 운영, 제품, 서비스 및 시장과 관련된 환경, 사회 및 거버넌스 리스크의 전체 영역은 물론 회사가 사회에 긍정적인 기여를 할 수 있는 영역을 식별하여야 한다. ESG 리스크는 규정 준수만을 중심으로 하는 것이 아니라 현재 또는 새로운 위험을 예상하는 것을 의미한다. 둘째, ESG 의사결정을 위하여 전략적 비즈니스 우선순위와 경영 환경 및 시장 문제에 대한 직접적인 지식을 가진 주요 내부 의사결정권자 및 사회와 환경문제에 대해 알고 있는 외부 이해관계자를 참여시켜 논의하여야 한다. 이를 통해서 환경, 사회 및 지배구조 문제가 비즈니스 가치와 이해관계자에게 미치는 영향을 나타내는 중요성 매트릭스에 그 결과를 표시하여 평가 결과를 모든 임직원이 공유하여야 한다. 셋째, 중요성 매트릭스를 사용하여 기존 리스크 현황과의 격차를 확인하여야 한다. 이 격차 평가를 통하여 리스크의 가능성과 영향을 결정하고 리스크 완화 전략을 개발하여야 한다. 넷째, 상기의 절차를 통하여 도출한 결과물을 바탕으로 ESG 전담 부서가 사업부들과 협력하여 ESG 계획 및 전략을 수립하여야 한다. 이 전략에는 특정 핵심 성과 지표 또는 KPI 및 목표가 포함되어야 한다. 연간 사업계획 및 연례 보고서 등을 통해서 내부적으로는 물론 외부적으로 이런 계획에 대한 진행 상황을 공유하여야 한다 ESG 계획을 통해 조직 전체에 필요한 자본과 자원을 배치할 세부 전략 및 지배구조 및 관리 시스템을 만들어야 한다.

3. 보수위원회

■ **ESG 목표와 보상시스템 연계** 명확하고 잘 정의된 목표, 진행 상황에 대한 투명하고 주기적인 정보공개, 보상에 대한 E 및 S 목표의 적절한 가중치, ESG 유능한 보수위원회 등이 마련된다면 ESG와 관련된 실질적인 변화를 기대할 수 있다. 이사회는 보수위원회를 통해서 조직 전체의 승진 및 보수를 결정하는 데 사용할 프로세스를 구축해야 한다. 단기 재무제표를 기반으로 한 단순한 이익이 아니라 기업의 목적 달성 부분에 대해 보상을 받도록 해야 한다. 더 넓은 범위의 재무 및 비재무 지표를 사용하여 보다 장기적인 성과를 평가해야 하며 이사회의 고위 경영진에 대한 보상 구조는 매우 중요하다. 회사의 ESG 활동과 제품 및 서비스의 외부 영향 측면에서 성과를 평가해야 하며 중요성이 판단의 중심이 되어야 한다. 이사회와 경영진은 ESG 문제가 회사의 재무 성과와 연계되고 있는지를 확인하고 조정하여야 하며 경영진 보상에 반드시 반영되도록 하여야 한다.[39]

기업을 대신하여 지속가능성을 추구하는 실제 업무에 참여하는 사람은 재정적 보상의 영향을 크게 받는다. 경영진 보상을 ESG 목표에 연동하는 것은 경영진의 행동을 진정으로 장려하는 방식이므로 ESG 위험을 효과적으로 관리하는 방법이다. 모호하고 잘못 정의된 측정 항목, 회사에 중요하지 않은 목표인 임의 목표, 성과에 대한 제3자 검증 부족, 불투명한 보상 공식, ESG 목표에 부여된 최소 가중치 등은 참여 임직원의 변화를 도출하지 못한다. ESG에 대한 경영진 보상의 연결하는 것에 대한 홍보 방법으로 인한 주식 가치 증가는 실제로 경영진이 ESG 목표를 달성함으로써 얻을 수 있는 금액보다 더 큰 경우가 많다. 보수위원회가 ESG에 능통하지 않고 ESG에 능숙한 구성원이 없다면 ESG 경영 성과를 기대하기 어렵다.[40]

■ **성과 평가시스템 공개** 이사회는 적절한 지표를 사용하여 전략적인 계획에 대한 성과를 모니터링할 책임이 있다. 전략적인 계획의 한 부분으로서 ESG 우선순위는 성과 평가와 경영진 보상 구조에 반영되어야 한다. 이사회는 KPI 등 지표를 통하여 강화될 ESG 관련 행동과 목표를 경영진과 협력하여 처리하여야 한다. 지표는 새롭게 방향을 설정할 필요가 있는 기존의 모든 행동을 포함하여 판단하여야 한다. 이사회는 바람직한 문화를 강화하는 질적 목표를 보상위원회의 재량적인 판단 사항에 반영하여야 한다. 재량적인 판단과 질적 요소 평가를 적용하는 경우 기준은 명확하게 정의되고 합리적이고 투명하여야 한다. 이사회 보수위원회와 ESG 전담 위원회 간에는 충분하게 반복적인 소통 기회가 있어야 한다. 보상 목표와 ESG 성과 평가가 적절하게 조정되고 정보에 입각하여 판단하여야 한다.

ESG 우선순위와 보상과의 연계성은 급여 관련 공시사항에 통합하여야 한다. 회사는 투자자가 ESG 지표와 성과 목표가 중장기 전략과 주주 가치와 어떻게 연계되어 있는지를 이해할 수 있도록 충분한 정보를 제공하여야 한다. 회사는 투자자에게 재량 사항과 정량적인 수단과 관련하여 이사회가 ESG 목표에 대해 성과를 어떻게 평가하고 보상하는지를 이해할 수 있도록 충분한 정보를 제공하여야 한다. 만약 중요한 ESG 요소가 성과 지표에 반영이 되지 않는 경우 이사회는 그 이유를 공개하여야 한다.

4. 임원후보추천위원회

임원후보추천위원회는 임직원 커뮤니케이션, 이사회의 전문성 및 교육과 관련되는 사항을 항상 점검하고 보완해야 한다. 임원 선임 시 ESG 경영을 제대로 실천하고 소통할 수 있는 능력을 보유한 사람이 선택될 수 있는 절차와 프로세스를 강구해야 하며 이사회 및 임원들에 대한 주기적인 ESG 교육을 실시할 수 있도록 해야 한다. 신임 이사를 채용할 때 경력, 경험과 전문성에 대한 평가 시에 ESG 능력에 대한 평가가 포함되어야 한다. ESG 능력은 회사의 산업, 재정적 책임, 리스크와 연관되어 있으며, 새롭고 진화하는 ESG 주제에 대한 공개적이고 건설적인 대화를 가능하게 하는 자질을 의미한다.[41] 이사의 약력 사항에 ESG 경험과 능력에 관련된 구체적인 정보가 기재되면 좋다.

ESG 전담 위원회

1. 전략 수립 및 실행

이사회는 ESG 이슈에 대해 유능하게 심의할 수 있고 해당 이사들이 ESG와 관련된 역량을 가지고 있다고 생각하는 경우 전담 형태의 ESG 위원회에게 ESG를 담당하게 할 수 있다. ESG를 위원회에 배정한다는 것은 대내·외적으로 ESG가 회사에 중요하다는 것을 공개적으로 알리는 방법이 된다. ESG를 전담 위원회에 배정하면 보다 많은 심의 시간을 가질 수 있다. ESG 전담 위원회는 회사 ESG 경영 전략 수립과 경영진 지원 업무를 수행하며 구체적인 역할 내용은 다음과 같다.

- 회사 특성을 반영한 ESG 경영 체계를 구축하기 위해 ESG 관련 대내·외 상황을 분석·진단
- 중장기 ESG 경영 전략 및 ESG 리스크 관리 방안 수립
- 회사에 맞는 ESG 경영 진단 Tool 개발 등 ESG 경영을 내재화할 수 있는 경영관리 방안 마련
- 글로벌 기업과의 공급망 협력 관계가 생존 및 성장에 직결되는데, 이에 대한 점검 및 대처 방안 마련
- 글로벌 ESG 정책 동향 연구 및 국내 기업 ESG 경영 현황 분석을 기반으로 기업의 ESG 경영 시대에 적응할 수 있는 방안 탐색
- 글로벌 트렌드에 맞춰 기업의 ESG 리스크를 관리하고 ESG 경영체계 구축을 위해 세부 추진 전략 수립 및 우수 평가 등급 획득

2. ESG 전담 부서

이사회 또는 전담 ESG 위원회 및 경영진을 지원하기 위한 ESG 전담 부서의 역할은 다음과 같다.

- ESG 경영 동향 및 대응 전략 등에 대한 정확한 정보 전달을 위한 자체 점검
- ESG 경영 전략 및 가이드라인 수립 및 실행
- ESG 경영 환경 (외부) 분석 및 벤치마킹
- 중장기 ESG 경영 전략 로드맵 수립
- ESG 경영관리 체계 개발
- 기업 ESG 수준 진단 및 평가·인증

- 임직원 대상 ESG 교육 실시를 통한 인식 제고
- 내·외부 공급망 실사 및 개선 작업
- 이사회 전담 ESG 위원회 및 경영진에게 보고 및 지원 활동

ESG 프로젝트	
ESG Due Diligence	기업의 리스크 요소 및 역량 진단
ESG 전략 개발	기업의 ESG 개선 전략 개발
ESG Reporting	ESG 개선 내용을 포함한 보고서 작성을 위한 가이드라인 제공(ESG Impact Branding 방안 등 포함)
ESG 교육	임직원 대상 글로벌 ESG 환경 변화 및 중요성에 대한 교육 실시
ESG 점검	ESG 실행 현황 점검

12
ESG 경영 실무

ESG로의 패러다임 변화로 인하여 기업에게 ESG 문제에 대한 전략 방침이 필요하다. 기업은 장기적이고 지속가능한 성장을 위한 가치 추구를 위해서 ESG 경영에 필요한 지배구조 및 거버넌스를 준비하고 갖추어야 한다.[42] 조직에 대한 중요한 가치 또는 리스크에 대한 ESG 요소는 이사회의 점검과 함께 장기 전략 목표와 신중하게 통합되어야 한다. 또한 이사회는 승인된 비전과 전략적 계획이 일관성을 유지하고 있는 것을 항상 확인하고 점검해야 한다.[43] 이사회는 ESG 우선순위를 전략적 계획의 진화하는 구성 요소로써 검토하는데 충분한 시간을 가지도록 노력해야 한다. 기업 전략이 동인, 경험과 지식의 변화를 포착하는지를 이사회와 경영진이 공동으로 평가할 수 있도록 정기적인 집중 세션을 가져야 한다. 이사회는 장기적인 비전, 전략과 목표가

ESG 고려 사항의 요인으로 포함되는 방법과 프로세스에 대해 투명하게 투자자에게 공개해야 한다.

ESG 전략은 능동적으로 주주의 참여를 유도하고, 기업의 전략 수립에 ESG 요소를 수용하고 ESG를 전사 리스크 전략에 통합하며, ESG에 적합한 이사회를 구축하고, 회사 내부 ESG 지배구조를 강화하며, 선도 기업을 벤치마킹하여 임직원들이 ESG 사례를 공유하는 방향성을 포함해야 한다. 이하에서 ESG 경영 전략의 전반을 살펴본다.

ESG 경영 전략

기업의 목적

기업의 목적은 조직이 존재하는 이유를 나타낸다. 비즈니스의 목적은 사람과 지구의 문제를 해결하는 것이며, 문제를 일으키지 않고 이익을 얻는 것이다. 목적은 조직이 다양한 활동을 수행하는 이유를 설명한다. 이 목적이 논의되고 공식적으로 합의되면, 이사회는 이를 공개할 뿐만 아니라 내부 지배구조 및 외부 보고 체계가 명시된 목적에 어긋나게 창출된 활동과 결과를 평가해야 한다. 특히 이사회는 팬데믹과 환경 및 사회 정의 운동이 기업의 전략 및 리스크 관리에 어떠한 영향을 미치고 있는지를 평가해야 하며, 향후 잠재적인 위기에 대한 대응력과 회복력을 높이기 위해 기업의 목적 및 ESG 전략을 충실히 이해할 필요가 있다.

기업의 목적은 장기적으로 성공을 보장하고 가치를 성장시키기 위해 합법적이고 윤리적이며 수익성 있고 지속가능한 사업을 수행하는 것이다. 이를 위해서는 기업의 성공에 중요한 모든 이해관계자(주주, 직원, 고객, 공급업체 및 지역사회)를 고려해야 하며, 이는 기업과 이사회가 경영 판단의 원칙에 따라 결정하고 회사의 목적 추구를 지원하는 필수 파트너인 주주와 정기적으로 소통해야 한다. 이러한 방식으로 목적을 달성하는 것은 이사회의 신인의무 및 주주의 스튜어드십 의무와 일치힌다.

출처 : Martin Lipton, Steven A. Rosenblum & William Savitt, On the Purpose and Objective of the Corporation, Harvard Law School Forum on Corporate Governance (Aug. 5, 2020)

글로벌 기업의 목적을 살펴보면 내·외부 이해관계자를 염두에 두고 회사의 목적을 설정하고 있는 것을 확인할 수 있다.

밀리콤인터내셔널셀룰라Millicom International Cellular SA의 경우 회사의 목적은 사람들을 연결하고 삶을 개선하며 커뮤니티를 발전시키는 디지털 고속도로를 건설하는 것이다. 사우스웨스트에어라인Southwest Airlines의 경우 친절하고 신뢰할 수 있으며 저렴한 항공 여행을 통해 사람들의 삶에서 중요한 것을 연결한다는 목적을 가지고 있다. CVS 파머시CVS Pharmacy, Inc.는 더 나은 건강을 위해 사람들을 돕는 것을 목적으로 하고 있다. 리크리에이셔널이큅먼트Recreational Equipment, Inc.의 경우 야외 모험을 추구하는 고객에게 전 생애에 걸쳐 영감을 주고 이를 교육하여 제대로 된 복장을 입도록 돕는 것을 목적으로 삼고 있다.

글로벌 기업의 목적

회사명		목적
Millicom International Cellular SA		사람들을 연결하고 삶을 개선하며 커뮤니티를 발전시키는 디지털 고속도로를 건설한다.
Southwest Airlines		친절하고 신뢰할 수 있으며 저렴한 항공 여행을 통해 사람들의 삶에서 중요한 것을 연결한다.
CVS Pharmacy,Inc.		더 나은 건강을 위해 사람들을 돕는다.
Recreational Equipment, Inc.		야외 모험을 추구하는 고객에게 전 생애에 걸쳐 영감을 주고 이를 교육하여 제대로 된 복장을 입도록 돕는다.

출처 : Enacting Purpose Initiative, Enacting Purpose Within The Modern Corporation: A Framework for Boards of Directors 13 (2020)

기초 사항

이사회는 회사의 목적 달성을 위해 ESG 문제에 대한 관심을 높이고 장기적인 성장을 위해 회사를 관리해야 하는 책임을 진다. 기업의 중심과 핵심에 환경과 사회에 대한 긍정적인 영향을 높이기 위한 명확하고 설득력 있는 목적이 자리 잡고 있어야 한다. 회사의 목적을 정의하는 궁극적이고 최종적인 책임은 이사회에 있다.

이사회는 회사의 목적을 명확히 하고 이러한 원칙이 전략 및 위험과 어떻게 통합되는지를 감독하는 역할을 한다. ESG가 이사회 안건의 최우선 순위가 됨에 따라 이사회는 ESG를 감독하기 위한 지배구조를 투자자에게 공개하는 것이 무엇보다 중요하다. 이사회는 기업목적과 ESG 경영을 통해 기업 목적이 실행되는 방식에 대해 감독을 해야 한다.[44] 이사회는 목적을 실행하고 달성하기 위한 적절한 조직구조, 통제시스템 및 내부 프로세스를 마련해야 하며 회사의 목적이조직 전체에 효과적으로 확산되도록 내부 소통 전략을 만들고 이를감독하여야 한다.[45]

회사는 내부 소통 및 활동을 통해 기업의 목적이 현장의 실무에 적극 반영되도록 하여야 한다. 감독 역할을 수행하는 이사회는 경영진과 협력하여 회사의 목적, 리스크 등이 어떻게 실무 현장과 연결되는지 주기적으로 점검하여야 한다. 회사의 목적과 경영진의 성과를 측정하는 지표를 만들 때 이사회는 항상 ESG 관련 리스크 요소가 반영되도록 하여야 한다. 또한 회사는 회사의 목적과 이해관계자를 항상연결하고 변화하는 내용을 수정 보완하여야 한다.[46]

목적, 가치, 사명, 비전의 관계

정의 : 목적purpose은 조직이 존재하는 이유에 대해 내·외부 이해관계자의 마음을 가장 먼저 고정시킨다. 가치values는 임직원들이 명시된 목적을 전달하기 위해 어떻게 행동해야 하는지를 설명한다. 사명mission은 목적과 가치를 함께 끌어내어 조직이 하고자 하는 것을 명

확하게 명시한다. 비전vision은 조직이 영향력을 행사하려는 위치를 설정한다. 네 가지 개념 모두가 조직 내에서 중심적인 역할을 해야 하고, 이사회는 각각에 대해 명확하게 작성하고 명시적으로 공표할 책임이 있다.[47]

목적, 가치, 사명, 비전의 차이점

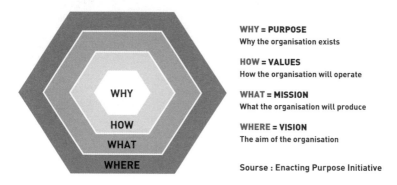

WHY = **PURPOSE**
Why the organisation exists

HOW = **VALUES**
How the organisation will operate

WHAT = **MISSION**
What the organisation will produce

WHERE = **VISION**
The aim of the organisation

Sourse : Enacting Purpose Initiative

출처 : Enacting Purpose Initiative, Enacting Purpose Within The Modern Corporation: A Framework for Boards of Directors 12–14 (2020).

가치 : 가치는 조직의 행동 방식을 설명한다. 조직의 내부 또는 외부 운영 환경 속에서 구체적인 기대 사항과 상호작용 원칙을 자세히 설명하는 간결하고 핵심적인 중요한 포인트다. 가치는 무엇보다도 행동을 요구하며, 특정한 일상적인 행동과 조직의 모든 구성원이 내리는 결정을 알리고 안내해야 한다. 가치는 의도가 명확하게 이해되고 이사회는 조직의 문화가 이러한 가치를 포용하고 모든 구성원이 실천할수 있도록 해야 한다. 이사회는 주요 공급업체가 조직의 명시된 가치에 따라 행동하도록 보장하는 권한을 직원들에게 부여해야 한다.

사명 : 사명은 조직이 하는 일을 설명하며, 조직의 매일의 활동을 담아내면서 조직이 속한 비즈니스를 정의한다. 조직의 전략에 부합하며 사명을 수행하기 위해 전개된 가치에 의해 뒷받침된다. 사명은 조직이 명시된 목적을 추구하는 것을 구체적이고 실용적으로 설정한다. 사명 선언문은 이사회가 조직의 모든 주요한 이해관계자들에게 구체적으로 전달하고자 하는 내용을 설정하는 기회를 제공한다.

비전 : 비전은 조직이 영향을 미치려는 위치를 설명하고, 조직이 명시된 목적을 성공적으로 전달하고자 하는 결과를 제시한다. 비전은 성공의 모습을 포착하며, 특성상 비전 선언문은 야심차고 규모가 크며 일반적으로 장기적인 내용을 담고 있다. 넓은 의미에서 목적과 가치는 영원한 내용을 포함하며, 사명은 실용적이고 현재 상황과 관련이 있고, 비전은 야심차며 미래 지향적이다.

목적, 사명, 비전, 가치

1. MOTIVES	2. METRICS	3. MONEY
PURPOSE Why the company exists	**INPUTS** What the company uses	**ENTERPRISE COST-BASED APPROACH**
MISSION What is its strategy	**OUTPUTS** What it produces	**SOCIETAL VALUATION-BASED APPROACH**
VISION Where it aspires to be	**OUTCOMES** What changes	
VALUES How it operates	**IMPACTS** Effects on well-being	

출처 : Clara Barby et al., Measuring Purpose – An Integrated Framework 3 (2021)

ESG 전략 실행계획 수립

단계별 ESG 전략 수립 방식

기업 상황에 맞는 현실적인 실행 과제 도출을 위해 단계별로 전략을 수립하는 것이 좋다. 먼저, ESG 경영 수준 진단 단계에서는 ESG 동향 및 타 기관 사례 등을 조사하고 주요 평가 기준을 분석하며, ESG 외부의 경영 환경 및 기업 내부의 환경과 현황을 비교·분석한다. 다음으로, ESG 경영 전략을 수립하는 단계에서는 중장기 ESG 경영 전략 로드맵을 수립하고 전략 과제를 발굴하며, ESG 리스크 관리 방안 및 개선 방안을 마련한다. 마지막으로, ESG 경영관리 체계를 수립하는 단계에서는 ESG 경영 진단 툴을 개발하고, 내부 성과평가 연계 방안 등 경영관리 방안을 마련한다. 이러한 단계를 아래와 같이 정리할 수 있다.

단계별 ESG 전략 수립 방식

구분	내용
ESG 경영수준 진단	1. ESG 동향·타 기관 사례 조사 및 주요 평가 기준 분석
	2. ESG 외부 경영 환경 및 기업 내부 환경·현황 분석
ESG 경영전략 수립	1. 중장기 ESG 경영 전략 로드맵 수립 및 전략 과제 발굴
	2. ESG 리스크 관리 방안 및 개선 방안 마련
ESG 경영관리 체계 수립	1. ESG 경영 진단 Tool 개발
	2. 내부 성과 평가 연계 방안 등 경영관리 방안 마련

일정표

단계별 ESG 전략 수립을 아래와 같은 일정표를 작성하여 수행하면서 진행 상황을 체크할 수 있다. 일정표는 이미 수립된 경영 전략의 구분에 따라 해당 전략의 세부적 추진 상황을 점검하고 확인하기 위한 점검표라 할 수 있는데, ESG의 핵심은 결국 지속가능성에 있기 때문에 ESG와 회사의 핵심 전략을 효과적으로 연계하는 것이 중요하다. 특히 글로벌 스탠다드를 활용하는 것은 공신력 제고 차원에서도 바람직할 수 있다.

일정표

항목	내용	일정				
		1	2	3	4	5
ESG 경영 수준 진단	ESG 동향 · 타 기관 사례 조사 및 주요 평가 기준 분석					
ESG 경영 전략 수립	ESG 외부 경영 환경 및 내부 환경 · 현황 분석					
	중장기 ESG 경영 전략 로드맵 수립 및 전략 과제 발굴					
	ESG 리스크 관리 방안 및 개선 방안 마련					
ESG 경영관리 체계 수립	자체 ESG 경영 진단 툴 개발					
	내부 성과 평가 연계 방안 등 경영관리 방안 마련					

단계별 ESG 전략 수립

ESG 경영 수준 진단

ESG 경영 수준을 진단하는 단계는 보통 3단계로 구분해서 볼 수 있는데, 첫째는 ESG 경영의 외부 환경을 분석하고 벤치마킹을 실시하는 것이다. 둘째는 ESG의 최근 동향을 비롯하여 타 기관의 사례를 조사하고, 주요 평가 기준에 대해 분석한다. 셋째는 ESG 외부 경영 환경에 대하여 해당 기업의 내부 환경 및 현황을 분석하는 업무를 수행한다.

1. ESG 경영을 둘러싼 외부 환경 분석 및 벤치마킹

먼저, ESG 관련 글로벌 및 정부의 정책, 관련 법률, 제도 도입 현황 및 도입 계획을 분석한다. 둘째, 국가·글로벌 세계기구의 ESG 관련 정책, 협약, 선언 등 글로벌 동향을 분석한다. 셋째, ESG 경영의 도입 시기, 주요 추진 전략, 예산 배분, 관련 제도 등 운영 현황을 분석하고, 타 기업 및 공공 기관 ESG 도입 현황 및 고도화 사례를 분석한다.

2. ESG 동향, 타 기관 사례 조사 및 주요 평가 기준 분석

첫째, ESG 관련 국내외 동향을 조사한다. 국내외 ESG 및 유사 개념, 주요 이슈 등을 파악하는데, CSR, 사회적 가치, 지속가능경영 등 유사 개념과의 연계성 및 트렌드 변화 등을 비교 분석한다. 둘째, 타 기관 사례를 조사한다. 민간 및 공공기관의 ESG 경영 적용 현황을 조사한다. 셋째, ESG 국내외 주요 지표 및 평가 기준을 조사하고 분석한다. ESG 관련 국제표준지표ISO, GRI 등를 분석하고 국내적으로 ESG 공시 항목 등을 분석한다.

3. ESG 외부 경영 환경에 대비한 해당 기업의 내부 환경·현황 분석

첫째, ESG 외부의 경영 환경을 분석한다. 국내외 ESG 정책·언론 동향 등 현황을 파악하고, 민간 부문, 공공기관 부문의 정책 현황 및 ESG 채권시장 현황 등을 조사하며 기업의 주요 이해관계자 및 관심 사항을 파악한다.

둘째, 기업 내부의 환경과 현황을 분석한다. ESG 경영을 추진함에 있어서 관련된 한계 요인 등을 검토하고, ESG와 관련한 사업 및 내규 등 현황을 파악한다. 셋째, 내·외부 현황 분석에 따른 문제점을 도출 한다.

4. 자가 진단표 작성

ESG 전담 부서는 해당 사업부의 협조를 받아서 환경, 사회 및 기업지 배구조의 ESG 요소별 세부 항목을 기준으로 기업 자체적으로 자가 진 단을 하여 어느 부분이 체크할 필요가 있다. 아래 자가 진단표는 ESG 와 관련하여 회사의 현황이 각 이슈별로 어느 수준에 와 있는지 파악 하는 데 크게 유용할 것으로 기대된다. 이러한 자기 진단을 통해 ESG 경영을 위해 회사가 개선해야 할 부문들을 파악하고, 이에 대한 개선 계획들을 정리하고 이사회에 보고함으로써 보다 충실한 ESG 경영을 도모할 수 있을 것이다.

자가 진단표

구분	세부 항목	진단 수준
환경 (E)	생물 다양성, 토지 이용	–
	탄소배출(저탄소 성장) 규제	◑
	기후변화 리스크	●
	물(수자원) 부족 리스크	◔
	에너지 사용	◕
	원자재 채굴	◑
	폐기물 및 재활용	○
	규제/법적 리스크 등	◔
사회 (S)	인권	◕
	근로기준	◑
	고용관계	●
	노조관계	◔
	논란이 있는 산업	–
	고객 관계/제품	◑
	건강 및 안전	●
	인적 자산 관리	◔
	책임 있는 판매 및 R&D	◕
	경제적 불평등	○
	분쟁지역 리스크 등	●
기업지배구조 (G)	기업의 책임	◔
	조세 투명성	◕
	이사회 구조 및 규모	◑
	CEO가 이사회 의장 겸직	●
	임원 보수 구조	◔
	소유권 구조	◕
	주주권	◑
	의결권 행사 절차	●
	반 뇌물 및 부패	◔
	사이버 보안 등	◕
종합평가		◑

주 : 91~100점(●), 71~90(◕), 61~70(◑), 51~60(◔), 50이하(○), 해당사항 없음(–), 진단 수준은 예시임

출처 : 황운경/이유민, 「해외 주요 연기금 및 자산운용사의 책임투자와 투자제한 동향으로부터의 시사점」(대신경제연구소, 2021), 3면에서 '구분과 세부항목' 재인용

ESG 경영 전략 수립

1. 중장기 ESG 경영 전략 로드맵 수립

첫째, 기업 내부의 환경 및 현황을 분석한다. 둘째, 중장기 전략 과제를 ESG 경영 기준으로 포트폴리오를 재구성하고, ESG 경영을 위한 맞춤형 전략 과제를 신규로 발굴한다. ESG 요소별 SWOTStrength, Weakness, Opportunity, Threat 분석을 기초로 ESG 리스크 관리 전략을 수립하고, 세부적인 실행 계획Action Plan 등 로드맵을 제시한다. 셋째, 중장기 재무관리 계획 및 중장기 경영 목표 설정 방안을 모색한다. 넷째, 세부 전략 과제별 ESG 요소 단위환경·사회·지배구조 추진 효과를 계량화한다. 과제 추진에 따른 경제적 효과, 환산 점수 및 표준 기준 달성 여부 등을 분석한다.

2. 중장기 ESG 경영 전략 로드맵 수립 및 전략 과제 발굴

첫째, 중장기 ESG 경영 전략 로드맵을 수립한다. ESG 비전, 핵심 가치 및 경영 목표 등을 제시하며, 기업의 중장기 전략에 따른 경영 계획, 사회적 가치 전략, UN-SDGsSustainable Development Goals 등 연계성을 고려한 경영 전략을 제시한다. 둘째, ESG 경영을 위한 사업 포트폴리오 개선 방안을 도출한다. ESG 경영 모델 실현을 위한 사업 포트폴리오 조정안을 도출하고, 사업 포트폴리오 이행을 위한 내부통제·관리 체계 개선 방안을 도출한다. 셋째, 경영 전략과 연계하여 특화된 ESG 전략 및 핵심 과제 등을 발굴한다. 전략 과제의 선정 매트릭스사업 영향도, 이해관계자 관심도를 명확하게 도출한다.

3. ESG 리스크 관리 방안 및 개선 방안 마련

첫째, ESG 리스크 관리 방안을 마련한다. 이 과정을 통해 ESG 요소별 분석을 시도하고 이를 기반으로 리스크 관리 전략을 수립한다. 그리고 필요 시 관리 과제 발굴 등을 제시한다. 둘째, ESG 리스크 개선 방안을 마련한다. 이 과정을 통해 ESG 리스크 관리 방안과 연계한 개선 방안을 제시한다.

4. ESG 경영관리 체계 수립

ESG 경영관리 체계 개발, ESG 경영 진단 툴의 개발, 회사 ESG 수준 진단 및 평가·인증 및 내부 성과평가 연계 방안 등 경영관리 방안을 마련한다.

5. ESG 경영관리 체계 개발

첫째, ESG 경영을 강화하기 위한 조직 체계를 마련한다. ESG 전담 조직의 효과적인 운영 방안을 제시하고, ESG 위원회 구성 및 세부적인 운영 방안을 제시한다.

둘째, ESG 로드맵을 기반으로 하여 목표 지표를 설정하고 내부 성과 평가와 연계한다. ESG 관리 지표 도출 및 성과 측정을 위한 핵심성과지표KPI, Key Performance Indicator를 설정하고, 내부 성과의 평가와 연계하는 방안 및 효율적인 관리 방안을 제시한다. 핵심성과지표는 특정 목표 달성을 위해 역점을 두고 관리해야 할 각각의 요소들의 성과지표를 말한다.

셋째, ESG 경영 수준을 수시로 점검하기 위한 툴이며, 평가 항목이나 기준 등을 제시한다. 기업이 자체적으로 개발한 지수사회적 가치 구현 지수, 공정 상생 지수 등 등을 활용하여 ESG의 상황을 점검할 수 있는 수단을 마련한다.

6. ESG 경영 진단 툴의 개발

중장기 ESG 경영 전략과 연계한 진단 체크리스트를 제시하고, ESG 지표별 세부 기준, 평가 항목 및 평가 기준 등을 제시한다.

① **회사 ESG 수준 진단 및 평가·인증** 회사의 ESG 경영 성과와 미흡한 분야를 진단하여 개선 방안을 제시하고, 회사의 ESG 기관 등급을 평가하며, 피드백 사항의 반영 이후에 ESG 평가 또는 인증평가등급 부여 등 등이 어떻게 변화했는지 확인한다.

② **내부 성과 평가 연계 방안 등 경영관리 방안 마련** 중장기 ESG 경영 전략 로드맵에 기반한 지표를 설정하고 내부 성과에 대한 평가와 연계하는 방안을 마련하여, ESG 관리 지표 도출 및 KPI 등을 제시한다. 또한 ESG 경영을 회사의 비즈니스에 내재화하기 위한 방안으로 사규 등 제도 개선 등을 제언한다.

③ **공급망 실사 방안 마련**[48] 첫째, EU 가이드라인에 따른 실행 계획 Action Plan을 마련한다. 이러한 계획을 바탕으로 기업의 책임 경영을 회사의 정책 및 관리시스템에 내재화하고, 기업의 사업장, 공급망 및 비즈니스 관계에서 실제적 또는 잠재적인 부정적 영향을 식별하고 평가한다. 부정적인 영향의 경우 이를 중지, 예방 또는 완화할 수 있는 조치를 취하거나 이를 해결할 수 있는 정보를 제공하고, 필요 시 개선책을 제공하고 협력한다. 둘째, 독일 공급망 실사법에 따른 실행 계획

을 마련한다. 위험관리시스템을 도입하고, 위험을 분석하며, 정책 설명 및 예방조치를 취하고, 시정조치 및 불만 처리 절차를 마련하며, 이를 문서화하고 보고의무를 규정한다.

제5부

ESG와 금융

13
ESG 금융과 유형

'ESG 금융'이란 기업을 분석·평가를 행하는데 있어서 장기적인 관점을 중시하고, 환경, 사회, 지배구조에 관한 정보를 고려하여 투자하는 것을 의미한다. 과거 금융과의 결정적인 차이는 단순히 돈을 벌 수 있는 곳에 투자한다는 생각에서 한 걸음 더 나아가 환경개선과 사회공헌에 밀접하게 연결된 사업과 기업에 대한 투자로 이동하고 있다는 점이다.

ESG 금융의 영역은 광대하지만 그 중에서 현재로서는 신재생에너지 및 에너지 절약 사업 등에 참여하는 기업에 대해 자금 용도를 한정하여 발행하는 녹색채권green bond, 사회 가치 창출 사업에 투자할 자금을 조달하기 위해 발행하는 사회적 채권social bond, 환경친화적이고 사회 가치를 창출하는 사업에 투자할 자금을 조달하기 위해 발행하는 지속가능채권sustainability bond, 그리고 ESG 이슈 등의 해결을 통해 기업 가치가 향상될 것이 기대되는 기업의 주식에 투자하는 투자신탁 상품, 출산 지원·환경보전·재해복구 등의 유관 단체 등에 대하여 예금 원금의 일부를 기부하거나 예금자가 받는 이자의 일부를 기부하는 예금 등이 대표적인 예라고 할 수 있다.

최근 기존 ESG 채권의 대안으로 지속가능연계채권sustainability-linked bond, SLB이 새롭게 부상하고 있다. SLB란 발행사가 ESG 관련 이슈에 대한 목표를 제시하고 이를 달성하면 금리 인센티브를 받는 채권을 말한다. SLB의 특징은 기존 ESG 채권처럼 당장 ESG나 지속가능경영 적격 프로젝트가 없어도 발행할 수 있다는 점이 특징이다. 이하에서 ESG 채권을 중심으로 ESG 금융의 현황을 살펴본다.

ESG 경영과 금융의 역할

ESG 경영의 유인으로서의 금융 기능

기업의 ESG 경영을 촉진하기 위해 금융의 역할은 매우 중요하다. 기업의 목적이 ESG 이슈를 중심으로 주주 중심주의에서 이해관계자 중심주의로 전환하고 있지만 여전히 한계는 존재한다. 이사회와 CEO의 인센티브가 ESG 경영 또는 이해관계자 니즈의 충족이 아닌 재무적 성과에 연동되어 있기 때문이다. 따라서 이사회와 CEO는 재무적 가치의 극대화를 위해 경영 전략을 추구할 동인은 여전히 크기 때문이다.[1] 대표적인 사례로 2019년 BRT에서 주주 자본주의를 버리고 이해관계자 자본주의를 채택하겠다고 선언한 미국의 180여 개 대표 기업들은 2020년 코로나19 위기를 맞아 오히려 근로자 해고를 늘리고 CEO 임금은 인상하는 등 이해관계자 자본주의가 추구하는 방향과 반대되는 의사결정을 내린 것으로 드러났다.[2] 실제 〈뉴욕타임스〉 등의 보도에 따르면 1970년 미국 주요 기업 CEO의 평균 임금은 근로자 평균 임금의 24배였는데, 2019년에는 해당 비율이 320배를 기록하는 등 CEO와 근로자 간의 임금 격차는 더욱 벌어지고 있으며, 코로나19 위기가 확산된 2020년에는 이러한 양극화가 오히려 확대되었다는 것이다.[3]

또한 최근 프랑스 다논Danone의 대주주가 지속가능 경영을 위해 사회적 책임을 강조해 온 파베르 전 CEO를 교체한 것도 ESG 경영의 한계를 보여주고 있다. 다논의 경영 실적이 경쟁회사들에 비해 크게 저조하고 주가수익률도 부진하자 행동주의 펀드들로 구성된 주요주주들이 파베르의 사퇴를 촉구했고 결국 그는 CEO의 자리에서 물러났다.[4]

이처럼 많은 부분에서 ESG 경영의 한계가 노출되고 있고, 이러한 ESG 경영 전략의 한계를 극복하는 데 있어서 금융이 어떠한 역할을 할 수 있을까? 무엇보다도 ESG 가치의 시장 거래를 활성화하여 기업들로 하여금 ESG 경영으로 유도할 수 있는 방법이 필요하다. 즉 ESG 가치에 대한 자원 배분을 임계 수준 이상으로 수행하는 기업들에게 초과분만큼 재무적 이익으로 돌려준다면 기업들은 유인을 가지고 ESG 경영을 추진할 수 있을 것으로 기대된다.[5]

또한 기업의 ESG 경영 촉진을 위해 ESG 성과연계 금융 중개를 활성화할 필요가 있다. 대표적으로 증권회사가 ESG 채권의 발행을 주선하여 일반 채권보다 낮은 금리로 기업에게 자금을 조달해 주는 방식을 들 수 있다. 이 방식은 상당 부분 자리를 잡아가고 있는 상황이다. 일반 채권보다 금리가 다소 낮아도 해당 기업의 경영 전략에 동감하고 투자자들은 기꺼이 그 정도의 금리 차이를 용인할 수 있을 것이다. 그리고 간접 금융의 경우 은행이 ESG 프로젝트를 수행하는 기업에게 일반 금리보다 낮은 금리로 자금을 대출해 주는 방식이 있다.[6]

이처럼 ESG 성과연계 금융이 활성화되면 기업은 자금 조달 비용이 낮아져 유리하고, 투자자들도 ESG 채권투자를 통해 간접적으로 ESG 가치 제고에 참여하고 기여할 수 있어 사회 전체적으로 효용을 증대시킬 수 있다.

다만, ESG 성과연계 금융은 기업의 ESG 경영을 가속화하는 데 한계가 있을 수 있다. 기업이 ESG 성과연계 금융을 통해 얻는 경제적 이익이 사회적 가치 투자에 따른 비용보다 크지 않다면 ESG 성과연계 금융을 활용할 유인이 크지 않기 때문이다. 따라서 정부 차원에서 금융회사에게 실질적인 인센티브를 제공하여 ESG 성과연계 금융 중개에 적극적으로 나설 수 있도록 보조금 지급이나 세제 혜택 등의 정책을 고려할 수 있을 것이다. 이는 기업의 ESG 경영을 통해 환경오염이나 사회적 양극화 등 부정적 요소를 감소시켜 정부가 재정적 부담을 안고 해결해야 할 ESG 이슈들을 기업의 경영 활동을 통해 해결할 수 있기 때문이다. 이 외에도 ESG 금융 중개에 적극적인 금융회사들에게 다양한 인센티브를 제공하는 방안도 적극적으로 검토할 필요가 있다고 본다.

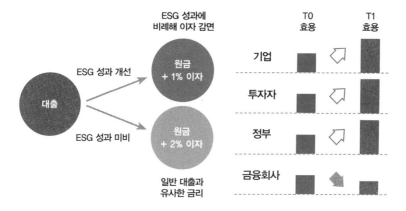

ESG 성과연계 금융 활성화를 통한 효용 증대

출처 : 박영석·이효섭, 〈기업의 ESG 경영 촉진을 위한 금융의 역할〉, 자본시장연구원 (이슈보고서 21-10) (2021), 14면

ESG 채권 발행의 현황과 변화

최근 글로벌 ESG 채권시장은 급속도로 성장하고 있다. 2021년 상반기 글로벌 ESG 채권 발행 규모는 4951억 달러로 이는 2020년의 발행규모의 87% 수준이며, 2020년의 역대 최고치가 경신될 것으로 전망된다. 국제기후채권기구Climate Bonds Initiative, CBI에 따르면 ESG 채권 중 가장 비중이 큰 녹색채권의 경우 2021년 상반기 발행 규모가 2278억 달러에 달하며, 2023년에는 1조 달러를 돌파할 것으로 예상되고 있다.[7] 이러한 배경에는 기업들이 일반 회사채에 비하여 낮은 금리로 대규모 재원을 조달할 수 있을 뿐만 아니라 대외적으로 ESG 경영에 주력하고 있다는 것을 홍보할 수 있다는 점에서 ESG 채권 발행을 선호한 점을 들 수 있다.

ESG 채권 유형별 발행 규모 비중 추이

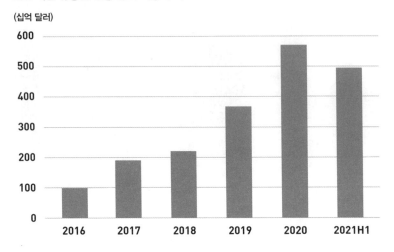

(십억 달러)

출처 : CBI (최순영, 글로벌 ESG 채권시장의 다변화 및 발행 후 공시 강화의 필요성, 자본시장연구원, 2면에서 재인용)

　최근 ESG 채권시장의 규모 확대와 함께 구성의 변화도 주목할 필요가 있는데, 과거에는 ESG 채권은 녹색채권 발행이 주를 이루었지만 최근에는 사회적 채권 및 지속가능채권으로 확대 발전하는 경향이 두드러지고 있다.[8] 지속가능채권은 녹색채권과 사회적 채권이 결합된 특수목적 채권이라 할 수 있다. 옆 페이지의 도표는 이러한 변화를 잘 보여주고 있다. 2016년의 경우 발행규모 전체 ESG 채권 중 녹색채권이 84.0%로 압도적인 비중을 차지했으나 2020년에 들어서는 녹색채권 비중이 50.3%로 줄어들고 지속가능채권이 26.3%, 사회적 채권이 19.7%로 비중이 늘어났다. 이처럼 지속가능채권이 크게 증가한 것은 코로나19 상황에서 실업자, 자영업자 등 취약 계층 지원을 위한 자금 마련의 필요성이 크게 증가했기 때문이다.[9] 이러한 추세는 옆 페이지의 그림이 보여주는 것처럼 2021년에도 이어지고 있는데, 2021년 상반기 발행 규모 기준으로 볼 때 녹색채권 44.6%, 사회적 채권 28.0%, 지속가능채권은 18.8%의 비중을 차지하고 있다.

이와 함께 주목할 만한 현상으로 아직 그 규모는 작지만 지속가능연계채권SLB이 가장 빠르게 증가하고 있다는 사실이다. 특히 2021년 상반기에 SLB의 발행이 급증한 것을 볼 수 있는데, 이러 SLB 급성장의 원인은 ESG 금융의 범위를 크게 확대하고자 하는 배경에서 찾을 수 있다. SLB는 기존의 ESG 채권처럼 당장 ESG 또는 지속가능 경영 프로젝트가 없어도 발행할 수 있기 때문이다. SLB에 대해서는 후술하기로 한다.

ESG 채권 유형별 발행 규모 비중 추이

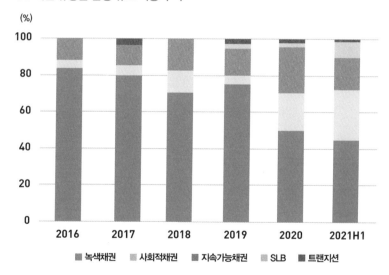

출처 : CBI (최순영, 글로벌 ESG 채권시장의 다변화 및 발행 후 공시 강화의 필요성, 자본시장연구원, 3면에서 재인용)

ESG 채권으로서의 녹색채권

녹색채권이란?

녹색채권이란 국가, 지방자치단체, 금융회사, 기업 등이 국내외의 기후변화 및 재생에너지 같은 친환경 프로젝트, 인프라 사업에 필요한 자금 조달을 위해 발행하는 특수목적채권을 말한다. 최근 들어 우리나라 공공기관과 민간의 녹색채권 발행이나 ESG 관련 채권의 규모가 커지고 있다. 2018년 원화 채권시장에서 ESG 채권 신규 발행액은 상장 금액 기준으로 1조 원 수준이었지만 2020년에는 40조 원을 돌파했다. 예를 들어, 2020년 9월 산업은행은 주요 기관투자자들을 상대로 2천억 원 규모의 녹색채권을 만기 3년에 1퍼센트 고정금리로 발행했다. 조달 금액은 재생에너지태양광 발전, 친환경 운송선박 친환경 설비 개량 등 저탄소 녹색사업에 사용된다.[10] 2021년 3월 SK하이닉스는 ESG 경영 가속화를 위해 글로벌 메모리 반도체 기업 중 최초로 10억 달러 규모의 채권을 발행한 바 있다. SK하이닉스는 2021년 초 'Social Value 2030'을 선언하고 '파이낸셜 스토리Financial Story'의 본격적인 실행에 나섰다.[11]

이어 2021년 6월, 글로벌 화학 기업 가운데 최초로 녹색채권을 발행했던 LG화학 역시 10억 달러 규모의 녹색채권 추가 발행에 성공했다. LG화학은 이 자금을 양극재 등 배터리 소재와 친환경 플라스틱 소재, 태양광 등 재생에너지 관련 소재 분야에 투자할 예정이다. LG화학은 국내 일반 기업 중 가장 큰 규모의 외화·원화 ESG 채권 발행에 성공했고 누적 규모로도 최대 기록을 보유하고 있다. 지난 2019 년 15억 6000달러약 1조8000억 원 규모의 녹색채권을 발행한데 이어 지난 2월 8200억 원 규모의 원화 ESG 채권 발행에 성공했다. 이번 10억 달러 규모 녹색채권 발행으로 ESG 채권 누적 발행 규모는 약 3조 7000억 원으로 늘어났다. LG화학은 ESG 채권을 통해 올해 상반기에만 약 2조원의 재원을 확보한 셈이다.[12]

이처럼 국내 기업들의 녹색채권의 발행이 이어지면서 2017년에 한국의 녹색채권 시장 규모는 21억 달러로 중국, 인도, 일본, 호주에 이어 아시아 5위 수준으로 올라섰다. 2030년까지 온실가스 배출량을 37% 감축하겠다는 정부의 약속과 2015년에 도입된 탄소배출권 시장으로 인해 한국은 아시아 녹색채권 시장에서 핵심적인 역할을 할 것으로 보인다.[13] 이러한 녹색채권은 2007년 유럽투자은행EIB이 재생에너지와 에너지 효율 개선 기술을 개발하기 위해 발행한 8억 달러 규모의 채권이 녹색채권의 효시다. 한국의 경우에는 수출입은행이 2013년 처음으로 재생에너지 개발을 위해 녹색채권을 발행했다.

2020년 12월, 환경부, 금융위원회, 한국환경산업기술원, 한국거래소이하 '환경부 등'이라 한다가 발표한 〈녹색채권 가이드라인〉에 따르면, 녹색채권이 되기 위해서는 녹색채권을 발행하여 조달한 자금의 용도가 ① 녹색 프로젝트에 한정되고, ② 프로젝트 관련 평가 및 선정 절차를 거쳐야 하며, ③ 자금의 사용처가 추적·관리되어야 한다. 때문에 녹색채권의 경우에는 ④ 발행 후 보고라는 의무사항의 준수를 통해 투명성을 확보해야 한다.[14] 이러한 요건은 국제자본시장협회ICMA, International Capital Market Association가 발표한 "녹색채권 원칙The Green

Bond Principles, GBP"을 따른 것인데, 녹색채권은 채권의 일종으로서 투자 기회의 제공이라는 측면과 더불어 프로젝트가 녹색 자격을 갖추었다는 것을 투명하게 알리는 것이 중요하다는 것을 잘 보여준다.[15]

녹색채권의 발행자는 그린 프로젝트에 필요한 자금을 조달하는 기업, 녹색 프로젝트에 대한 투자·융자를 통해 재원을 조달하는 금융기관, 그리고 녹색 프로젝트와 관련되는 재원을 조달하는 지방자치단체 등이 있다. 이들이 녹색채권을 발행하는 경우 스스로가 녹색 프로젝트를 추진하고 있다는 사실을 적극적으로 홍보할 수 있는 계기가 되어 사회적 지지를 얻는 데 도움이 된다. 녹색채권에 투자하는 자로서는 ESG 투자를 표명한 연기금, 보험사 등 기관투자자, ESG 투자 운용의 수탁·운영기관 및 ESG에 관심을 가지고 투자하는 개인 투자자 등이 있다.

최근 주목할 점은 과거 녹색채권 시장을 주도했던 주체가 정부 및 공적기관 등이었다면 최근엔 금융기관을 중심으로 한 일반 기업들이 큰 관심을 갖고 이 시장에 뛰어들고 있어 민간 중심의 시장으로 변모하는 과정에 있다. 이러한 현상이 일반화될 경우 향후 녹색채권 시장은 향후 보다 다양해 질 수 있고 규모 역시 더 커질 수 있는 환경이 조성될 수 있을 것으로 보인다.

녹색채권의 관리체계 (Green Bond Framework, GBF)

녹색채권은 앞서 설명한 것처럼 녹색채권으로 인정받기 위해서는 4가지 핵심 요건에 부합해야 하는데, 이는 ICMA가 제시한 "녹색채권 원칙"의 핵심 구성요소라 할 수 있다. 환경부 등이 발표한 〈녹색채권 가이드라인〉 역시 ICMA가 제시한 기준을 거의 대부분 따르고 있는 것으로 보아도 무방하다. ICMA는 2021년 판에서 발행사가 신뢰할 만한 녹색채권을 발행하기 위해 준수해야 할 핵심 구성요소에 대한 가이던스를 제공하고 있다. 녹색채권 원칙은 '핵심 구성요소'와 '주요 권고 사항'을 통해 발행사가 이해관계자들에게 공시하고 보고하는데 필요한 정보의 투명성, 정확성, 완전성을 강조하고 있다. 녹색채권 원칙에 부합하기 위한 '핵심 구성요소'에는 조달 자금의 사용, 프로젝트 평가와 선정 프로세스, 조달 자금의 관리, 보고라는 4가지 요소가 있고, 투명성을 제고하기 위한 '주요 권고 사항'에는 녹색채권 프레임워크와 외부 검토의 2가지 요소가 있다.[16]

1. 녹색채권의 발행 개요

발행자는 관리체계에 녹색채권 발행의 목적, 발행자의 녹색경영 전략과 환경개선 목표와의 연계에 관한 사항 등에 대해 구체적으로 서술해야 한다.

2. 조달 자금의 사용

녹색채권을 통해 조달되는 자금은 환경개선 효과를 가져 오는 녹색 프로젝트에 사용되어야 한다. 녹색 프로젝트의 범주에 대해 GBP는 10가지 카테고리를 규정하고 있는데, 환경부 등이 제공하는 〈가이드라인〉에서는 ① 기후변화 완화, ② 기후변화 적응, ③ 천연자원 보전, ④ 생물다양성 보전, ⑤ 오염 방지·관리, ⑥ 순환자원으로의 전환 등

6가지 범주를 제시하고 있다. 그렇지만 6가지 환경 목표에 기여하는 녹색 프로젝트는 GBP에서 구체적으로 규정한 10가지 범위에 해당되어야 한다. 이러한 프로젝트에 직접 사용되는 비용뿐만 아니라 관련된 투·융자나 연구개발비, 인력 교육비, 모니터링 비용 등의 부수비용도 녹색 프로젝트 자금 사용처에 포함된다.

채권발행의 목적이 적어도 이 중 하나 이상에 기여해야 하며 다른 목표와의 상충 여부를 고려해야 한다. 이는 국내 환경 관련법 위반 여부를 기준으로 삼아 판단하는데, 최소한의 인권침해 예방조치OECD 다국적 기업 가이드라인, 유엔 기업과 인권 이행 지침, 노동 인권과 기본원칙에 대한 국제노동기구 선언문를 적용하여 환경 외적인 요소를 위반하는지 검토할 것이 권고되고 있다.

이와 함께 발행자는 조달 자금 사용처에 대한 고지 의무가 있는데, 발행자는 GBF, 투자설명서 등 채권발행 관련 제반 서류를 통해 환경개선 목표와 조달 자금 사용처에 대해 충분한 설명을 해야 한다. 또한 발행자는 해당 녹색 프로젝트의 환경개선 효과를 평가해야 하며 가능하다면 이를 계량화해야 한다. 조달 자금의 사용처는 녹색 프로젝트에 대한 투자 및 차환refinance을 포함한다.

3. 프로젝트의 평가와 선정 절차

녹색채권 발행자는 다음과 같은 사항을 관리체계GBF를 통하여, ① 환경개선 목표, ② 투자 대상 프로젝트의 녹색 프로젝트 해당 여부를 판단하는 절차, ③ 해당 프로젝트 관련 잠재적인 환경·사회적 위험을 파악하고 관리하기 위해 적용된 절차, 관련 적격성 판단 기준 및 배제

기준을 투자자에게 공지해야 한다.

발행자가 상기 3가지에 대해 작성할 때에 전반적인 녹색채권의 발행 목적, 환경개선을 위한 전략과 정책을 포함하며 프로젝트 선정 시 참고한 녹색 기준이나 인증을 공개하여 프로젝트 평가와 선정 절차를 투명하게 운영해야 한다.

이와 관련하여 GBP는 투자자에게 명확하게 전달해야 할 3가지 사항과 수행할 것으로 권고하는 3가지 사항을 제공하고 있다.

4. 조달 자금의 관리

발행자는 녹색채권 발행 자금이 녹색 프로젝트에만 사용될 수 있도록 추적 관리해야 한다. 녹색채권 순조달자금Net proceeds 또는 그 상당액을 별도의 계정으로 귀속되도록 하고, 내부통제 절차를 통해 추적 가능한 적절한 방법별도의 계좌 또는 포트폴리오 마련, 가상의 방식 [일반계좌에서 관리되나 적격 자산 및 프로젝트에 대한 지출을 가상으로 추적 관리하는 방식] 등으로 관리해야 한다.

발행자는 녹색채권 상환 시점까지 해당 프로젝트에 대한 사용 자금과 미사용 자금의 총액이 조달 자금과 일치하도록 정기적으로 확인해야 한다. 미사용 자금이 발생할 경우 발행자는 GBF에서 정한 방법과 절차에 따라 자금을 운용하고 이를 투자자에게 알려야 한다.

5. 보고

발행자는 녹색채권으로 조달한 자금 사용처에 대한 최신 정보와 예상되는 환경개선 효과에 대해 보고서를 작성하고 공개해야 한다. 발행자가 환경개선 효과에 대해 측정이 가능한 경우 해당 내용을 정기적으로 공개할 것이 권고된다. 이때 가능한 정량적 지표를 사용할 것과 정량적 지표에 사용된 주요 방법론 및 가정 사항도 같이 공개하는 것이 바람직하다.

6. 주요 권고 사항

GBP는 주요 권고 사항과 관련하여 녹색채권 프레임워크와 외부 검토를 제시하고 있다. 먼저, 발행사는 자사의 녹색채권이 녹색채권 원칙의 네 가지 핵심 구성요소와 부합하는지 여부를 녹색채권 프레임워크 또는 법률서류에 명시해야 한다. 그리고 이러한 녹색채권 프레임워크 또는 법률서류는 투자자들이 쉽게 접근할 수 있는 형태로 제공되어야 한다.

둘째, 발행사는 외부 검토기관을 선정하여 발행 전 자사의 녹색채권의 발행 또는 프레임워크가 녹색채권 원칙의 네 가지 핵심 구성요소와 부합하는지 평가할 필요가 있다. 이와 관련하여 GBP는 권고를 하고 있지만 환경부 등 가이드라인은 평가받을 것을 요구하고 있다.

채권발행 후에는 외부감사인 또는 제3의 기관을 활용하여 발행회사의 내부추적시스템과 녹색채권 조달 자금이 적격 녹색 프로젝트로 배분되는지를 검증하도록 함으로써 발행회사의 조달 자금 관리를 보완하는 것이 필요하다. 환경부 등이 제시한 가이드라인 역시 녹색채권 발행 후에는 자금 관리 방법, 조달 자금 사용처, 환경개선 효과 등의 확인을 위해 발행자가 작성한 보고서_{자금배분 보고서 및 영향보고서}에 대해 외부 검토를 권고하고 있고, 발행자가 외부기관에 검토를 받은 경우에는 해당 외부검토보고서를 발행자의 웹사이트 또는 채권이 상장된 증권거래소 등에 공개할 것을 요구하고 있다.

녹색채권의 유형

ICMA이 발표한 "녹색채권 원칙"은 녹색채권의 유형을 상환 재원에 따라 4가지로 구분하고 있다. 시장의 발전에 따라 다른 형태의 채권이 등장할 수 있을 것이고, 그러한 경우에는 새로운 유형이 추가될 수 있을 것이다.[17]

- **일반형**Standard Green Use of Proceeds Bond 녹색 프로젝트에 필요한 자금을 조달하기 위해 발행하는 채권으로 특정 재원에 관계없이 발행자 자신의 현금흐름cash flow을 재원으로 하여 상환된다.
- **녹색 수익형**Green Revenue Bond 녹색 프로젝트에 필요한 자금을 조달하기 위해 발행하는 채권으로 조달한 자금이 투입된 공적인 녹색 프로젝트의 현금흐름과 해당 충당 대상에 따른 공공시설 이용료·특별세 등을 재원으로 상환한다. 예를 들어, 도시 주변의 공공기관이 실시하는 폐기물 처리 사업에 필요한 시설의 정비 및 운영 등을 자금 용도로 해당 사업의 수익만을 재원으로 상환하는 채권이 이에 해당한다.
- **녹색 프로젝트형**Green Project Bond 녹색 프로젝트에 필요한 자금을 조달하기 위해 발행하는 채권으로서 조달한 자금이 투입된 하나 이상의 녹색 프로젝트의 현금흐름을 재원으로 상환한다. 예를 들어,

독점적으로 신재생에너지 발전 사업을 하는 특수목적법인SPC이 발행하는 해당 사업에 필요한 시설의 정비 및 운영에 필요한 자금을 조달하기 위해 발행하되 해당 사업의 수익만을 재원으로 상환하는 채권이 이에 해당한다.

■ **녹색 증권화형**Green Securitized Bond 녹색 프로젝트에 관한 일반적 여러 자산대출 채권, 리스 채권, 신탁수익권 등을 포함을 담보로 이러한 자산에서 나오는 현금흐름을 재원으로 상환하는 채권을 가리킨다. 예를 들어, 태양광 패널, 에너지 절약 성능이 높은 장비·주택, 전기자동차와 수소자동차, 저공해 자동차 등에 따른 대출 채권 등을 담보로 하여 발행하는 자산유동화증권ABS이 이에 해당한다.

ESG 채권으로서의 사회성과연계채권

사회적 금융

사회적 금융은 사회적 경제를 지탱하는 하나의 하부구조infrastructure 다.[18] 사회적 금융의 구체적인 의의에 관해서는 의견이 나누어져 있다. 2003년에 아일랜드 정부가 발표한 보고서에 따르면, 사회적 금융은 "재무적 수익financial return에 추가하여 사회적 수익social return 혹은 사회적 배당social dividend을 추구하는 조직이 제공하는 금융 활동"을 뜻한다. 여기서 사회적 수익과 사회적 배당은 사회 자본의 총량stock of social capital을 증가시키는 수익으로 정의된다.[19]

유럽위원회는 사회적 금융은 "투자 결정이 이익뿐만 아니라 지구 및 지구촌 인구를 고려하여 가치에 기초하거나 전체론적全體論的 방법으로 평가되는 금융의 새로운 패러다임의 발전에 관한 것"이라고 밝히고 있다.[20] 캐나다 정부는 사회적 금융을 "사회 및 환경적 목표를 달성하기 위하여 사회적 배당과 경제적 수익을 제공하는 다양한 자금을 가동시키는 방법"으로 정의하고 있다.[21] 일본의 문헌도 "사회적 금융이라 함은 사회적인 과제에 관련된 금융서비스를 행하는 사명mission으로서의 성격과 사회성을 가진 금융"[22] 혹은 "빈곤과 환경 등 사회문제의 해결과 지역 활성화 등 사회적·공공적인 이윤 창출을 목적으로 한 자금 조달"[23]로 정의하기도 한다.

사회적 금융이 출연한 배경에는 일반적인 전통 금융이하 "상업 금융"이라 함의 문제, 자금공급자로 활동하고자 하는 조직의 출현, 경제활동의 사회적 결과에 대한 관심 고조 등을 그 이유로 들 수 있다. 이 같은 이유를 좀 더 자세히 살펴보기로 한다.[24]

첫째, 상업 금융은 수익을 거둘 수 없는 분야에는 적극적인 금융 활동을 하지 않는다는 특징이 있다. 그 동안 금융기관 간의 합병이나 구조조정을 통해 수익을 거둘 수 없는 지역이나 빈곤 지역에서 지점을 통폐합한 것도 수익이 없는 곳에서는 영업을 하지 않는다는 사실을 확인시켜 주고 있다. 이상과 같은 금융 배제financial exclusion라는 현상은 1980년대 중반 이후에 대부분의 국가에서 목격되고 있다.[25] 이에 대한 대응책으로 기존의 전통적 금융의 대안으로서 새로운 특징을 지닌 금융을 활용하려는 사례가 나타났는데, 사회적 금융이 바로 그러한 대안적 금융에 해당한다.[26]

둘째, 변화하는 금융 환경에서 다양한 유형의 사회적 경제조직이 탄생하였고, 그 수도 증가세를 보이고 있다. 신자유주의가 국내·외 경제의 지배적인 이념으로 자리 잡은 이래 기업들의 극단적인 이윤 추구가 정당화되었지만 그 부작용으로 도덕적 해이와 빈부 격차의 심화 등의 문제가 나타났다. 게다가 1990년대 후반과 2000년대의 국제 경제적 외환위기와 금융위기로 인하여 신자유주의에 대한 반성이 일게 되면서 사회적 사명으로 무장한 사회적 경제조직이 출현하게 되고, 그러한 조직에 대하여 다양한 금융 지원을 하기 위해 사회적 금융의 활성화가 급물살을 타고 전면에 나서게 된 것이다.[27]

셋째, 경제활동의 사회적 결과에 대한 관심이 높아졌다. 최근 유럽이나 미국에서는 기업 활동을 재무적인 측면뿐만이 아니라, 사회·환경의 관점에서 평가하는 움직임이 확산되고 있다. 이러한 움직임을 한층 더 촉진시킨 것이 사회적 책임투자SRI이다. 사회적 책임투자는 위에서 언급한 것처럼 투자 의사를 결정함에 있어서 대상 회사의 재무적 요소는 물론이고 기업의 지속가능성에 영향을 미치는 ESG와 같은 비재무적 요소를 함께 고려하여 중·장기적 성과를 지향하면서도 능동적으로 투자하는 것을 말한다.[28] 반대로 상업은행 중에서도 예컨대, 환경에 기여 가능한 기술의 혁신에 노력하고 있는 기업에 대해서 금리 감면 등의 우대 조치로 적극적으로 지원하려는 움직임도 새롭게 노정되고 있다.[29] 단순히 재무적 수익에만 집중하여 기업 경영이나 자금 운용을 하지 않더라도 금융 지원을 받을 수 있는 기회가 제공된 것이다.

사회적 금융의 목적과 비전

앞에서 언급한 아일랜드 정부의 보고서는 특징적으로 사회적 금융은 기존의 주류적인 상업 금융과는 몇 가지 사항에서 차별되는 것으로 정리하고 있다.[30] 이하에서는 위 보고서에 언급된 차이점을 중심으로 하여 그 특징을 구체적으로 살펴보고자 한다.

우선, 사회적 금융의 목적은 지속가능하고 공정한 발전을 위해 금융이라는 수단을 사용한다는 데 있다. 말하자면, 사회적 과제에 연관하여 금융서비스를 제공한다는 사명과 사회성을 함께 가진 금융이라는 것이다.[31] 이 때문에 사회적 금융은 사회문제 해결을 위한 정부 또는 민간이 주도하는 효과적인 금융서비스, 금융시스템, 혹은 자금지원시스템으로 이해되기도 한다.[32]

사회적 금융의 장기적인 비전은 사회적 자본을 증가시키는 것이다. "사회적 자본"이라는 개념은 생산요소 내지 생산수단을 의미하는 전통적인 "자본"의 개념을 확대시킨 것으로서, 행위자들 사이의 관계에서 존재하는 자본이며, 이익이 공유되는 특성을 지니고 있다. 이처럼 사회적 자본에 대한 배타적 소유가 가능하지 않다는 점에서 사회적 자본은 "공공재"의 성격을 가진다.[33] 또한 사회적 금융은 다양한 채널을 가지고 다양한 방식과 형식으로 그에 특유한 자금 제공을 행한다. 선진국에서는 정부, 기업, 재단 및 공동체와 같이 다양한 조직과 개인이 보조금grant, 부채debt, 인내 자본[34]patient capital, '인내 자본'이란 전통적인 의미의 투자·융자의 개념을 지니면서도 사회적 경제조직이 자립할 수 있게 시간적 여유를 부여하는 장기적인 자본을 뜻한다, 준지분[35]quasi equity, 지분의 성격을 지님과 동시에 관계 지향적인 성격을 띠면서 제공되는 장기 금융을 뜻한다, 지분equity 등 다양한 수단을 통해 사회적 금융이 이루어지고 있다.[36]

선진국에서 사회적 금융이 금융으로서의 지속가능성을 담보하는 것은 높은 투명성transparency과 설명책임accountability이 있기 때문이다. 상업은행의 경우 은행의 주주나 예금자 등과 같은 이해관계자는 그 은행이 누구에게 어떠한 조건으로 대출을 하고 있는지에 관하여 상세하게 알지 못하는 경향이 있지만, 사회적 금융은 여신과 수신의 실태를 숨기지 않고 공시하여 정보의 비대칭성 문제를 적극적으로 해결하려 함에 따라 예금 금리나 배당, 주가가 상대적으로 열등하거나 미흡하더라도 그 경영 이념을 지지하여 수용하는 일정한 예금자·투자자를 지속적으로 확보할 수 있게 되어 사회적 금융이 견실하게 존재하는 것이다.[37]

사회적 금융은 빈곤하거나 사회적으로 배제social exclusion되거나 금융서비스에의 접근이 곤란한 환경 속에서 작동한다. 말하자면, 사회적 금융은 주류적 금융서비스, 즉 상업은행의 서비스로부터 전적으로 배제된 조직이나 개인에 대해서 우선적으로 자금을 공급하고 있다. 그 결과 오늘날 이들이 사회적 금융기관이 제공하는 서비스의 주된 대상이 되었다. 이러한 이유로 인하여 사회적 금융의 중요성이 부각되면서 금융 배제나 사회 배제의 문제에 대한 해결책을 모색하는 작업까지 동시에 주목을 받고 있다.[38]

한국에서는 사회적 금융에 관하여 정립된 개념이 존재하지 않는다. 대체적으로 사회적 금융은 "사회적으로 가치 있는 일에 돈을 투자 또는 융자하여 지속가능한 발전을 도모하는 것을 통칭하는 개념"으로 인식하고 있다.[39] 서울시의 조례에 따르면 사회적 금융은 "사회문제를 개선하고 사회적 가치를 증진시키기 위한 금융"을 말한다.서울특별시 사회투자기금의 설치 및 운용에 관한 조례 제2조 제3호. 2020년 11월 6일 양경숙 의원이 대표 발의하여 국회에 제출된 「사회적 경제 기본 법안」의안번호: 5051에는 "'사회적 금융'이란 사회문제를 개선하고 사회적 가치를 증진시키기 위해 사회적 경제조직과 사회적 경제 관련 사업에 투자·융자·보증 등을 통해 자금의 지속가능한 선순환을 추구하는 금융 활동을 말한다"제3조 제7호로 규정되어 있다.

이상에서 보듯이 사회적 금융은 경제적 이익에 우선하여 사회적 가치를 추구하는 금융으로 요약할 수 있으며, 이러한 금융은 개인 혹은 조직에게 또는 프로젝트별로 제공될 수 있다.[40] 이는 결국 사회의 이익을 의도적으로 증진함으로써 상인 또는 투자자가 결과적으로 자신의 이익을 향상시킬 수 있는 것을 목적으로 하고 있다는 점에서 아담 스미스의 주장과는 반대의 입장에 서 있다. 또한 금융 수익을 초월하여 사회적으로 긍정적인 영향력positive social impact을 목표로 한다는 점에서 사회적 금융은 임팩트 금융으로 불리기도 한다.[41]

사회성과연계채권에 대한 투자

국내의 어느 금융회사가 ESG 경영 정책에 부합하는 사회 공헌 활동으로서 사회성과연계채권SIB, Social Impact Bond에 투자한 바 있다.[42] 여기서 SIB이라 함은 약정된 사회적인 성과를 달성하는 것을 조건으로 하여 투자자에게 수익을 돌려주는 채권을 의미한다. 2010년 영국에서 피터보로Peterborough 지방의 여왕 전하 교도소Her Majesty Prison의 출소자를 대상으로 하여 사회 정착 프로그램을 실행하여 재범률을 낮추는 것을 목표로 도입된 SIB가 세계 최초의 사례다.[43] 그 이후 미국과 호주 등 세계 각국으로 급속하게 전파되고 있다. 서울시의 「서울특별시 사회성과보상사업 운영 조례」이하 '서울시 조례'와 경기도의 「경기도 사회성과 보상사업 운영 조례」이하 '경기도 조례'에 따르면 SIB는 "운영기관이 보상계약에 기반하여 민간 투자자와 체결한 투자계약 또는 발행채권"을 말한다서울시 조례 제2조 제7호; 경기도 조례 제2조 제7호.

SIB는 사회가 안고 있는 다양한 문제예를 들면, 범죄나 실업자의 증가가 발생하는 것을 예방하거나 또는 그 악화를 방지하기 위한 사회 개선 프로그램 혹은 프로젝트이하 '프로그램'의 실행에 필요한 자금의 조달 수단 중 하나다.[44] 따라서 SIB가 사회적 금융으로서 의미가 있는 이유를 살펴보기 위해서는 SIB의 운용 구조를 파악할 필요가 있다. 이에 SIB의 발행으로부터 상환까지의 과정을 단계별로 살펴보면 다음과 같다.

최초의 단계에서, 특정한 사회적 문제를 해결하여야 하는 정부 혹은 지방자치단체이하 '정부'가 그 문제의 개선이나 방지를 목표로 해 민간의 사업자운영기관와 계약을 체결한다.[45] 그 계약에서 정부는 해당 사회적 문제를 개선·방지하기 위한 프로그램의 실행을 운영기관에 위탁하고 정부가 해당 프로그램에서 의도했던 목표를 달성하였을 경우에 보상[46]할 것을 약속한다. 그러한 보상은 무엇을 얼마나 했는지output보다는 사회적 성과[47]social outcome의 달성을 기준으로 하여 지급된다.[48] 지금까지 소개된 선진국의 SIB 만기는 대체적으로 4년부터 8년까지로 비교적 장기이다.[49]

운영기관은 SIB 계약에 근거해 프로그램의 실행에 필요한 자금을 사회 개선을 희망하는 민간 투자자로부터 조달한다. 그 후 운영기관은 사회 서비스 제공기관수행기관을 선정하고 그 수행기관에게 사업비를 지급하게 되면, 수행기관은 서비스 제공을 통해 사회문제를 해결하는 과업을 수행한다.[50] 프로그램이 종료된 후에 또는 프로그램의 단계별로 독립된 평가기관이 그간의 사업 성과를 측정하고 평가하여 정부와 운영기관에 전달한다.

이상과 같이 운영을 통해 SIB 활용 프로그램이 목표로 하는 성과를 달성한 것으로 평가되면 정부는 투자자에게 원금에 추가하여 성과에 따른 재무적 보상을 한다. 그러나 성과 목표를 미달성한 경우에는 재무적 보상은 전혀 없다. 다만, 그러한 성과 목표의 미달성의 경우에도 투자자의 투자 원금에 한해서는 그것을 전혀 보장하지 않거나 일부만을 보장하는 등 다양한 유형의 계약이 체결 가능한 것이 현실이다.[51] 아무튼 SIB는 성과에 근거한 수익을 지급PbR, Payment by Results 하는 조건이 부착된 채권이며,[52] 사업 결과의 성공 여부에 관한 위험이 자발적인 투자자에게 분산되는 채권을 말한다.[53] SIB를 활용하면 정부가 투자자에게 보상을 하더라도 프로그램의 성공적인 성과로 인하여 세출을 절감할 수 있다. 이 때문에 프로그램이 성공하여 절감된 세출액의 규모가 상당하게 된다면 투자자와 정부 모두가 이익을 얻게 된다. 반대로, SIB을 활용한 어느 특정한 프로그램이 뛰어난 실적을 거두는 반면에 오히려 그것과 유사하지만 정부가 직접 운영하고 있는 프로그램에서 좋은 성과를 내지 못하는 경우에는 정부가 비난을 받게 될 여지도 있다. 이와 같이 사회문제의 해결에 SIB의 활용은 사회적 금융 차원에서 의미는 있지만 한편으로는 행정 서비스 분야에 경쟁의 원리를 도입하는 효과가 있어 종래 경쟁을 선호하지 않는 정부에게는 위협으로 비추어질 수도 있다.[54]

사회성과연계채권의 운영구조

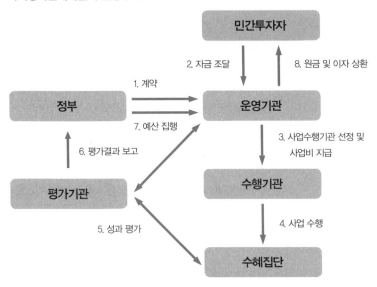

국내의 활용 사례

1. 서울시의 〈아동복지시설 아동교육 사회성과 보상사업〉

서울특별시 의회는 2014년 「서울특별시 사회성과보상사업 운영 조례」를 제정하였다. 동 조례에 따라 2015년 아시아 최초의 SIB 활용 프로그램으로서 '아동복지시설 아동교육 사회성과 보상사업'을 실시하고 있다. 이 사업은 아동복지시설인 그룹홈에서 생활하는 경계선지능 및 경증지적장애 아동지능지수가 71에서 84 사이인 아동 100여 명을 대상으로 3년간 정서 회복 및 기초 학습 능력의 향상을 통해 자립 가능성을 제고하여 삶의 질을 개선하는 것을 목표로 하고 있다. 재정적 보상은 이 사업이 최대 성과 목표42% 이상 성공를 달성했을 때 투자 원금과 최대 30%의 인센티브를 지급한다. 만약 부분적인 성과를 달성하는 경우에는 성공률에 비례해 투자금을 상환받지만 성과 목표의 최저 기준10% 이하을 달성하지 못했을 경우에는 투자 원금을 한 푼도 돌려받지 못하는 구조로 되어 있다. 이 사업에서의 투자 유치 목표 금액은 11.1억 원이었다[55]

2. 경기도의 〈해봄 프로젝트〉

경기도는 2015년 「경기도 사회성과 보상사업 운영 조례」를 제정하였다. 동 조례에 의거하여 2016년 해봄 프로젝트를 진행하고 있다. 이 프로젝트는 2016년부터 2년 간 경기도 내 기초생활수급자 중 근로 의지가 있는 일반 수급자 800명을 대상으로 하여 참여자의 20%가 취업을 통해 탈수급하는 것을 목표로 하고 있다. 일반 수급자는 주로 가정환경, 질환, 장애, 노령 등의 이유로 근로가 어렵다고 판정되어 국가적으로 시행하는 취업 지원 사업에 대한 참여를 할 수 없어 자립 기회가 원초적으로 박탈된 저소득 계층을 가리킨다. 동 프로젝트의 총 사업비 약 18억 7천만 원 가운데 민간 투자금은 약 15억 5천만 원이었다. 동 프로젝트에서 성과를 달성하기 위해서는 사업 기간 내에 대상 수급자의 20% 이상13%~19%인 경우에는 부분 성공으로 인정함을 취업시키고 취업 후 1년 이상 취업을 계속 유지해야 하며, 최종 평가일 현재 취업에 따른 소득 증대로 인하여 기초생활수급 보장 급여 중 생계·의료·주거 급여의 지급이 1년 이상 중단되어야 했었다.[56]

SIB 프로그램의 장점과 한계

SIB 프로그램은 정부와 기업, 시민 단체 등 사회문제의 이해 당사자가 협업을 통해 문제를 해결하는 것을 내용으로 한다. 이처럼 민관이 협력하여 사회문제에 대처하는 것이 정부가 직접 나서서 사회적 문제를 해결하는 경우 또는 용역을 발주하는 방식으로 처리하는 경우보다 비용을 절감할 수 있는 긍정적인 효과가 있다. 특히 SIB가 주로 사전 예방을 위한 사업을 내용으로 하여 발행된 채권이라는 점에서 사회문제를 사후적으로 대처하는 것보다 사회적 비용을 감소시킬 수 있다. 이처럼 SIB 프로그램은 각 이해 당사자가 위험을 나누어 가짐으로써 정부로서는 사업 성공에 대한 위험을 분산시킬 수 있는 이점이 있다.

한편, SIB 프로그램은 정부가 제공하여야 하는 공공 사회복지 서비스를 사실상 민영화하는 것에 지나지 않는다는 비판도 있다. 게다가 수익이 지급되는 성과를 측정하는 방법과 기준이 제대로 정립되지 못한 상황에서 SIB 프로그램을 운용하는 것은 문제가 있다는 비판도 있다. 특히 질병, 재해, 범죄 등 대부분의 사회문제를 개선하는 개선 프로그램에 과도한 성과주의가 도입되어 투자자 사이의 경쟁이 격화하면 오히려 자선 정신philanthropy이 쇠퇴하고 그 자리에 상업주의가 들어올 가능성이 있다는 식의 평가도 제기되고 있다.

지속가능연계채권의 발행

앞서 언급한 것처럼 ESG 채권시장에서 최근 가장 빠르게 성장하면서 크게 주목을 끌고 있는 채권이 지속가능연계증권SLB, sustainability-linked bond이다. SLB는 발행사가 ESG 관련 이슈에 대한 목표를 제시하고 이를 달성하면 금리 인센티브를 받는 채권을 말한다. SLB의 특징은 기존 ESG 채권처럼 당장 ESG나 지속가능경영 적격 프로젝트가 없어도 발행할 수 있다는 점이 특징이다.

2019년 최초 발행된 SLB는 발행 규모가 당시 104억 달러에서 2021년 상반기 425억 달러로 증가했으며, 전체 ESG 채권에서 차지하는 비중도 같은 기간 동안에 2.8%에서 8.5%로 증가했다.[57] 이처럼 SLB가 빠르게 증가하는 이유에는 녹색채권을 비롯한 전통적 ESG 채권은 자금이 특정 환경·사회적 목적의 프로젝트나 사업에만 활용될 수 있는 반면, SLB의 경우 자금의 사용에 대한 제한이 없다는 유연성을 가지고 있기 때문이다. 예를 들어, SLB 발행 기업은 그룹 전체 차원에서 탄소배출 감축 등 달성해야 할 지속가능 목표를 설정하고, SLB를 발행해서 조달된 자금은 기업 운영 전반에 활용할 수 있다. 이 때문에 환경·사회적 프로젝트의 부재로 녹색채권 시장 진입이 어려웠던 기업들도 SLB를 통한 자금 조달에 나서고 있다.[58]

SLB 발행의 최초의 사례로 언급되는 이탈리아의 에넬Enen은 유틸리티 업체로서 클린에너지 공급 비중을 2020년의 46%에서 2021년 말 55%로 높이기로 하고 15억 달러 규모의 SLB를 발행하였다. 에넬이 목표 달성에 실패하면 SLB의 표면금리가 0.25p 상승하는 조건이다.[59] 2020년에는 스위스의 다국적 제약회사인 노바티스가 지속가능 연계채권을 발행했다. 노바티스는 신흥국에서 치료율 목표를 설정하고 이를 달성하지 못한다면 이자율을 높이겠다는 조건을 붙였다.[60] 지속가능연계채권은 이러한 특성 때문에 다른 ESG 채권처럼 외부기관의 사전 인증을 받을 필요는 없는 대신 목표를 달성했는지 사후 보고를 엄격하게 진행해야 한다.

이처럼 SLB는 발행 단계에서 매우 유연성을 가지기 때문에 ESG 채권으로 인정받을 수 있을지에 대해 논쟁이 있다. 즉 엄밀한 의미에서 ESG 채권으로 분류되기 어렵다는 비판이 존재한다. 그렇지만 SLB는 해외에서 ESG 채권으로 인정받는 분위기다. 유럽중앙은행이 2021년부터 지속가능연계채권을 ESG 채권과 동일하게 자산 매입 프로그램에 포함했다. 또 국제자본시장협회ICMA도 지난해 SLB 원칙을 제정해 발표하기도 했다. ICMA는 ESG 채권과 관련해 국제적 자율규제기구 역할을 맡고 있다.[61]

사후 관리에 대한 규제도 미비하다. 물론 이는 SLB에 국한된 문제만은 아니다. 환경부는 지난해 말 녹색채권 가이드라인을 내고 사후 보고에 대한 외부기관 인증을 의무가 아닌 권고 사항으로 넣었다. 사회적 채권이나 지속가능채권에 대한 가이드라인은 존재하지 않는다. 지속가능연계채권에 대한 가이드라인은 더더욱 존재하지 않는다. 따라서 SLB가 발행돼도 사후 관리가 엄격하게 이뤄지지 않는 한 투자자 신뢰를 얻기가 쉽지 않을 수 있다.[62]

정부도 SLB 발행 지원을 검토 중인데, 민간 회사의 ESG 채권 발행에 정부의 지원이 필요한 배경에는 SLB의 도입을 위해서는 한국거래소의 「사회책임투자 채권 전용 운용 지침」의 개정이 필요하기 때문이다. 현재 거래소의 ESG 분류 체계는 녹색채권과 취약 계층 지원 용도로 발행하는 사회적 채권, 녹색채권과 사회적 채권을 합친 성격의 지속가능채권으로 이루어져 있다. 지속가능채권의 경우에도 조달할 자금의 용도가 정해져 있다는 점에서 SLB와 구분된다. 이러한 분류체계를 가지고 있다 보니 SLB의 상장에 문제가 있어 거래소 규정의 개정이 필요한 상황이다.

정부도 글로벌 시장의 움직임을 보면서 시장의 SLB에 대한 수요, 기업의 ESG 수용 속도, 기업의 발행 의지 등에 대한 실태조사를 거쳐 2023년 이후 도입을 검토하고 있지만, SLB를 발행하고자 하는 수요와 기업이 많으면 2022년으로 앞당길 수도 있는 상황이다.

14
ESG 금융의 과제

ESG의 요소를 고려하여 주식투자를 하는 경향이 점증하고 있다. 다양한 데이터를 바탕으로 투자를 하는 과정에서 ESG를 고려하는 것과 장기적인 투자 성과 사이에 긍정적인 관계가 있다는 증거가 제시되고 있기 때문이다.[63] 이처럼 ESG를 반영하는 것은 자산 가치가 하락하는 하방 위험downside risk에 대한 방어로서의 의미가 있다. ESG를 고려하는 채권의 경우 ESG 투자와 마찬가지로 하방 위험을 완화할 수 있을 것으로 예상된다. 이와 같은 이유로 인하여 글로벌 차원이나 국내에서 ESG 채권발행이 기업의 자금 조달 수단의 주류로 떠오르고 있다. 하지만 ESG 채권의 발행과 관련해서는 해결해야 하는 몇 가지 과제가 놓여있다. 여기에는 '그린워싱 리스크' 방지를 위한 사후관리 필요성도 포함된다. 이하에서 ESG 채권과 관련해서 장래 개선되어야 하는 사항을 크게 2부분으로 나누어서 살펴본다.

ESG 채권에 대한 체계적 관리

가이드라인의 의미

녹색채권의 경우 조달한 자금을 환경친화적인 활동에 사용한다고 하지만 그것을 어떻게 확인할지는 의문이다. 일반적으로 녹색채권의 안내서에서는 녹색채권 원칙에 부합하여 자금을 사용한다고 용도가 명문화되어 있지만, 조달한 자금을 반드시 다른 자금과 분리하여 관리해야 하는 것이 아니기 때문에 그 용도에 관해 감시·감독하는 것이 필요하다. 그러나 글로벌 채권시장에서는 ICMA와 같은 기구나 협회 등에서 제정한 ESG 채권 요건이 활용되고 있기는 하지만 국내의 경우 관련 요건을 정하고 있는 법률이나 기준 등은 없는 실정이었다.[64] 그렇지만 늦은 감이 있지만 2020년 12월에 환경부·금융위원회·한국환경기술원·한국거래소(이하 '환경부 등')가 공동으로 〈녹색채권 가이드라인〉을 발표한 바 있다. 이 가이드라인은 ICMA가 발표한 가이드라인을 기반으로 하여 우리 현실에 맞게 일부 수정한 것이다. 무엇보다도 이 가이드라인은 녹색채권에 대한 체계적 관리를 위한 가이드라인을 제시한다는 점에서 커다란 의미를 부여할 수 있다. 녹색채권의 발행을 통한 환경개선의 효과를 높이기 위해서는 그린워싱 채권을 방지하는 것이 필수적이다. 이 가이드라인은 그린워싱 채권이 시장에 출회되는 것을 방지함으로써 녹색채권에 대한 투자자의 신뢰성 제고 및 녹색채권 시장의 활성화를 목표로 하고 있다. 또한 녹색채권 발행자를 위한 가이드라인을 제공해 줌으로써 녹색채권 관련 이해관계자

가 녹색채권에 대해 검토 시 활용할 수 있는 판단 근거를 제시하고 있다.[65]

그러나 이러한 가이드라인이 그린워싱을 방지하고 녹색채권 프레임워크를 제공하고는 있지만 가이드라인의 대부분이 권고 사항에 그치고 있다. 특히 회계법인이나 신용평가사에서 사후 보고를 인증받는 것 역시 권고 사항에 지나지 않는다. 따라서 ESG 채권발행이 증가하게 되면 서로 ESG 채권이라고 주장하게 될 것이다. 이 경우 투자자들이 진정한 의미에서 ESG 채권에 투자하도록 하고 투자자의 신뢰를 확보하기 위하여 법적인 장치를 마련하는 것이 필요한 측면이 있다. 구체적으로는 사전적 및 사후적으로 인증제도certification를 사용하는 방법과 사후적으로 그린워싱 등 거짓의 표시를 한 경우에는 제재를 하는 방법을 생각할 수 있다

ESG 채권이라고 해서 다른 채권과 특별하게 다를 것은 없다고 본다. 문제는 어려운 이웃을 위해서 사용하겠다고 하고는 실제로는 그런 목적으로 거의 사용하지 않았다는 사실이 드러나는 경우 이런 행위가 시장에 냉각 효과를 가져 올 수 있다. 따라서 이러한 문제를 미연에 방지하기 위해서 법적으로 ESG 채권이라는 점에 대한 신뢰를 투자자들에게 줄 수 있어야 한다. 환경부 등이 2020년 12월에 녹색채권 가이드라인을 발표하고 발행 기준을 확정했지만 사회적 채권이나 지속가능채권은 아직 발행 기준이 없다. 이러한 상황은 발행 기업이나 투자자에게 혼란을 초래할 우려가 크다. 이러한 제도적 기반이 조성되어야 한국에서 더 많은 ESG 채권이 발행되어 투자 대상으로 ESG 펀드가 주목받을 수 있을 것으로 기대된다.[66]

공시와 사후 인증

그렇다고 법으로 ESG 채권이라는 정의를 두어 법적 근거를 마련하는 것이 바람직한 방법일까? 반드시 그렇다고 보기는 어렵다고 생각한다. 지금과 같이 자율적으로 ESG 채권을 발행하도록 하는 것이 바람직하다고 본다. 그 이유는 ESG의 개념에 담을 수 있는 내용이 많고 이를 고정화시킬 경우에는 향후 기술 발전에 따른 기술 중립성 technology neutrality을 담보할 수 없기 때문이다.

따라서 이런 측면에서 정부기관이나 국제기구에서 발표한 가이드라인은 매우 중요한 의미를 가지고 있다고 볼 수 있다. 앞서 살펴보았듯이 글로벌 차원에서 ICMA가 발표한 '녹색채권 원칙GBP'이 있고, 이를 바탕으로 환경부 등에서 발표한 〈녹색채권 가이드라인〉이 존재한다. 이들 '원칙'과 '가이드라인'은 녹색채권으로 인정받기 위한 4가지 핵심 구성요건을 제시하고 있고, 그 중에서 중요한 것이 '공시'와 '사후 인증'이다. 특히 금융투자회사들의 자율 조직인 금융투자협회에서 금융투자회사의 업무 특성에 어울리는 기준을 제시하는 것도 바람직할 것이다.

먼저, 공시 부분을 보면 채권의 경우에는 구체적으로 투자하는 대상 기업이나 프로젝트에 대한 상세한 내역을 투자자들에게 제공하도록 함으로써 투자자들이 스스로 자신이 투자하는 채권이 명실상부하게 ESG 채권인지 여부를 판단하도록 하는 것이다. 즉 투자자에게 녹색채권 투자의 환경적 임팩트를 평가하는 데 필요한 정보를 제공하도록 하는 것이다.

다른 방법은 인증제도다. 이러한 인증은 발행회사가 외부 인증기관을 선정하여 발행 전에 외부기관에 의한 검토 과정을 수행하여 자사의 녹색채권이 GBP의 네 가지 핵심 요건에 부합하는지 평가할 필요가 있다. 발행 후에는 외부감사인 또는 제3의 기관을 활용하여 발행회사의 내부추적시스템과 녹색채권 조달 자금이 적격 녹색 프로젝트에 적절하게 분배가 되었는지를 검증하도록 하는 것이다.[67]

이 경우 인증기관을 공적 기관으로 할 것인지, 아니면 사적 기관으로 할 것인지 아니면 양자를 섞어서 인증할 것인지도 문제가 되지만, 발행회사와 독립적 위치에 있는 기관이라면 충분할 것으로 보인다. 환경부 등이 제시한 〈가이드라인〉은 외부 검토를 수행할 기관에 대해 지속가능성을 평가할 수 있는 전문성을 보유한 회계법인, 신용평가회사, 컨설팅 회사, 연구기관 등을 열거하며 일정한 기본 조건을 갖출 것을 권고하고 있다. 따라서 녹색채권을 발행하는 기업은 외부 검토 기관을 선정할 때 이러한 점을 충분히 고려할 필요가 있다.

또한 해당 〈가이드라인〉은 외부 검토의 객관성 및 표준성을 확보하기 위해 외부 검토를 수행하는 기관이 외부검토보고서에 포함해야 할 정보를 구체적으로 아래 4가지로 규정하고 있다.[68]

- 외부 검토기관의 자격, 외부 검토 목적과 검토 범위에 대한 설명
- 외부 검토기관의 독립성 및 이해상충 방지를 위한 방침에 대한 내용
- 외부 검토 시 활용한 관련 내용에 대한 정의, 접근방식, 평가 방법론
- 외부 검토의 한계점을 포함한 평가 의견 또는 결론

이러한 내용들은 궁극적으로 외부 검토기관의 검증 능력, 독립성 그리고 해당 검토의 결과에 대한 신뢰도 제고에 초점을 두고 있다고 할 수 있다. ICMA 역시 녹색, 사회, 지속가능성 채권에 대한 외부 검토와 관련한 가이드라인을 제공하고 있다. ICMA 가이드라인은 발행사에 대해 발행 전 및 발행 후 모두 외부 검토기관의 평가를 권장하고 있다. ICMA는 발행사가 다양한 형태의 평가 방식에 대한 권고와 설명을 필요로 할 경우를 위해 "외부 검토 가이드라인Guideline for External Reviews"을 제공하고 있다.

이러한 인증제도를 활용한다면 ESG의 모든 요소들에서 이런 인증제도를 운영할 수도 있고, 이 중에서 현화 정도가 높은 환경 분야를 먼저 할 수도 있을 것이다.

ESG 채권의 비교 가능성 제고

ESG 채권을 발행하는 경우 일반 채권과는 달리 사후 보고 및 외부 기관의 평가에 따라 추가적인 비용과 시간을 투입하여야 하므로 발행 조건이 일반 채권에 비해 반드시 유리하지는 않다. 게다가 외부 평가자의 판단에는 차이가 있다 보니 반드시 균일한 가치관이나 입장에 의하여 평가가 이루어지고 있는 것은 아니다. 또한 채권 발행자의 개성을 외부 평가자가 인정할 것인지, 그리고 더 나아가 그러한 개성이 발행 금리를 정하는 데 영향을 주게 될 것인지에 관하여 표준적인 기준이 없다. 투자자의 입장으로서는 ESG에 관련된 프로젝트 채권의 경우 전통적인 금융자산과의 상관관계가 낮고 대체적인 투자 자본으로서의 측면을 가지고 있기 때문에 다른 채권 상품과 비교하기 곤란하다. 특히 ESG 채권에 특유의 요소로서 환경적·사회적으로 긍정적인 영향을 투자자가 쉽게 파악할 수 있도록 하여야만 ESG 채권시장이 건전하게 발전할 수 있을 것이다. 이를 위해서는 그러한 긍정적인 영향을 가급적이면 정량화할 수 있도록 지표를 개발하는 것이 필요하다.

제6부

ESG와
정보공시·평가

15
ESG 정보의 공시

금융투자상품을 사고파는 자본시장이 원활하게 운영되기 위해서는 선행적으로 정보의 투명성이 보장되어야 한다. 투자 대상 기업에 관하여 정보를 획득하는 다양한 수단 중에서 가장 기본적이면서도 중요한 것으로 그 기업의 재무제표를 들 수 있다. 재무제표의 신뢰를 높이기 위해 그간 공인된 기구가 작성한 회계기준에 따라 재무제표를 작성하는 것이 의무화되었다. 그런데, ESG 정보는 비재무적인 것이다 보니 재무제표에 반영되지 않는다. 때문에 ESG 정보는 별도의 보고서에 기재되는 것이다. 따라서 ESG 투자를 위해서는 그에 관한 정보공시가 요구될 수밖에 없다. 이하에서는 ESG 보고서의 보고와 관련된 전체적인 과정과 실무적인 현황에 대해 분석하기에 앞서 ESG 공시 규제의 필요성과 ESG 정보공시의 일정표를 비롯하여 여러 가지 용어 및 실무적인 보고 단계에 대한 이해를 위한 예비적인 설명을 한다.

ESG 보고서의 전체적인 보고 과정에 있어서 독자들이 흔히 오해하고 있는 여러 가지 용어와 절차에 대해서 먼저 짚어 보고자 하는 것이다. ESG 보고는 여러 가지 면에서 재무 보고와 유사하다. 재무 보고의 목적인 '유용한 정보의 제공'이라는 측면으로 보면 ESG 보고와 재무 보고는 유사성을 뛰어넘어 같은 분류이거나 하나의 보고서에 통합되는 것이 맞을지도 모른다. 하지만 아직까지 ESG 보고는 자발적인 보고의 양식으로 그 정보의 활용이 다소 생소한 상황이다. 이에 ESG 보고를 재무 보고와 비교하며 설명한다.

ESG 정보 공시 규제의 필요성

주식이나 채권의 시장가격을 결정하는 그 수요와 공급은 해당 주식이나 채권의 발행회사에 관한 정보에 대한 투자자들의 평가에 의해 이루어진다. 자본시장에서 투자자들이 정확한 투자 판단을 내리는 데 있어서 회사의 정보가 충분하게 제공될 때 주식이나 채권의 시장가격은 그 발행회사의 상황을 정확히 반영할 수 있다.[1] 즉 정확하고 충분한 정보를 접하느냐의 여부는 투자자들이 적절한 투자 시점과 투자 여부를 결정하는 데 있어 매우 중요한 요소다. 따라서 회사에 대한 정보는 자본시장이 잘 기능할 수 있게 하는 동맥과도 같은 것이며, 정확한 회사 정보를 적시에 공시하는 것은 투자자들로 하여금 성공적인 투자를 하는 데 중요한 역할을 한다. 결과적으로 회사 정보에 대한 공시제도는 투자자 보호와 자본시장의 안정적 성장을 이룩하는 데 있어서 대단히 중요한 것이며, 따라서 이를 위하여 자본시장에서도 여러 가지 형태의 공시 의무를 부과하고 있는 것이다.

한편, 자본시장의 효율성이라는 면에 있어서도 회사 정보의 공시는 매우 중요한 의미를 가진다. 자본시장은 효율적이어야 한다. 왜냐하면 비효율적인 시장에 투자하려는 투자자는 없을 것이기 때문이다. 그렇다면 자본시장이 효율적이라는 말은 무엇을 의미하는가? 자본시장의 효율성은 일반 투자자들이 회사 정보를 충분히 습득하는 데 있어서 과다한 비용을 지출하지 않고, 또한 회사와 관련된 모든 확인할 수 있는 정보가 이미 주식이나 채권의 가격에 반영되어 있는 것을 뜻한다. 만약 자본시장이 효율적이지 않다면, 투자에 필요한 정보를 획득하기 어려워지고 이로 인하여 투자자들은 예측이 불가능한 자본시장에 대한 투자를 꺼리게 되어 자본시장의 발전을 이루어 나가기 힘들게 된다. 뿐만 아니라 시장의 효율성은 장래의 시장 상황에 대한 예측 가능성을 부여함으로써 자본시장 감독기관으로 하여금 적절한 정책을 세우는 데 도움을 주기 때문에 증권시장의 장기적인 발전에 있어서도 대단히 중요한 요소다. 이상과 같이 공시 의무의 중요성은 항상 강조될 수밖에 없으며, 같은 맥락에서 ESG 정보를 보고서를 통해 공시하는 것은 매우 중요한 의미를 가지고 있다.

이와 관련하여 금융위원회는 2021년 초 '기업공시제도 개선 간담회'를 진행하며 오는 2025년까지 지속가능경영보고서 자율공시를 활성화하고, 2030년부터 모든 코스피 상장사의 ESG 공시를 의무화하기로 했다. 이에 따라 우리나라의 ESG 정보 공시는 1단계인 2025년까지 ESG 정보공개를 위한 지침을 마련하고 ESG 자율공시를 활성화하며, 2단계에서는 2025년부터 일정 규모 이상의 코스피 상장사들은 ESG 정보를 의무적으로 공시하여야 하며, 3단계인 2030년부터는 코스피 상장사 전체를 대상으로 공시가 의무화될 예정이다. 2021년 1월 18일 공개된 한국거래소의 〈ESG 가이던스〉에서는 ESG 개념, 정보공개 원칙, 보고서 작성 및 공개 절차에 대한 해설과 함께 주요 정보공개 표준과 정보공개를 위한 권고 지표를 제공하고 있다. 이 지표에는 12개의 항목과 21개의 세부 지표가 포함되어 있다.

ESG 정보 공시 관련 기본 개념

보고서 명칭

ESG 보고서의 명칭은 대동소이하나 보통 '지속가능성보고서'라는 명칭을 사용한다. 재무 보고의 경우 사업보고서_{연차, 반기, 분기보고서}라는 커다란 틀 안에 재무제표 등 여러 가지 정형화된 정보들이 공시된다. 사업보고서 의무 보고와 비교하면 ESG 보고는 아직까지 자율 보고 사항이며 그 양식과 명칭 또한 보고 주체별로 다소 상이한 부분이 있다. 하지만 최근 국내 대기업의 ESG 보고서를 보면 그 양식이 점차 정형화된 틀을 갖추어 가는 것으로 보이며 기업별로도 매우 유사한 형태를 보이고 있다. 이는 2025년 시행 예정인 지속가능성보고서의 공시 의무화에 앞서 기업들이 선제적으로 맞추어 가고 있는 것으로 풀이 된다.

보고 기준

지속가능성보고서의 보고 기준은 국제기준인 GRI 표준이 대표적이라고 볼 수 있다. 국내외 거의 모든 기업들이 GRI 표준을 지속가능성보고서 작성 기준으로 적용하고 있으므로 유일한 기준이라고도 볼 수 있겠다.

자본시장의 국경이 없어지고 그로 인하여 투자자도 글로벌화되면서 거래 비용을 줄이려는 취지에서 국제적으로 단일·통합된 회계처리기준의 등장이 기대되어 왔다. 이러한 기대에 부응하여 출현한 것이 바로 국제회계기준IFRS, International Financial Reporting Standards이다. 이는 회계에 관한 세계 공통적인 기준을 마련하는 것을 주된 이념으로 1973년 런던에서 설립된 비영리·민간 국제기구인 국제회계기준위원회IASB, International Accounting Standards Board[2]가 각국 회계기준을 검토한 끝에 제정한 것이다. 전 세계적으로 약 120개 국가에서 IFRS를 전면 혹은 부분적으로 도입을 하고 있으며 한국도 이에 해당한다. 말하자면, 한국채택국제회계기준이하 'K-IFRS'은 금융위원회가 구 「주식회사의 외부감사에 관한 법률」 제13조에 의거하여 채택한 것으로서 결국 IFRS를 우리말로 옮긴 이른바 한국판 IFRS라고 할 수 있다.[3] 이처럼 K-IFRS는 IFRS를 전폭적으로 일시에 수용한 것이라는 점에서 회계기준의 빅뱅Big Bang[4]으로 평가되기도 한다.

IFRS 이전에는 국가별로 상이한 회계기준을 적용하여 기업이 소속된 국가에 따라 비교 가능성 떨어지는 단점이 있었다. 이와 유사하게 지속가능성보고서도 국제적인 기준이 마련이 되어 현재 통용되고 있는데, GRI 표준이 그것이다. 국가별 및 기업별로 상이한 기준이 아닌 하나의 공통적인 기준을 적용하여 지속가능성보고서의 비교 가능성을 높이는 데 기여하고 있다.

인증 여부

인증 또는 검증은 지속가능성보고서의 내용이 그 작성 기준인 GRI에 부합하는지를 외부 전문가가 평가하고 검증에 대한 의견을 제시하는 것이다. 이는 재무 보고의 외부 회계감사 기능과 유사하다. 재무 보고에서는 '독립된 감사인의 감사보고서'라는 외부 전문가의 검증 시스템이 있으며 지속가능성보고서에는 '제3자 검증 의견서'라고 하는 명칭의 검증 의견서가 있다. 보고서가 자의적으로 작성된 것이 아니라 일정한 검증 기준에 맞춰 적절한 정보를 제공한다는 제3자의 인증이다. ESG 보고서를 공시하는 기업의 입장에서 보고서에 대한 품질과 신뢰도를 인정받기 위해 필수적인 부분이라 할 수 있다. 유럽의 국가 중 프랑스, 스페인, 이탈리아 등은 이미 ESG 정보 인증을 의무화하였다.

감사보고서 작성의 주체인 감사인 즉 회계법인에 대응되는 국제적인 인증기관이 존재하며 국제적인 파트너십을 구축하여 영업을 하는 회계법인과 유사한 구조를 가지고 있다. 사전적인 의미의 인증은 어느 정도 평가와 혼용되는 경우가 있으나 지속가능성보고서를 논함에 있어서 인증과 후술하는 평가는 특히 구분될 필요가 있다.

외부 평가

지속가능성에 대한 외부 평가는 사실 지속가능성보고서 자체에 대한 평가는 아니다. 이는 기업의 지속가능성에 대한 여러 가지의 평가 항목에 대해서 전문적인 외부 기관이 평가를 하는 것이다. 기업의 경영 평가나 신용평가가 재무 보고서에 대한 평가가 아닌 것과 마찬가지다. 외부 평가는 언뜻 보기에 지속가능성보고서와 관련이 없어 보이지만 외부 평가기관이 평가를 수행함에 있어서 가장 중요하게 의존하는 수단이므로 평가의 근간이라고 할 수 있다.

위의 내용을 요약하면 다음의 표와 같다. 지속가능성보고서의 보고 체계와 각 단계별 구체적인 내용은 뒤에서 살펴본다.

ESG 보고와 재무 보고의 비교

구분	ESG 보고	재무 보고 (재무제표)
보고서 명칭	지속가능성보고서 또는 그 유사 명칭	사업보고서 (연차, 반기, 분기 보고서)
보고 기준	GRI 표준	한국채택국제회계기준 (K-IFRS)
인증 여부	국내외 인증기관 (선택적) ⇨ 제3자 검증의견서	외부감사인의 감사 (의무 사항) ⇨ 감사보고서
외부 평가	ESG 평가 등급 부여 시 활용	신용평가 등 외부 평가 시 활용

16
ESG 보고와 가이드라인

ESG는 4차 산업혁명 시대의 경영 활동에 필수적인 요소로 자리매김하고 있다. 최근 국내외 많은 기업들이 ESG와 관련하여 많은 활동을 시작하고 막대한 금액의 투자를 하고 있지만, 아직까지 ESG 활동과 성과의 보고 기준이나 평가의 잣대는 모호한 실정이다.

기업이 ESG 활동과 성과를 보고하는 방식으로는 크게 '지속가능경영보고서'라는 이름으로 귀결된다. 지속가능경영보고서는 ESG 활동의 출발점으로 볼 수 있으며 현재 많은 기업들이 지속가능경영보고서를 자율적으로 공시하고 있다. 공시는 기업이 사업 내용이나 경영 실적을 투자자 등 이해관계자들에게 알리는 제도이다. 매년 기업이 발표하는 사업보고서 및 감사보고서 등이 정기적인 공시의 예다. 상장기업의 경우 한국거래소나 금융감독원의 전자공시시스템을 통하여 공시한다. 지속가능경영보고서는 현재 자율적인 공시 사항으로 일부의 기

업들이 공시하고 있다.[5]

금융감독원 전자공시시스템에 따르면 2021년 7월 현재 최근 1년간 지속가능경영보고서를 공시한 기업은 유가증권시장을 기준으로 약 60여 개에 이른다. 어찌 보면 조금 기대에 못 미치는 숫자다. 이에 정부는 'ESG 정보공개 의무화'를 추진하려는 움직임을 보이고 있다. 그렇지만 업계는 이에 반대하는 모습이다. 상장회사협의회의 설문조사에 의하면 정부의 'ESG 정보공개 의무화' 추진에 대해 88%가 반대한다는 응답이 나왔다. 아직 시기상조일 수도 있다. 아직 ESG 공시의무에 대한 사회적 합의에 도달하기에 시간이 더 걸릴 것으로 보인다.

이처럼 아직은 자율공시 사항으로 금융감독원 전자공시시스템에 공시할 의무가 없기 때문에 많은 기업들은 자체적인 소통 방식으로 보고서를 공개하는 경우도 있다. 즉, 금융감독원 전자공시시스템에 공시하고 있지는 않지만 자체적으로 기업의 홈페이지 등에 보고를 하는 경우도 있다. 많은 기업들이 지속가능경영보고서라는 이름으로 보고서를 발간하지만 일부는 유사한 다른 이름을 사용하는 경우도 있다. 예를 들어 ㈜삼성전기는 '지속가능성보고서' 라는 이름으로 발간하고 있다.

본 장에서는 ㈜삼성전기가 2021년 7월에 발간한 2020-2021 ㈜삼성전기 지속가능성보고서를 금융감독원 전자공시시스템에서 입수하여 그 보고서의 양식과 내용에 대해서 소개한다. ㈜삼성전기의 지속가능성보고서의 첫 번째 정보는 보고서의 개요로서 보고서가 공개하는 정보와 그 정보의 수집, 평가, 검증에 관한 내용을 개괄적으로 보여준다.

보고서의 체계

보고서의 개요

보고서의 개요는 기업의 주된 사업 내용과 경영 활동에서의 ESG 관련 성과를 기록하는 내용으로 기술한다. 보고서의 목적이라고도 할 수 있는 개요에서 지속가능성이 장기적으로 기업의 성공과 가치 창출에 기여할 수 있다는 내용으로 보고서를 시작한다.

보고 방식 및 범위

보고 방식 및 범위에서는 지속가능성보고서의 작성 기준을 기술한다. 국내의 거의 모든 기업은 GRI 표준을 보고서 작성의 기준으로 하고 있으며 이는 국제적으로 통용되는 기준이다. 사업보고서에 포함되는 재무정보 즉 재무제표를 작성하는 국제적인 기준인 국제회계기준과 유사하다고 볼 수 있다. GRI 표준에 대해서는 뒷부분에서 자세하게 다룬다.

보고 구조

보고 구조는 지속가능성보고서의 전체적인 목차를 기술하는 부분이다. CEO의 인사말로 시작하며 각 부분별로 보고되는 정보와 순서에 대해서 기술하고 있다. 삼성전기의 경우 경제, 환경, 사회의 28개 이슈를 선정하여 그 중대성에 대한 평가 과정의 구조에 대해서 기술하고 있다.

보고서 데이터

보고서 데이터는 보고 기간이라고 칭하는 것이 더 정확하다고 볼 수 있겠다. ESG 관련 활동과 성과에 대해서 특정 기간 동안의 정보를 가지고 보고서를 작성하였다는 기준에 대해서 기술하는 부분이다. 삼성전기의 경우 보고 기간으로 회계연도2020년 1월 1일 ~ 2020년 12월 31일를 적용하고 있다. 보고서를 2006년부터 처음으로 발간하였다는 내용과 2018년부터는 매년 발간하고 있다는 내용을 기술하고 있으며 ESG 관련 실적 평가 핵심 지표KPI, Key Performance Indicator를 제공하고 있다는 내용도 포함되어 있다.

삼성전기의 보고서 발간일이 2021년 7월이므로 보고기간의 종료 이후 발간일까지 약 7개월의 준비 기간이 소요되었다. 아직까지 자율적으로 공시하는 보고서이므로 사업보고서와 같은 제출 기한은 존재하지 않는다. 다만, 최근의 보고서들을 보면 대략 6월에서 7월 사이에 보고서의 발간이 집중되어 있다. 이는 사업보고서의 제출 시기 및 여러 가지 다른 의무 보고서의 제출 시기와 시기적으로 중복을 피하고자 하는 것으로 보인다. 이러한 삼성전기의 지속가능성보고서의 첫 페이지는 다음과 같다.

삼성전기의 지속가능성보고서 첫 페이지

About This Report

2020-2021 삼성전기 지속가능성보고서 개요

삼성전기(Samsung Electro-Mechanics)는 첨단 전자부품에서 기계부품까지 개발·생산하는 글로벌 종합부품 제조회사입니다. 삼성전기의 주요 사업은 컴포넌트, 모듈, 기판 3개 부문을 중심으로 B2B 체제로 운영하고 있습니다. 2020-2021 삼성전기 지속가능성보고서는 삼성전기의 주요 사업을 포함한 모든 경영활동에서의 경제, 환경 및 사회적 성과를 기록합니다. 본 보고서는 지속가능성이 삼성전기의 장기적인 성공에 기여하는 방법과 회사로서 고객, 직원, 협력회사, 공공을 대상으로 어떻게 가치를 창출하는지 기술하고 있습니다.

보고 방식 및 범위

본 2020-2021 삼성전기 지속가능성보고서는 GRI(Global Reporting Initiative) Standards의 Core Option에 부합하게 작성되었습니다. GRI에 대한 자세한 내용은 globalreporting.org를 참조하십시오.
본 보고서에는 국내 및 일부 해외 생산·판매 사업장의 경제, 환경, 사회 성과를 포함하고 있습니다. 모든 데이터 범위를 연결기준으로 하였으나, 일부 지표의 경우 국내 사업장으로 그 범위를 국한하였습니다.

- GRI 가이드라인 확인
- ESG(Environment, Social, Governance) 성과 보고
- GRI Standards 가이드라인 적용
- 매년 국문과 영문으로 보고서 발행

- GRI 부합 목표
- 지속가능성보고서 다운로드
  - 국문(KOR)　　영문(ENG)

보고 구조

2020-2021 삼성전기 지속가능성보고서에는 삼성전기의 경영전략 방향성에 대한 CEO 인사말이 기재되어 있으며, 삼성전기의 지속가능경영 전략과 가치창출 방법에 대해 설명하고 있습니다. 또한, 삼성전기의 기회와 위험, 미래 이슈에 대응하기 위한 경제, 환경, 사회적 이슈 28개를 선정하고 주요 이해관계자를 고려한 중대성 평가 프로세스를 진행하여 이슈의 우선순위를 선정하였습니다. 해당 프로세스로 도출된 상위이슈는 보고서의 '중대성 이슈' 목차에서 자세하게 보고하고 있습니다. 또한, 이해관계자를 위한 개별 섹션을 구성하여 삼성전기의 지속가능경영 성과를 효과적으로 보고하고자 하였습니다. 본 영역은 '지속가능한 경영' 파트에서 찾아보실 수 있습니다. 제3자 검증은 해설과 보증방식으로 제공되며 삼성전기의 경제, 환경, 사회적 성과를 포함하는 ESG KPI는 부록에 위치합니다.

보고서 데이터

2020-2021 삼성전기 지속가능성보고서에 수록된 정성적, 정량적 데이터의 보고기간은 2020 회계연도(2020년 1월 1일~2020년 12월 31일)입니다. 정량적 데이터의 경우, 과거 실적과의 비교를 위해 2018년부터 2020년까지 3개 연도의 데이터를 수록하였습니다. 재무 정보의 경우 한국채택국제회계기준(K-IFRS: Korean International Financial Reporting Standards)에 따라 연결기준으로 작성되었으며, 일부 별도기준으로 작성된 재무 정보에 대해서는 주석으로 표기하였습니다. 삼성전기의 ESG KPI(Key Performance Indicator)는 이해관계자별로 분류하여 데이터를 제공하고 있으며, 하기 링크를 통해 접근하실 수 있습니다. 삼성전기는 2006년 6월 첫 지속가능성보고서를 발간한 이래 2년 주기로 보고서를 발간하였으며, 2018년부터는 매년 발간을 통해 이해관계자와 적극적으로 소통하고자 노력하고 있습니다.

- 재무보고는 K-IFRS 적용
- 보고기간은 FY2020이나, 비교검토를 위해 FY2018-FY2020 수록
- 일부 정보는 2021년 3월까지의 활동을 반영

- ESG KPI　　TCFD 대조표

보고서의 검증

보고서의 검증은 기업이 자체적으로 작성한 지속가능경영보고서의 내용에 대해 진위 여부 및 작성 기준의 준수 여부를 확인하는 시스템이다. 재무제표의 외부 회계감사 시스템과 유사하다고 볼 수 있다. ㈜ 삼성전기의 경우 영국표준협회BSI의 검증을 받았다. 외부 회계감사와 유사하게 검증기관과 기업 간에는 일정한 기간 동안 문서의 검토와 인터뷰 등의 과정을 거쳐서 보고서의 작성을 진행한다. 외부 회계감사와 다른 점은 아직까지 검증이나 작성 기준 준수에 대한 명확한 규정 및 제재 관련 규제가 없기 때문에 외부 회계감사와 같은 작성 후 검증의 시스템이 아닌 작성 중 컨설팅의 수준이라고 보는 것이 더 정확하겠다.

영국표준협회는 국제적인 인증기관으로 100여 년이 넘는 역사를 갖고 있다. 국제적인 인증기구인 ISO와 유사한 인증기관으로서 영국 내 기관으로 국제기준의 인증 및 컨설팅을 주된 업무로 하고 있다. 최근 국내 기업의 지속가능성보고서의 검증 현황을 살펴보면 국제적인 검증기관은 영국표준협회를 비롯하여 노르웨이에 본사를 두고 있는 노르셰베리타스DNV, Det Norske Veritas사가 대표적인 인증기관으로 가장 많은 기업의 인증을 담당하고 있으며, 또 다른 영국의 인증기관인 로이드인증원Lloyd's Register과 함께 국제적인 인증을 주도하고 있다. 한편, 국내에도 많은 인증기관이 있으며 한국표준협회, 한국경영인증원 및 한국표준재단 등이 대표적이다. 그렇지만 아직 표준화된 인증기준이 없어 표준인증제 도입을 둘러싼 논쟁이 있다. 인증제를 법률로 도입하려는 움직임도 있지만 반대도 만만치 않다. ESG 관련 정보들이 정확한 내용을 담고 있는지 제3의 기관에 의한 인증이 필요하지만 어떠한 방법이 ESG 정신과 철학에 맞는 것인지에 대한 신중한 검토가 필요하다.

지속가능성 기준 준수 노력

지속가능성 보고서의 작성 시 어떠한 기준에 의해서 작성이 되었는지가 중요하며 그 기준은 보고서의 초반부에 중요하게 부각을 시킨다. 하지만 기업의 기준 준수 노력은 중요한 기준인 GRI에만 국한되는 것은 아니며 여러 가지 다른 국제적인 이니셔티브 등과 ESG 평가기관에 대한 대응으로 볼 수 있다. ㈜삼성전기의 경우 세 가지 글로벌 이니셔티브에 가입하였으며 ESG 성과의 평가를 위해 약 9개 기관에 대응하고 있다고 보고한다. 다음의 표는 삼성전기가 대응하고 있는 기관을 나타낸다.

삼성전기의 ESG 대응기관

지금까지 지속가능경영보고서의 보고와 가이드라인에 대해서 ㈜삼성전기의 지속가능성보고서를 토대로 살펴보았다. 유럽연합의 경우 2014년부터 일정한 기준을 충족한 기업들에 대해서 지속가능성보고서의 공시를 의무화하고 있으며 현재까지 그 대상을 확대하고 있다. 한국의 경우 아직까지는 자율공시 사항으로 일부 대형 기업들만 자율적으로 보고하고 있으며 보고서의 형식 및 보고 기간 등이 아직 정형화되어 있지 않다[6].

17
GRI 표준

ESG 정보 공시에 대한 다양한 글로벌 표준 가이드라인이 발표되고 있는 가운데, 글로벌 보고 이니셔티브GRI, Global Reporting Initiative, 기후변화 관련 재무정보 공개 전담협의체TCFD, Task Force on Climate-related Financial Disclosure, 지속가능회계기준위원회SASB, Sustainability Accounting Standard Board 기준이 글로벌 공시 표준으로 자리 잡고 있다.[7]

이 중에서도 GRI 표준이 가장 대표적인 기준으로 자리 잡고 있다고 할 수 있는데, 2021년 5월 기준으로 지속가능경영거래소Sustainable Stock Exchanges가 전 세계 61개 증권거래소의 ESG 공시 지침을 조사한 결과, 95%의 증권거래소가 GRI 가이드라인을 참고한 ESG 공시 지침을 가지고 있어 가장 범용적인 표준 가이드라인으로 활용되고 있다.[8]

GRI는 비정부 국제기구로서 기업체, 정부, 기타 조직의 기후변화, 인권 신장, 부정부패 등의 이해를 돕고 국제적인 지속가능보고서 작성과 공시 표준 제정을 목표로 1997년 미국 보스톤에서 설립되었다. 현재 본사는 네덜란드 암스테르담에 있다. GRI는 2000년에 전 기업군에 대해 최초로 지속가능성 보고를 위한 글로벌 프레임워크를 제시했다. 캐나다의 연구자 앨런 윌리스Alan Willis는 GRI 프레임워크의 목적aim을 제3자가 기업과 기업의 공급 사슬 내의 활동이 환경에 미치는 영향을 평가함에 있어 가이드라인을 제공하는 데 있다고 기술하고 있다.[9] 이하에서 글로벌 차원에서 가장 범용적인 표준 가이드라인으로 활용되고 있는 GRI 표준의 전반에 대해 조망해 본다.

GRI 표준의 체계

기초적 사항

GRI는 초기에 주로 기후변화 등 환경적 요소에 중점을 두었다. 그렇지만 지금은 기업을 둘러싸고 있는 거의 모든 것을 다룰 정도로 그 범위가 확대되었다. 따라서 GRI는 지속가능성보고서의 작성 및 인증 또는 검증을 위한 구체적인 로드맵을 제공하여 정보 이용자의 이해를 돕는 역할을 한다. 소위 개별 사항별Item-by-Item로 각각의 체크리스트를 구성하여 개별적인 항목의 부합 여부를 체크하고 최종적으로 섹션별 통합된 검증이 가능하도록 유도한다. GRI 가이드라인은 매우 구체적이며 크게 공통 표준Universal Standards, 경제Economic, 환경Environmental, 및 사회Social의 네 가지 섹션으로 구성되어 있다. GRI

가이드라인의 수직적인 분류를 위하여 네 가지 섹션의 각각의 항목에 대해 숫자로 코드를 부여하였으며 공통 표준은 100번대, 경제는 200번대, 환경은 300번대, 사회는 400번대로 구분하고 있으며 세부 항목에 대해서는 적절히 코드의 마지막 자리부터 한 단계씩 상향하여 구분하였다. 예를 들면, 경제의 첫 번째 항목은 201번으로 시작된다. 다음의 표는 GRI 표준의 공통 부분인 〈Figure 1〉을 발췌한 것이다.

GRI 표준의 예

Figure 1
Overview of the set of GRI Standards

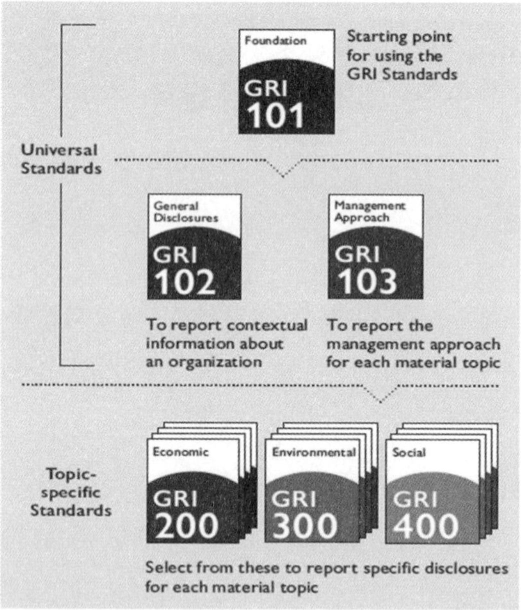

이러한 네 가지 영역은 지속가능성보고서의 커다란 축인 ESG를 모두 포함하고 있다. 현재의 GRI 표준은 2016년에 가장 폭넓은 개정이

있었으며 이하에서는 2020년 버전을 바탕으로 각 세부 항목을 소개한다.

공통 표준

몇몇 기업의 보고서에 따르면 공통 표준은 '일반 정보공개'라는 명칭으로 소개되고 있다. 공통 표준 내에는 크게 세 가지의 세부 항목들이 있으며 그 첫 번째는 보고의 원칙Reporting Principle이다. 보고의 원칙은 보고서 작성자에게 보고서 작성 시 요구되는 기준의 요구 사항에 대해 기술한다. 이는 작성자뿐만 아니라 정보 이용자에게도 유용한 정보로서 보고서의 가장 기본이 되는 원칙을 기술한다. 두번째는 일반 공시General Disclosures이다. 일반 공시에서는 영어로는 'Contextual Information'이라고 하는 서술형 정보를 기술하며, 이는 크게 조직의 개요, 전략, 윤리와 성실성, 지배구조 및 이해관계와 관련된 정보를 제공한다. 후술하는 나머지 세 가지 섹션의 평가 방법은 주로 통계적인 수치를 활용하는 반면 일반 공시는 서술형으로 있는 사실 그대로를 전달한다. 마지막으로 경영접근방식이라고 직역할만한 'Management Approach'가 있다. 경영접근방식은 기업의 중요한 토픽 및 그 경계에 대한 설명, 경영 접근 및 구성요소, 그리고 경영 접근에 대한 평가로 구성된다. 중요한 토픽이란 기업에 중대한 경제적, 환경적, 그리고 사회적 임팩트를 주는 이슈 등을 말한다. 예를 들어 SK주식회사의 지속가능경영보고서에 따르면 '보고 핵심 이슈'라고 명칭하며 주로 기업의 지속가능 전략에 관한 부분이 기술되고 있다.

다음은 SK주식회사의 2021년 지속가능경영보고서에서 일부 발췌한 GRI 공통 표준하의 항목별 표준Topic들을 정리한 표다. 표 안에서 첫 번째 항목인 조직 개요는 주로 조직의 프로필에 관한 내용을 기술하고 계속되는 항목들도 서술형 정보를 포함하고 있다. 마지막 항목으로 조직 개요가 한 번 더 기술되고 있는데, 이는 조직의 개요라기보다는 보고서의 프로필로서 보고서와 관련된 여러 가지 항목을 나열하고 있으므로 '보고서 개요'가 올바른 명칭이라 할 수 있다.

GRI의 공통 표준

항목	No.	기준
조직 개요	102-1	조직 명칭
	102-2	활동 및 대표 브랜드, 제품 및 서비스
	102-3	본사의 위치
	102-4	사업 지역
전략	102-14	최고 의사결정권자 성명서
윤리와 성실성	102-16	가치관, 이념, 행동기준 및 규범
지배구조	102-18	지배구조
이해관계자 참여	102-40	조직과 관련 있는 이해관계자 집단 리스트
	102-43	이해관계자 참여 방식
	102-44	이해관계자 참여를 통해 제기된 핵심 주제와 관심사
조직 개요	102-45	연결 재무제표에 명시된 자회사 및 합작회사 리스트
	102-50	보고 기간
	102-52	보고 주기
	102-54	GRI 표준에 따른 보고 방식

항목별 표준

1. 경제 분야

GRI 표준 중 경제적인 성과를 보고하는 부분이다. 보고서를 준비하는 기업의 입장에서 보면 가장 전통적인 방식의 성과 평가 항목이라고 볼 수 있다. 임직원의 퇴직금 제도의 정착 여부와 정부 지원 보조금 수혜 실적 등의 가시적인 항목이 있는가 하면 사업장의 부패 위험 평가와 불공정 행위 등 정성적으로 평가해야 하는 항목들도 포함이 되어 있다. 별도의 사회Social 항목 부분이 있지만 ESG 중에 흔히 SSocial에 해당하는 내용들도 일부 경제Economic 항목에 포함이 되어 있다. 예시

GRI의 경제 항목 기준

항목	No.	기준
경제적 실적	201-3	조직의 확정급여형 연금제도 부담 및 기타 퇴직금제도
	201-4	정부지원 보조금 수혜실적
사업장 영향력	202-1	사업장의 현지 법정 최저임금 대비 신입사원 임금 비율 (남녀별)
간접적 경제 효과	203-1	공익을 위한 인프라 투자 및 서비스 지원 활동
간접적 경제 효과	204-1	주요한 사업 지역에서의 현지 구매 비율
반부패	205-1	사업장 부패 위험 평가
	205-2	반부패 정책 및 절차에 관한 공지와 훈련
	205-3	확인된 부패 사례와 이에 대한 조치
불공정 행위	206-1	경쟁 저해 행위, 독과점 등 불공정한 거래 행위에 대한 법적 조치

를 위해 앞의 표는 SK주식회사의 GRI 표준 부합표의 경제 항목을 부분 발췌한 것이다.

2. 환경 분야

GRI 표준의 세 번째 항목인 환경은 가장 중요한 기준 중의 하나이다. GRI의 최초 설립 목적이 기후변화 대응 등 환경적인 요소에서 시작을 했기 때문이다. 환경 부분의 측정은 계산식으로 되어 있어 언뜻 보기에는 보고가 용이해 보이지만 그 계산식에 포함되는 항목을 찾고 측정하고 보고하는 과정이 쉽지만은 않다. 예를 들면, GRI의 환경 분야 중 첫 번째 항목인 조직 내 에너지소비Energy consumption within the organization의 계산 방법을 보면 매우 까다롭게 정의가 되어 있다. 다음의 표는 GRI의 302-1의 요구 사항을 직역한 것이다.

GRI 302-1 조직 내 에너지 소비 보고 사항

보고의무자는 다음의 정보를 보고하여야 한다.

a. 총 에너지 소비량(비재생 에너지) 〈연료의 종류와 단위 : Joules〉

b. 총 에너지 소비량(재생 에너지) 〈연료의 종류와 단위 : Joules〉

c. 다음의 총 에너지 소비량 〈단위 : Joules, Watt-hours ets〉

  i. 전기 소비

  ii. 난방 소비

  iii. 냉방 소비

  iv. 스팀 소비

d. 다음의 총 에너지 판매량 〈단위 : Joules, Watt-hours ets〉

   ⅰ. 전기 판매

   ⅱ. 난방 판매

   ⅲ. 냉방 판매

   ⅳ. 스팀 판매

e. 총 에너지 소비량 〈연료의 종류와 단위:Joules〉

f. 측정의 기준, 방법, 가정, 계산식 등

g. 계산식의 변환 등에 사용된 방법 등

환경 분야는 오랜 시간 축적된 정보와 통용되는 계산 방법 등이 존재해서 보고 의무자의 입장에서는 보고 의무 사항만으로도 충분히 보고서를 작성하는 데 무리가 없다. 위의 보고 의무 사항을 토대로 좀 더 직접적인 예시를 위해 SK주식회사의 지속가능경영보고서 중 환경 분야의 에너지소비 부분을 발췌하였다. GRI의 요구 사항과 마찬가지로 총 에너지 소비량에 대해서 연료별 단위와 매출액 단위별 소비량을 보고한다. 시계열적인 추세 분석을 위해 2018년부터 2020년까지 3개년도의 결과를 보고하였으며 재생에너지의 비율은 해가 갈수록 증가하여 국제적인 수준에 맞춘 기업의 노력이 엿보인다. 다음의 표는 SK주식회사의 환경 부분의 성과표 일부를 발췌한 것이다.

SK주식회사의 환경 부분 성과표 일부

비재무적 성과 – 환경 (SK주식회사는 대기오염 및 수질오염 물질을 배출하지 않음)

에너지 소비

항목	단위	2018	2019	2020	비고
총 에너지 소비량 (절대량, Score 3 제외)	TJ	1,403	1,319	1,340	
매출 10억 원당 기준	TJ	0.549	0.406	0.386	
직원 1인당 기준	TJ	0.371	0.335	0.330	
도시가스	TJ	10	2	1.4	
매출 10억 원당 기준	TJ	0.004	0.0005	0.0004	
직원 1인당 기준	TJ	0.003	0.0004	0.0003	
경유	TJ	0.65	0.50	2.06	
매출 10억 원당 기준	TJ	0.0002	0.0002	0.0006	
직원 1인당 기준	TJ	0.0002	0.0001	0.0005	
전력	TJ	1,372	1,307	1,329	
매출 10억 원당 기준	TJ	0.537	0.403	0.383	
직원 1인당 기준	TJ	0.363	0.332	0.327	
지역난방	TJ	20	9.2	7.3	
매출 10억 원당 기준	TJ	0.008	0.003	0.002	
직원 1인당 기준	TJ	0.005	0.002	0.002	
A 화석 연료	MWh	2,747	656.70	947.17	
B 전력	MWh	142,799	136,259	138,329	
C 스팀/난방/냉방 등 기타 에너지	MWh	5	2.6	2.03	
D 총 재생에너지	MWh	113	113	134.5	
E 총 비재생에너지 판매	MWh	0	0	0	
총 비재생에너지 소비 (A+B+C-E)	MWh	145,551	136,918	139,278	
총 재생에너지 소비 비율	%	0.078	0.082	0.096	
총 에너지 소비 비용	백만원	16,916	15,480	15,987	경유 소비금액 제외

* 비상발전기 테스트 용 경유 사용량 합산하여 보고함에 따라, 전년도 보고서 내용과 차이 발생

3. 사회 분야

GRI의 사회 분야는 각각의 항목이 기업의 지속가능성에 미치는 영향

을 기술하는 세부 영역이다. 다시 말해 기업의 활동이 사회 전반에 미치는 영향으로서 궁극적으로는 기업과 사회가 함께 성장하고 발전해야 한다는 목표 의식을 가지고 있다. 이 영역에는 고용, 안전 보건, 인권, 개인정보 보호 등의 사회적 평가 항목들이 포함되어 있다. 다음의 표는 SK주식회사의 지속가능경영보고서 중 사회 항목의 내용을 일부

항목	No.	기준
고용	401-1	신규 채용 및 이직
	401-3	육아휴직
안전 보건	403-1	노사 공동 보건안전위원회 보유 여부와 노동자 대표 참가
	403-2	업무상 재해 · 질병 유형, 발생률, 휴직 일수 비율, 결근율, 업무 관련 사망자 수
교육 및 연수	404-1	임직원 1인당 평균 교육시간
	404-2	임직원 역량 강화 및 임직원의 다양성
다양성과 기회 균등	405-1	거버넌스 기구 및 임직원의 다양성
	405-2	남성 대비 여성의 기본급 및 보상 비율
비차별	406-1	차별 사건 및 이에 대한 시정조치
인권 평가	412-1	인권 영향 평가 혹은 인권 검토 대상 사업장
	412-2	기업의 인권 방침이나 절차에 대한 임직원 교육
공급자 사회 영향 평가	414-2	공급망 내 부정적 사회 영향과 이에 대한 시행 조치
개인정보 보호	418-1	고객 개인정보 침해 및 고객 정보 분실 사실이 입증된 불만 건수
사회 경제 컴플라이언스	419-1	사회적, 경제적 영역의 법률 및 규제위반

발췌한 것이다.

사회 영역 중 최근에 중요시 되고 있는 인권 평가 부분의 내용을 깊이 들여다보면 기업이 계획하고 추진하는 정책 및 성과에 대해서 기술하고 있다. SK주식회사의 경우 인권 경영과 관련한 정책으로 '인권 경영 방침'을 제시하고 '인권 영향 평가 실시'와 '인권 리스크 도출 및 개선'을 기술하고 마지막으로 '구성원 고충 처리 프로세스'에 대한 내용을 추가하였다. 이 중 인권 경영 정책에 해당하는 인권 경영 원칙을 발췌하여 다음의 표에 정리하였다. SK주식회사는 5가지의 인권 경영 원칙을 설정하여 기업의 노력을 제시하였고 그 원칙을 바탕으로 인권 경영을 실행하고자 하는 노력이 보인다. 다음의 표는 SK주식회사의 지속가능경영보고서에 보고된 인권 경영 원칙을 발췌한 것이다.

SK주식회사 인권 경영 원칙

① SK주식회사는 모든 구성원의 인권을 존중하고 인간으로서의 존엄성을 보장한다.

② SK주식회사는 모든 밸류체인상의 인권침해 요소를 예방하기 위해 최선의 노력을 다한다.

③ SK주식회사는 모든 이해관계자(구성원/협력회사 포함)의 행복을 추구하며, 생산되는 제품 및 서비스의 인권 요소를 고려한다.

④ SK주식회사는 기업의 사회적 책임을 다하며, 지역사회의 발전과 인권 존중을 위해 노력한다.

⑤ SK주식회사는 반부패(윤리경영), 환경/안전/보건, Compliance, 개인정보 보호 등을 포함한 인권 경영 실행에 필요한 관리체계를 수립하고 이행한다.

4. 요약

종합하면 GRI 표준은 기업의 지속가능성을 보고하고 평가하기 위한 구체적인 가이드라인을 제시하고 있으며 크게 네 가지의 영역으로 분류하여 그 성과를 보고한다. 각 영역의 명칭은 우리가 알고 있는 ESG와는 다소 상이함이 있지만 그 세부 영역으로 들어가면 ESG 영역의 어느 하나도 제외되지 않고 포함되어 있다. GRI 표준은 보고 주체인 기업과 인증을 담당하는 기관 또는 ESG 평가를 담당하는 외부 평가 기관에게도 구체적인 가이드라인을 제공하여 투명한 정보가 공개되는 데 기여하고 있다.

18
ESG 평가

지속가능성에 대한 평가이기는 하나 거의 모든 외부 평가기관들은 그 명칭을 줄여서 ESG 평가라고 한다. 이하에서 두 가지 용어를 혼용하지만 주로 ESG 평가를 사용하고자 한다. ESG에 대한 평가는 국내외 많은 기관들에 의해서 수행되고 있다. 가장 대표적인 기관으로는 국제적으로 널리 알려진 모건스탠리의 MSCI, 과거 톰슨로이터의 자회사였던 리피니티브Refinitiv, S&P 글로벌 등에서 ESG 평가가 이루어지고 있다. 국내 기관으로는 한국기업지배구조원과 서스틴베스트가 대표적인 두 기관이다. 각 평가기관마다 정도의 차이는 있지만 대체로 평가하는 방법은 유사하다. 먼저 지속가능성보고서의 내용을 기반으로 기본 정보를 평가하고 기업 측에 자료나 설문지 등을 요청하고 경우에 따라서는 직접 만나서 심층 면접 등을 수행한다. 이러한 평가 방식은 평가기관의 요청에 기업이 대응하는 식이기 때문에 기업이 얼마나 대응을 잘하느냐에 따라 평가 결과가 달라지기도 한다. 또한, 기업의 대응이 중요하기 때문에 기존의 영향력 있는 대형 평가기관들이 독과점적인 지위를 계속해서 유지하기도 한다. 계속해서 신생 평가기관이 생겨난다고 해서 기업들이 모든 평가기관에 대응을 할 수는 없는 구조이기 때문이다. 결국 기업도 전략적인 측면에서 한정된 자원으로 최대 효과를 보기 위한 선택과 집중이 필요한 것이다. 지금까지 앞에서 기업의 지속가능성보고서의 작성에 대해 살펴보았는데, 여기서는 기업의 지속가능성에 대한 외부 기관의 평가에 관하여 살펴본다.

ESG 평가 모델 ① : 리피니티브

등급 체계

ESG평가는 평가를 담당하는 기관마다 다를 것이다. 하지만 그 구체적인 방법에 대해서는 아직까지 공개적으로 미디어를 통해 소개된 적은 매우 드물다. 여기서는 ESG를 평가하는 글로벌 기업 중에 하나인 리피니티브Refinitiv[10]의 모형을 중심으로 분석하고자 한다. 리피니티브는 2018년에 설립되어 신생 회사처럼 보이나 기존의 다른 회사들의 인수와 합병으로 탄생하였기 때문에 신생 회사라고 보기는 어렵다. 리피니티브는 2018년 이후 톰슨로이터와 영국계 사모펀드인 블랙스톤 그룹의 자회사였으나 2021년 초 런던주식거래소그룹London Stock Exchange Group에 매각되면서 현재에 이르게 되었다. 톰슨로이터가 톰슨파이낸셜을 통해서 계속적인 재무정보의 제공과 분석을 해왔기 때문에 리피니티브의 ESG 평가의 역사는 톰슨파이낸셜의 역사와 함께한다고 해도 과언이 아니다.

리피니티브는 2002년부터 전 세계 상장기업 시가총액의 약 70%에 달하는 기업들의 ESG 평가를 수행하고 있다. 총 500가지가 넘는 다양한 ESG 평가 항목을 활용하여 등급을 부여한다. 타사와 마찬가지로 A+에서 D-까지 총 12개 구간에 걸친 문자 등급을 부여하면서 동시에 백분율 점수도 부여한다. 문자 등급의 경우 등급 간 간격이 커서 같은 등급이라고 하여도 세부적인 점수는 다소 차이가 나는 것을 고려한 것이다. 즉, 두 개의 다른 기업이 같은 A-등급이라고 해도 백분율 점수를 보면 서로 다른 경우가 있다. 이는 정보 이용자가 보다 정밀한 판단을 할 수 있도록 유도하기 위함이다.

리피니티브의 ESG 문자 등급의 정의를 보면 A등급에 대해서는 "우수한excellent"이라는 표현으로 ESG 성과의 상대적 우수성 및 중요한 ESG 정보공개에 있어서 매우 높은 수준의 투명성을 나타낸다. B등급에 대해서는 "우수한"보다는 다소 약화된 "좋은good"이라는 표현으로 등급을 정의하며, C등급은 "만족스러운satisfactory"의 표현으로 보통 수준의 등급을 나타낸다. 가장 최하위 등급인 D등급에 대해서는 다소 부정적인 의미의 "열악한poor"으로 표기하여 ESG 성과의 열악함 그리고 중요한 ESG 정보공개의 투명성 수준이 충분치 않음을 나타낸다. 독자의 이해를 돕기 위해 다음의 표에는 리피니티브의 ESG 등급의 정의를 영문 그대로 가져왔다.

리피니티브의 등급과 정의

등급	정의
A (A+,A,A-)	"A" score indicates excellent relative ESG performance and high degree of transparency in reporting material ESG data publicly
B (B+,B,B-)	"B" score indicates good relative ESG performance and high degree of transparency in reporting material ESG data publicly
C (C+,C,C-)	"C" score indicates satisfactory relative ESG performance and high degree of transparency in reporting material ESG data publicly
D (D+,D,D-)	"D" score indicates poor relative ESG performance and high degree of transparency in reporting material ESG data publicly

평가 체계

리피니티브는 다른 평가기관과 유사하게 ESG 점수를 위해 E, S, G 각각의 점수를 부여하면서 ESG 총점을 부여하는 방식이다. 하지만 다른 평가기관과 달리 평가 방법에 있어서 독특한 점은 'ESG Controversy score'이다. 'Controversy'라는 영어의 사전적 의미인 "논란" 또는 "쟁점"의 의미를 반영하여 ESG의 감점 사항으로 점수를 부여하는 것이다. 이렇게 ESG score와 ESG Controversies score를 함께 부여하면서 감점을 반영한 ESG Combined scoreESGC score라는 것을 최종적으로 부여한다. 이러한 전체적인 ESG score의 계산을 단계적으로 요약하면 다음의 표와 같다.

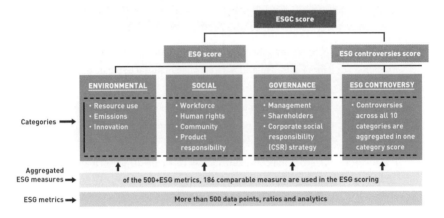

ESG Controversies는 리피니티브만의 독특한 평가 방식이며 약 23개의 세부 항목으로 평가를 한다. 주로 기업이나 기업의 경영진과 관련된 스캔들 또는 소송과 관련된 이슈들이 포함된다. 이러한 스캔들이나 소송이 기업에 미치는 영향은 기업의 크기에 따라 상이하므로 기업의 크기에 따라 가중치를 달리하여 적용한다. ESG Controversies의 23개의 세부 항목 중 주요 항목을 다음의 표에 요약하였다.

리피니티브의 Controversies의 내용을 보면 대체로 ESG에서 중요한 이슈들로서 이러한 이슈들이 평가에 반영된다면 평가 등급이 부정적으로 하향 조정될 수밖에 없을 것이다. 예를 들면, 표의 1번은 불공정 경쟁과 관련한 쟁점 사항으로 그 정의는 뉴스 등 미디어에 노출된 쟁점 사항의 빈도를 포함한다. 한국의 경우 물론 미디어에서 많은 부분 노출이 이루어지겠지만 우선은 공식적으로 공정거래위원회 판단이 우선되어야 할 것이다. 최근의 불공정 경쟁에 관한 사항은 예전

Refinitiv의 ESG Controversies

Category	Label	Description
1. Community	Anti-competition controversy	Number of controversies published in the media linked to anti-competitive behavior (e.g., anti-trust and monopoly), price-fixing or kickbacks.
2. Community	Business ethics controversies	Number of controversies published in the media linked to business ethics in general, political contributions or bribery and corruption.
3. Human Rights	Human rights controversies	Number of controversies published in the media linked to human rights issues.
4. Management	Management compensation controversies count	Number of controversies published in the media linked to high executive or board compensation.
5. Product Responsibility	Privacy controversies	Number of controversies published in the media linked to employee or customer privacy and integrity.
6. Resource Use	Environmental controversies	Number of controversies related to the environmental impact of the company's operations on natural resources or local communities.
7. Shareholders	Accounting controversies count	Number of controversies published in the media linked to aggressive or non-transparent accounting issues.
8. Workforce	Diversity and opportunity controversies	Number of controversies published in the media linked to workforce diversity and opportunity(e.g., wages, promotion, discrimination and harassment).
9. Workforce	Wages or working conditions controversies	Number of controversies published in the media linked to the company's relations with employees or relating to wages or wage disputes.
10. Workforce	Strikes	Has there been a strike or an industrial dispute that led to lost working days?

에 비해 그 불공정 여부를 판단하기가 쉽지 않다. 4차 산업혁명 시대에 들어서면서 새로운 산업과 기업의 탄생이 기존의 잣대로 평가하기 힘들게 만든 부분이 있다.[11] 2번의 경우는 최근 한국에서 언론을 떠들썩하게 했던 종합식품제조업의 N사가 그러할 것이다. 자사 제품의 특정 효능을 검증 없이 발표하였다가 곤욕을 치른 일이 있었다. 7번의 경우 단순한 분식회계뿐만이 아니라 불공정 공시 및 감사보고서 제출과 관련한 이슈 등이 많이 있다. 상장기업의 경우 자본시장과 관련하여 많은 규제가 있기 때문에 그 준수 여부가 매우 중요하게 되었다. 몇 해 전 제약회사인 H사는 늑장 공시로 인해서 투자자들로부터 외면을 당했으며 그 여파는 지금까지도 이어지고 있다. 8번은 최근에 와서 긍정적인 변화가 일고 있는 다양성과 관련한 이슈이다. 기업들이 자발적으로 다양성을 추구하면 좋겠지만 한국의 경우 자본시장법까지 개정하여 다양성을 강제하는 경우도 있다.

위에서 살펴본 Controversies의 요소들은 사실 새로운 항목의 추가나 없던 규제를 다시 만드는 것은 아니다. 이미 존재하고 있으나 기업이 얼마나 이러한 요소들을 잘 지키느냐가 기업의 지속가능성에 미치는 영향이 크기 때문에 국내외 평가기관들이 쟁점 항목에 대해 수집과 평가를 하는 것이다. 이러한 E, S, G 관련 중요한 이슈들이 감점 항목으로 집계되어 평가 등급에 반영이 되고 있으니 기업들로서는 Controversies에 대한 통계 및 관리를 특별히 신경을 써야 할 것이다. 구체적으로 ESG Controversies가 ESG Combined score에 미치는 영향의 예시는 다음의 표와 같다. 요약하면 ESG Controversies는 감점 사항으로서 원래의 ESG score보다 ESG

리피니티브의 ESG Combined score: ESG Controversies score에 따른 예시

경우	ESG Controversies score	ESG score	ESG Combined
Controversies 점수 〉= ESG 점수 → ESGC score = ESG score	100	89	89
Controversies 점수 〈 ESG 점수 → ESGC score = ESG score와 Controversies의 평균	48	49	48.5

Controversies score가 작을 때만 작용한다.

평가 사례

리피니티브의 평가 방법을 적용하여 최종적으로 등급을 부여받은 삼성전기와 NVIDIA의 ESG 평가 등급을 비교·분석해 본다. NVIDIA는 컴퓨터 그래픽 관련 제품과 서비스를 공급하는 미국의 대형 기업이며 나스닥에 상장되어 있다. 리피니티브는 삼성전기를 NVIDIA와 같은 산업군에 속하는 것으로 분류하였다.[12] 삼성전기의 2016년부터 2019년까지의 ESG Combined score를 보면 A-에서 B+로 대체로 큰 변화가 없이 안정적인 등급이다. 삼성전기의 ESG score도 ESG Combined score와 동일하다. 그 이유는 앞서 설명한 감점 항목인 ESG Controversies의 점수가 최상급A+으로 감점이 부여되지 않았기 때문이다. ESG score는 E, S, G 항목에 대해 각각 31.2%, 42.9%, 26.0%의 가중치를 부여해 총 ESG score를 계산한다. 삼성

전기에 적용된 가중치를 보면 사회 영역S의 가중치가 42.9%로 가장 높고 지배구조G가 가장 낮은 26%이다. 이는 삼성전기와 NVIDIA가 속한 반도체 산업군의 가중치이며 다른 산업군의 경우 가중치는 상이하다. 또한 평가기관마다 기업별 또는 산업별로 상이한 가중치를 적용하기 때문에 같은 기업의 등급이라도 평가기관마다 차이가 발생하는 것으로 추정한다. 한편 NVIDIA의 점수를 보면 2020년에 ESG Combined score C⁺와 ESG score A⁻ 간에는 커다란 차이가 있다.

리피니티브의 ㈜삼성전기 ESG 스코어

Score 구분	2019	2018	2017	2016
ESG Combined	B+	B+	A-	B+
ESG Score (100%)	B+	B+	A-	B+
E(31.2%)	B	B	A-	A-
S(42.9%)	B+	B+	B+	B
G(26.0%)	A-	A-	A-	B+
ESG Controversies	A+	A+	A+	A+

리피니티브의 NVIDIA ESG 스코어

Score 구분	2020	2019	2018	2017
ESG Combined	C+	B+	A-	A-
ESG Score(100%)	A-	B+	A-	A-
E(31.2%)	B+	B+	B+	B+
S(42.9%)	A-	B	B+	B+
G(26.0%)	B+	A	A	A
ESG Controversies	D	A+	A-	A+

그 이유는 ESG Controversies score가 D로 부여되어 많은 감점이 있었을 것으로 추정된다.

그렇다면 NVIDIA는 2020년에 어떤 Controversy가 있었던 것일까? 2020년에 유독 ESG Controversies score가 낮았는데 이는 예년에 비해 급락한 수준이다. ESG score의 경우 A-로 우수한 수준이지만 ESG Controversies가 D등급으로 부여되어 A-와 D의 평균인 C+가 종합적으로 ESG Combined score로 부여되었다. 자세한 Refinitiv의 보고서를 분석한 결과 NVIDIA는 크게 세 가지 항목의 Controversies가 발생되었다.

첫 번째는 '지적재산권 논쟁Intellectual Property Controversy'으로서 특허 및 트레이드마크와 관련한 소송이 제기된 것이 원인인 것으로 추정된다. 2020년 중에 NVIDIA의 경쟁업체인 VCCthe Virtual Computer Corporation가 NVIDIA로부터 트레이드마크의 권리를 침해당했다고 소송을 제기하였는데, 이로 인한 쟁점 사항의 노출이라고 생각된다.

두 번째는 '반독점 논쟁Anti-competition Controversies'이다. 이는 NVIDIA가 계속적으로 진행하고 있는 타 기업과의 인수합병과 관련된 것으로 추정된다. 시장 참여자는 물론 정치권에서도 독과점적인 지위의 가능성으로 인해 NVIDIA의 인수합병을 달갑게 보지 않는 시선도 있다. 이로 인한 쟁점 사항의 노출이라고 생각된다.

세 번째는 '주주권리 논쟁Shareholder Rights Controversy'이다. 이는 NVIDIA의 독특한 주주 구조에서 기인한다고 추정된다. 보통 NVIDIA 같은 대기업은 기관투자자의 비중이 큰 것이 보통이다. 하지만 NVIDIA의 경우 기관투자자의 총 비중은 약 70%를 상회해서 다른 대기업들과 비슷하지만 개별 기관투자자들의 지분율은 매우 낮은 편이다. 즉 많은 기관투자자들이 소액의 지분을 보유하고 있는 실정이다. 가장 많은 지분을 가지고 있는 25명의 주주들의 지분 총합이 50%에 미치지 못하고 있다. 일반 개인투자자들의 비중도 약 20%를 조금 넘는 수준이어서 어느 한 성격의 주주가 커다란 영향을 미치지 못하는 구조다. 이러한 이유로 이 부분이 쟁점 사항으로 평가되어 위험 요인을 부각시키지 않았을까 하는 추정이다.

다음은 ESG 등급의 시계열적인 추세를 살펴본다. 리피니티브가 발표한 삼성전기의 다년간의 추세를 살펴보면 삼성전기의 2019년 ESG 등급은 B+로 양호한 편이다. 자세한 평가보고서에는 평가 등급에 대한 백분율 점수가 보고되며 삼성전기는 71.05의 점수를 부여받았다. 같은 산업군에 있는 NVIDIA의 2019년 ESG 등급 역시 삼성전기와 같은 B+이다. 하지만 NVIDIA의 백분율 점수는 73.48로 삼성전기보다 다소 우위에 있다. 이처럼 문자 등급과 함께 백분율을 보고하여 정보 이용자로 하여금 좀 더 세밀한 평가와 의사결정을 하도록 도와준다.

다음의 표는 삼성전기의 ESG score의 백분율 점수를 2015년부터 2019년까지 산업 내 경쟁사들의 중간값과 함께 보여 준다. 산업 내 경쟁사들의 중간값은 계속해서 약 40점대 후반을 기록하며 삼성전기는 줄곧 70점대를 기록하여 ESG성과가 산업 내에서 경쟁 우위에 있음을 나타낸다. 산업의 중간값은 연도별로 차이가 있으나 같은 산업군 내의 약 60개에서 100여 개가 넘는 경쟁업체들의 중간값을 보여 준다.

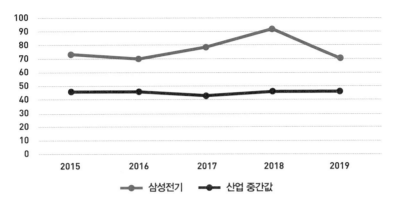

삼성전기의 ESG score, 2015~2019

＝●＝ 삼성전기　＝●＝ 산업 중간값

ESG 평가 모델 ② : 기업지배구조원

평가 과정

앞서 외국의 ESG 평가기관인 리피니티브의 평가 방법에 대해서 분석
해 보았다. 서두에서도 언급을 하였듯이 국내외 평가기관마다 평가의
결과가 매우 상이한 경우를 드물지 않게 볼 수 있다. 이는 기관별 평가
방법의 차이로 추정을 할 수 있다. 앞서 외국의 대표적인 평가기관인
리피니티브의 평가 방법에 대해서 분석을 해 보았으니 국내의 대표
적인 평가기관인 한국기업지배구조원KCGS, Korea Corporate Governance
Service의 평가 방법을 분석해 본다.[13]

한국기업지배구조원은 기업의 지배구조와 관련한 평가로 시작되
었으며 2003년부터 관련 평가를 수행하고 있다. 2011년부터는 환

경 및 사회 부문을 추가하여 ESG에 대한 통합 평가를 시작하였으며 지금까지 매년 약 900개의 상장기업을 대상으로 ESG 평가를 수행하고 있는 국내 최대 ESG 평가기관이다. 평가의 대상은 유가증권시장의 상장회사, 대기업 집단 소속회사 등 구체적인 대상의 기준을 홈페이지에 게시하고 있다. 하지만 상장회사 중에도 평가에서 제외가 되는 기업은 있으나 별도로 그 리스트를 공지하고 있지는 않다. 현재 KCGS의 ESG 평가 결과는 많은 정보 이용자들에게 그 혜택이 돌아가며 특히 자본시장의 참여자들에게는 필수적인 정보가 되었다. 구체적으로는 ESG 평가를 기준으로 하는 주가지수 추종 상품의 구성이나 여러 가지 세부 평가 리스트의 구성에도 평가 결과가 활용된다.

KCGS의 ESG 평가는 총 4단계로 구성되어 있다. 1단계는 평가를 준비하는 단계로서 우선 평가 기업을 선정한다. 평가 기업은 위에서 언급한 대로 상장기업 중 일정한 기준에 의해 선정이 된다. 선정된 기업들에 대해서는 기초 데이터를 수집하는데 이는 기업의 공시 자료가 가장 중요한 자료다. 기업의 공시 자료는 주로 금융감독원의 전자공시시스템이나 한국거래소의 상장공시시스템 등에서 수집을 하며 기업의 홈페이지 등에서도 수집이 가능하다. 이 외에도 뉴스 등 미디어 자료와 감독 기구나 지자체 등의 공시 자료도 함께 수집한다.

2단계에서는 본격적으로 ESG 평가를 수행한다. 먼저 기본 평가가 이루어지는데 1단계에서 수집된 기초 데이터의 검증을 하고 ESG 위험 및 기회와 관련한 관리시스템을 평가한다. 기본 평가의 단계가 마무리되면 심화 평가로 넘어가는데 이 부분에서 평가기관의 역량이 집중된다고 볼 수 있다. 심화 평가는 먼저 ESG 이슈에 대한 중대성을 검증한다. 이는 ESG 이슈에 대해서 가중치를 부여하는 역할이라고 볼 수 있다. 즉 사안이 중대하다면 가중치를 높게 부여하고 사안이 경미하다면 가중치를 작게 부여하거나 때로는 무시할 수도 있는 것이다. 이는 재무 보고에서 회계법인이 중요성의 원칙을 적용하여 감사를 수행하는 원리와 유사하다. 심화 평가에서 또 한 가지 중요한 절차는 바로 ESG 쟁점 발생 여부의 평가다. 이는 앞서 살펴본 리피니티브의 Controversies와 유사한 개념이다. 다만, 리피니티브의 경우 쟁점 사항Controversies들에 대해서 독립적으로 평가 등급을 부여하고 최종 평가 등급을 부여할 때 가감 항목으로 적용한 반면 KCGS는 기본 평가 단계에서 이미 쟁점 사항을 적용하여 최종 등급을 산정한다. 그렇기 때문에 앞서 언급한 바와 같이 리피니티브의 특이성이 바로 쟁점 사항의 적용에 있다. 기본 평가와 심화 평가가 완료된 후에는 평가의 대상이 되는 기업이 참여하는 평가 피드백의 절차가 남아있다. 평가 대상 기업들은 평가 결과를 열람한 후 기본 및 심화 평가의 결과에 대해서 일종의 이의신청을 제기하여 데이터의 수정을 요청할 수 있다. 이에 대해 KCGS는 검토 여부를 수용한다.

3단계에서는 최종적으로 정기 등급을 부여하는 작업을 수행하며 필요 시 우수 기업에 대해 지배구조와 관련한 인터뷰를 진행한다. 평가 결과는 ESG 통합 등급과 개별 등급으로 나뉘며 우수 기업에 대해서는 시상도 진행한다. 평가 등급은 총 7단계S, A+, A, B+, B, C, D로 구성되며 통합 등급과 E, S, G 각각의 등급 역시 단계는 동일하다. 마지막 4단계에서는 평가 결과에 대한 기본 보고서를 발간하며 이후 분기별로 기존의 정기 등급을 조정하기도 한다. KCGS는 위와 같은 단계를 거쳐 ESG 평가를 매년 3월경 시작하여 10월에 정기 등급을 부여한다. 다음의 표는 KCGS의 평가 과정 4단계를 요약하고 있다.

KCGS의 평가 과정

	단계 1	단계 2	단계 3	단계 4
내용	평가 준비	평가 수행	등급 부여	결과 분석 및 등급 조정
세부 절차	• 평가기업 선정 • 기초자료 수집	• 기본평가 • 심화평가 • 평가 피드백	• 우수기업 인터뷰 • 정기등급 부여 • 우수기업 시상	• 기본보고서 발간 • 등급 조정

리피니티브 모델과의 비교

각 기관의 평가 방법과 절차가 상이하기 때문에 어찌 보면 평가 결과가 다를 수도 있다는 생각을 해볼 수 있다. 하지만 같은 기업에 대해 같은 자료를 수집 및 분석하였는데 평가 결과가 다르다는 점 또한 의아해하는 독자들이 있을 수 있다. 따라서 국내의 몇몇 기업에 대해서 리피니티브의 평가 결과와 KCGS의 평가 결과를 비교·분석해 본다.

옆의 표는 우리금융지주의 ESG 평가를 보여준다. 우리금융지주의 ESG 평가 결과는 리피니티브의 경우 통합 등급으로 A-를 부여하였다. A-는 총 12단계의 등급 중 3번째로 높은 등급이다. 반면 KCGS의 통합 등급은 B+이며 이는 KCGS의 총 7개 단계 중 정확하게 중간 단계이다. 그렇다면 KCGS는 우리금융지주의 ESG의 통합 등급을 평균 정도로 부여하였으며 리피니티브는 상위 등급을 부여하였다. ESG

의 세부 항목을 들여다보면 그 차이는 더 크다고 할 수 있다. KCGS 는 E, S, G 모든 영역에 대해서 B+로 중간 정도의 등급을 부여한 반면 리피니티브는 S와 G를 다소 높게 평가하였고 E는 C+등급으로 저조한 평가가 이루어졌다. 리피니티브의 세부 내용을 들여다보면 환경 분야에서 많은 점수가 차감되었는데, 이는 금융회사라는 특성과 자료의 접근성에 있어서 외국의 평가기관에게 어느 정도 제약이 있었던 것으로 추정된다. 또 다른 점은 KCGS의 경우 금융회사 지배구조를 분리해서 독립적으로 평가하기 때문에 E, S, G 세부 영역에 대한 가중치가 작거나 중요성 측면에서 과소평가된 것으로 추정한다.

두 기관의 발행연도를 보면 차이가 있는 것을 볼 수 있는데 실제로 평가 기간은 거의 동일하다. 이러한 차이 또는 착시는 두 평가기관의 기간에 대한 분류 차이에서 기인한 것이다. 리피니티브는 발행연도를 회계 기간의 기준으로 보고하기 때문에 2019년이라는 뜻은 2019년 말 기준으로 작성이 되었다는 뜻이며, 이는 2019 회계연도의 사업보고서 등의 자료를 이용하여 2020년 중에 ESG 평가를 수행한 것으로 보인다. KCGS는 앞서 설명한 것처럼 매년 10월 중 정기 등급의 부여가 이루어지기 때문에 발행연도가 2020년이라면 2020년 10월에 등급이 발표가 되었을 것이고, ESG 평가를 위한 여러 가지 정보는 직전

우리금융지주의 ESG 평가

평가기관	통합	E	S	G	발행연도
Refinitiv	A-	C+	A-	A	2019
KCGS	B+	B+	B+	B+	2020

회계연도인 2019년의 자료가 이용되었을 것으로 추정된다. 즉, 두 평가기관의 평가 기간은 거의 동일하다고 볼 수 있다.

이번에는 종합 자동차 생산 기업인 현대차를 살펴본다. 현대차도 리피니티브의 평가와 KCGS의 평가가 다소 상이한 기업 중에 하나이다. 리피니티브의 경우 현대차의 ESG 통합 등급으로는 B+를 부여하였으나 ESG Combined score는 B-이다. 이는 Controversies score가 C-로 상당히 저조했기 때문이다. KCGS는 현대차의 ESG를 모든 영역에서 우수한 A이상의 등급을 부여하였다. 두 평가기관의 등급 간격 등을 고려해도 상당한 차이가 아닐 수 없다. 여기서 특이한 점은 현대차의 Controversies가 최근 5년간 계속해서 저조했던 것으로 보고되었다. 줄곧 C등급 이하의 평가를 받아서 전체적인 ESG의 등급을 끌어내린 것으로 보이며 주된 이유 중 하나는 노사 간의 관계를 들 수 있다. 리피니티브의 Controversies 관련 보고서를 자세히 분석해 본 결과 주된 감점 항목은 노사 간의 임금협상과 파업에 따른 것으로 보고된다. 이러한 항목들이 Controversies로서 보고가 되고는 있지만 아무래도 전체적인 ESG의 평가를 낮추는 요소로도 작용할 확률이 크다고 볼 수 있다. 외국의 평가기관의 경우 자료의 접근이나 국내의 노

현대차 ESG 평가

평가 기관	통합	E	S	G	ESG Combined	Controversy	발행 연도
Refinitiv	B+	B+	B-	A-	B-	C-	2019
KCGS	A	A	A+	A	-	-	2020

사 문화에 대해서 제한적인 지식만을 가지고 있기 때문이기도 할 것이다.

지금까지 국내외 평가기관의 ESG 등급 평가 방법과 국내 기업을 대상으로 한 평가기관별 평가 등급을 비교·분석해 보았다. 요약하면 평가기관별로 기업의 평가에 대해서 다른 평가 결과를 보고할 수 있기 때문에 투자자 등 정보 이용자들은 평가 결과를 해석함에 있어서 주의를 기울일 필요가 있다.

제1부 ESG 개요

1 ESG의 의의

1 田村怜 / 石本琢, "ESG投資の動向と課題," 「ファイナンス」 2020年 1月號 (財務省, 2020) 39頁.

2 1976년 노벨경제학상을 수상한 밀튼 프리드만(Milton Friedman)은 기업의 유일한 사회적 책임은 자원을 활용하여 게임의 규칙을 잘 준수하는 범위 내에서 그 이익을 증대할 수 있게 설계된 업무에 종사하는 것이라고 주장한 바 있다. Milton Friedman, Capitalism and Freedom 133 (1962).

3 'social'이라는 단어는 '사회적인' 혹은 '사회에 관한'이라는 의미를 지닌다. 그 대표적인 예가 '기업의 사회적 책임(corporate social responsibility)'에 사용되는 경우다. 또한 'social'은 '사회사업의' 내지 '사회 복지의'라는 뜻도 가지고 있다. 이러한 용례로는 '사회(복지)사업(social work)'을 들 수 있다.

4 Mark S. Bergman, Ariel J. Deckelbaum & Brad S. Karp, Introduction to ESG (2020), (https://corpgov.law.harvard.edu).

5 Elizabeth Pollman, "Corporate Social Responsibility, ESG, and Compliance", Los Angeles Legal Researd Paper No. 2017-35 (2019) 7-8. (http://papars.ssm.com/sol3/papers.cfm?abstract_id=3479723#)

6 최준선, "주주 행동주의에 대한 대응 방안," 「기업법연구」 제33권 제3호 (한국기업법학회, 2019), 277면.

7 앞의 논문, 277~278면.

8 Tadahiro Nkajima et al., ESG Investment in the Global Economy 7-8 (2021)을 정리한 것임을 밝힌다.

9 Pacific Gas and Electric Company(PG&E)는 1905년 설립한 미국 캘리포니아 북부 지역 최대의 전기 가스 사업자로 약 만 가구에 전력 서비스를 제공하였다. 골드만삭스(Goldman Sachs)는 산불로 인해 PG&E가 부담해야 하는 손해배상, 법률 및 기타 비용이 약 290억 달러에 이를 것이라고 추정하였으며, 이는 PG&E의 지급 능력 범위를 초과하는 수준이다. 결국, PG&E는 파산보호를 신청하였고 이는 캘리포니아 북부 지역의 전기요금 인상으로 이어질 것으로 보인다. 김성균/이서진, "북부 캘리포니아 산불과 지역 전력 공급회사인 PG&E의 파산보호 신청," 〈세계 에너지시장 인사이트〉 제19-14호 (에너지경제연구원, 2019).

10 https://russellinvestments.com.

11 CIS는 Credit Impact Score의 줄임말로서 ESG 관련 위험이 국가신용등급 결정에 영향을 미치는 정도를 뜻한다.

12 Adam Smith, *An Inquiry into the Nature and Causes of the Wealth of Nations* (R.H. Campbell, A.S. Skinner, W.B. Todd, eds.,), at IV.ii.9. 1776년에 출판된 아담 스미스(1723~1790)의《국부론 An Inquiry into the Nature and Causes of the Wealth of Nations》은 자유방임주의적 경제 이론을 제공한 역작이자 고전파 경제학의 기초를 형성하는 경제학사상 가장 중요한 저작의 하나로 평가받고 있다. 그는《국부론》에서 국가의 부를 증대시키기 위해서는 분업의 이점과 보이지 않는 손에 의하여 자유방임의 효과를 최대한 살려야 하며 또한 자유 무역을 통한 각국의 이익을 증진하여야 한다고 주장하였다.

13 바이마르 헌법 제151조는 "경제생활의 질서는 모든 국민에게 인간다운 생활을 보장해 주기 위한 정의의 원칙에 부합하여야 한다. 개인의 경제 활동의 자유는 이 한계 내에서 보장된다"고 규정하였다.

14 정남철, "공생발전을 위한 생활보상의 문제 – 특히 이주 대책의 문제를 중심으로 – ," 〈공생발전을 위한 행정법의 대응〉 (사)한국행정법학회 · 한국법제연구원 행정법 분야 연합학술대회 (2012.12.15), 228면.

15 정지승, "경제법과 헌법," 《경제법의 제문제》 재판자료 제87집 (법원도서관, 2000), 162-164면.

16 자본주의 4.0이라는 개념은 영국의 〈더 타임스The Times〉의 칼럼니스트인 아나톨리 칼레츠키(Anatole Kaletsky)가 처음 사용하였다. 그는 리먼 브라더스(Lehman Brothers)의 파산으로 촉발된 2008년 금융위기를 전환점으로 신자유주의가 붕괴되고 새로운 자본주의로 진보하고 있다고 보면서, 이를 자본주의 4.0으로 명명한 바 있다. 이에 관해서는 아나톨 칼레츠키(위선주 역), 《자본주의 4.0: 신자유주의를 대체할 새로운 경제 패러다임》(컬처앤스토리, 2011) 참조.

17 백소용, "문 대통령 ESG 경영으로 따뜻한 자본주의 열어야 할 때," 〈세계일보〉 (2021.4.1), A16면.

18 송주용, 이낙연 "국정운영 의제로 ESG 도입 'ESG 4법' 발의," 〈파이낸셜 뉴스〉 (2021.8.3) (인터넷판).

19 정남철, 앞의 논문, 229면.

20 '시장 실패'라는 용어를 처음 사용한 경제학자는 바토(Bator) 교수다. 그는 현재 하버드 대학교 케네디 행정대학원의 명예교수다. 그는 젊은 시절 MIT에 재직하고 있을 때 발표한 The Anatomy of Market Failure에서 최초로 market failure라는 개념을 들어서 자신의 이론을 주장한 바 있다. Francis M. Bator, *The Anatomy of Market Failure*, 72 Quarterly Journal of Economics 351, 351 (1958).

21 윤석진, "공생발전을 위한 사회보장법의 과제," 〈공생발전을 위한 행정법의 대응〉 (사)한국행정법학회 · 한국법제연구원 행정법분야 연합학술대회 (2012.12.15), 5면.

22 주주 중심주의에 관하여 자세한 것은 이동승, "주주중심주의의 의의와 한계" 「경영법률」 제22권 제2호 (한국경영법률학회, 2012) 참조.

23 강승태, "재계 ESG 공들이는 5가지 이유는?" 〈매경이코노미〉 제2091호 (매일경제신문, 2021).

24 Olivier Jan, The Board and ESG, Deloitte Global (Feb. 25, 2019), https://corpgov. law.harvard.edu/2019/02/25/the-board-and-esg/.

25 이에 관해서는 로버트 라이시 (안기순 역), 《자본주의를 구하라》 (김영사, 2016) 참조.

2 ESG의 의의

26 Robert G. Eccles & Svetlana Klimenko, *The Investor Revolution*, Harvard Business Review, 2019. 5 (https://hbr.org). 하버드 비즈니스 리뷰에 게재된 설문 조사에 의하면 ESG 는 대규모 투자회사들의 부차적인 쟁점으로 판단되었으나 최근에는 포트폴리오 결정에서 주된 의 사결정 요소가 되고 있다고 한다. 이는 전통적인 선입견과는 배치되는 결과라고 한다.

27 최준선, "주주행동주의에 대한 대응 방안," 「기업법연구」 제33권 제3호 (2019. 9) 276면.

28 신석훈, "최근 기관투자자의 ESG 요구 강화에 따른 회사법의 쟁점과 과제," 「상사법연구」 제38권 제2호 (2019) 11면.

29 아이뉴스24, "[이젠 ESG] ① 기업생존 키워드 '착한기업'…"환경·사회·지배구조가 핵심"" (2021. 6. 9).

30 위의 기사.

31 2021년 6월 현재 자산총액 기준 국내 10대 그룹 중에선 삼성, 현대차, SK, LG, 롯데, 포스코, 한화, GS 등 8곳이 이미 ESG 위원회를 설치한 상태다. 신세계도 (주)이마트와 (주)신세계 각각에 기존 사회공헌위원회를 확대·개편한 ESG 위원회를 설치했고, 현대중공업, CJ 등도 ESG 위원회 설치를 마무리했다. 이에 재계에선 올해가 한국의 'ESG 원년'이란 평가를 내놓고 있다(위의 기사).

32 SK그룹이 이 부분에 대한 인식의 정도가 가장 높은 것으로 보인다. 최태원 SK그룹 회장은 지난해부터 공식 석상에 모습을 드러낼 때마다 ESG 경영의 중요성을 강조했는데, "매출과 영업이익 등 종전 재무성과를 중심으로 한 기업가치 평가 방식은 더 이상 유효하지 않습니다. 기업도 환경·사회·지배구조(ESG) 중심의 근본적인 변화를 추구해야 합니다"라고 말했다. 최근 문재인 대통령과 함께 간 미국에서도 최 회장은 'ESG 경영 전도사'로서의 역할을 톡톡히 하며 미국 정·재계의 주목을 받았다. 특히 애플, 아마존 등으로 구성된 미국 경제단체 BRT(비즈니스라운드테이블) 수장인 조슈아 볼튼 회장과의 화상 면담에선 "ESG 경영 정착이 기후변화, 소득 격차, 인구 감소의 해법"이라고 강조하며 자신의 ESG 철학을 설파했다(위의 기사).

33 中山信弘·神田秀樹 編,《市場取引とソフトロー》(有斐閣, 2009) 193頁 (神作裕之 집필 부분).

34 Archie B. Carroll, *Corporate Social Responsibility Evolution of a Definitional Construct*, 38 Business & Society 268, 269 (1999).

35 Howard R. Bowen, Social Responsibilities of the Businessman 6 (1953) ("It [social responsibility] refers to the obligation of businessmen to pursue those policies, to make those decisions, or to follow those lines of action which are desirable in terms of objectives and values of our society").

36 Ray Broomhill, Corporate Social Responsibility: Key Issues And Debates 5

(Dunstan Paper. No. 1/2007, 2007).

37 김성택,《CSR 5.0 - 기업의 사회적 책임과 역할 - 》(청람, 2012) 3면.

38 이철송,《회사법강의》제29판 (박영사, 2021) 64면;「산업발전법」은 그 목적을 '지속가능한 산업 발전을 도모'(제1조)하는 데 두고 있다는 점에서 동법은 광범위한 의미에서는 CSR을 규정하고 있 는 것으로 이해할 여지는 있다.

39 国立国会図書館,《企業の社会的責任(CSR) - 背景と取り組み - 》ISSUE BRIEF NUMBER 476 (2005), 1頁.

40 後藤芳一, "企業の社会的責任(CSR)とわが国の対応 - 日本の経営と国際的な発信,"「化学経済」51 巻 7号 (化学工業日報社, 2004), 2頁.

41 国立国会図書館, 前掲資料, 2頁.

42 上掲資料, 4頁.

43 엔론과 월드컴의 분식회계 관련 사건의 자세한 내막은 Kathleen F. Brickey, *From Enron to WorldCom and Beyond: Life and Crime after Sarbanes-Oxley*, 81 Washington University Law Quarterly 357, 357-359 (2003) 참조.

44 양만식, "사회적 책임투자와 기업지배구조,"「기업법연구」제24권 제2호 (한국기업법학회, 2010), 203면.

45 国立国会図書館, 前掲資料, 4頁.

46 上掲資料, 4頁.

47 연태훈, "최근의 사회책임투자(SRI) 동향과 시사점," 〈주간 금융브리프〉 21권 9호 (한국금융연구 원, 2012), 12면.

48 森恵美, "ESG投資についての一考察,"「大学院研究年報」第47号 (中央大学, 2018), 5頁.

49 前澤健太郎, "企業のESGに関する取り組みと財務的価値の関係に関する分析", (早稲田大学 専門 職学位論文, 2019), 5頁.

50 Melvin A. Eisenberg, *The Architecture of American Corporate Law: Facilitation And Regulation*, 2 Berkeley Business Law Journal 167, 182 (2005).

51 前澤健太郎, 上掲論文, 3頁.

52 김유환,《행정법과 규제정책》(법문사, 2012), 232-233면.

53 藤田友敬, 前掲論文, 3頁.

54 서원상, "국제법상 원칙, 규범, 규칙의 법적 의의 - 국제환경법원칙의 법적 지위를 중심으로 - ,"「국 제법평론」통권 제33호 (국제법평론회, 2011), 49-50면; 齋藤民徒, "「ソフト・ロ - 」論の系譜," 「法律時報」77巻 7号 (日本評論社, 2005), 4-5頁 참조.

55 서원상, 앞의 논문.

56 국내에서 기업 관련 법제와 관련된 연성 규범에 관한 문헌으로서는 윤영신, "회사 지배구조에서 법 규제(Legal Rule)와 소프트 로(Soft Law)의 역할 및 관계",「서울대학교 법학」제48권 제1 호 (서울대학교, 2007), 85면 이하가 있다.

57 OECD, OECD Guidelines for Multinational Enterprises, 2011 ed. (2011).

58 가입국은 2021년 1월 현재 OECD 회원국 37개국과 12개 OECD 비회원국 등 총 49개국이다.

59 조인호, "기업책임경영(RBC)과 ESG 관리를 통한 새로운 형태의 클레임 대응: 이니셔티브를 중심으로", 「무역상무연구」 제89권 (한국무역상무학회, 2021), 276-277면.

60 박미경, "인권을 침해하는 다국적 기업에 대한 규율 방안," 「법학논총」 제26집 제1호 (한양대학교, 2009), 438-439면.

61 https://www.globalreporting.org.

62 조인호, 앞의 논문, 271-272면. 제5편에서 GRI 표준에 관하여 더 자세하게 살펴본다.

63 김재필, 《ESG 혁명이 온다》 (한스미디어, 2021), 67면.

64 UNEP, "The Principles for Responsible Investment" (2006.4.27) (http://www.unpri.org/principles).

65 김재필, 앞의 책, 67면.

66 위키피디아.

67 European Commission, Buying Social: A Guide to Taking Account of Social Considerations in Public Procurement 7 (2010).

68 ISO Central Secretariat (日本工業標準調査会・日本規格協会 訳), 《社会的責任に関する将来の国際規格 ISO 26000 への参加》 (2006).

69 노한균, 《ISO 26000을 통해 사회책임 살펴보기: 새로운 국제표준의 이해와 실천》 (박영사, 2011), 22면.

70 김성택, 앞의 책, 210~211면,

71 앞의 책, 211면.

72 앞의 책, 213면.

73 노한균, 앞의 책, 114-205면.

74 세계 최대의 자산운용사의 이와 같은 의사 표명은 국경을 넘어 많은 관심을 끌게 되었다(https://www.cnbc.com).

75 래리 핑크는 블랙록이 프랑스, 독일 등에 있는 여러 글로벌 재단들과 함께 Climate Finance Partnership을 설립한 바 있으며, 이를 통해서 인프라 투자를 위한 자금 조달 메커니즘을 개선하기 위한 노력을 하고 있음을 언급하였다.

76 https://www.blackrock.com.

77 한국거래소, "[보도자료] 「ESG 정보공개 가이던스」 제정 및 교육 동영상 제작" (2021.1.18).

78 오성근, "자본시장에 대한 글로벌 규제협력," 「증권법연구」 제8권 제1호 (한국증권법학회, 2007), 121면.

79 최난설헌, "연성 규범(soft law)의 존재 형식과 법원성," 「공생 발전을 위한 상거래 연성 규범의 활성화 방안」 워크숍 자료집 (한국법제연구원, 2012.11.30), 69면.

80 앞의 논문, 68면.

3 ESG와 유사 개념

81 https://www.oecd.org.

82 안건형 · 조인호 · 권희환, "기업책임경영(RBC)의 국제입법동향과 정책적 시사점," 「무역상무연구」 제75권 (한국무역상무학회, 2017), 205면 이하.

83 OECD, CSR and Competitiveness European SMEs' Good Practice, 2007.

84 https://www.smes.go.kr.

85 중소벤처기업부, 중소벤처24 (https://www.smes.go.kr).

86 대법원 2005. 5. 26. 선고 2003도5519 판결; 대법원 2009. 12. 10. 선고 2007다58285 판결.

87 204 Mich. 459, 170 N.W. 668, 3 A.L.R. 413 (1919).

88 최승재, 《전략적 기업경영과 법》 (한국학술정보, 2010), 36면.

89 미국의 초기 판결인 Percival v. Wright 사건 등에서는 이사는 회사에 대하여서만 신임의무를 부담한다고 판시하고 있다. 2 Ch 421 (1902). 사실 이 판결이 내려진 1902년 무렵에는 회사는 회사의 소유주와는 구분이 된다고 믿었다. J. C. Shepherd, The Law of Fiduciaries 355-356 (1981). 벌과 도드의 논쟁 후에 나온 판결에서도 이사는 주주를 위하여 의무를 다할 것을 요구하고 있다. 예컨대, 1939년의 Guth v. Loft, Inc.사건에서 델라웨어 주 대법원은 이사는 "회사와 주주에 대하여 신인관계(信忍關係)에 있다"라고 밝히고 있다. 5 A.2d 503, 503 (Del. 1939). 심지어 1943년에 Frankfurter 연방대법원 판사는 "이사는 누구에 대한 수탁자인가?(To whom is [the director] a fiduciary?)"하고 되물었다. SEC v. Chenery Corp., 318 U.S. 80, 85-86, 63 S. Ct. 454, 458, 87 L. Ed. 2d 626, 631‒632 (1943).

90 황인학 · 최승재, "주주행동주의, 국민연금과 스튜어드십 코드," 「기업법연구」 제33권 제2호 (한국기업법학회, 2019), 85면.

91 Archie B. Carroll & Kareem M. Shabana, *The Business Case for Corporate Social Responsibility: A Review of Concepts, Research and Practice*, 12 International Journal of Management Reviews 85, 101-102 (2010).

92 Timothy Besley & Maitreesh Ghatak, *Retailing Public Goods: The Economics of Corporate Social Responsibility*, 91 Journal of Public Economics 1645, 1660 (2007).

93 Lee Burke & Jeanne M. Logsdon, *How Corporate Social Responsibility Pays Off*, 29 Long Range Planning 495, 496 (1996).

94 산업부가 K-ESG 지표를 개발한다고 한다. 이 지표를 개발하는 과정에서 다양한 논의가 필요하고, 지표가 잘못되었을 경우에 사회적인 피해가 클 것으로 예상되므로 신중하고 깊이 있는 논의가 필요할 것으로 본다.

95 곽관훈, "사회책임투자와 기관투자자의 역할," 「비교사법」 제13권 제2호 (한국비교사법학회, 2006), 464면.

96 앞의 논문, 464면.

97 앞의 논문, 464면.

98 앞의 논문, 469면.

98 앞의 논문, 472면.

100 川村雅彦, 企業の社会的責任と新たな資金の流れに関する調査研究報告書, 2004年 3月, 株式會社 日本總合研究所.

101 http://www.socialinvest.org("Integrating personal values and societal concerns with investment decisions is called Socially Responsible Investing(SRI), SRI considers both the investor's financial needs and an investment's impact on society.").

102 http://www.uksif.org/("Socially Responsible Investment (SRI) combines investors' financial objectives with their concerns about social, environmental and ethicalSEE) issues").

103 이에 관해서는 Michael. E. Poter & Mark R. Kramer, Creating Shared Value: How to Reinvent Capitalism and Unleash a Wave of Innovation and Growth, 89 Harvard Business Review 62 (2011) 참조.

104 Id. at 64 ("Shared value is not social responsibility, philanthropy, or even sustainability, but a new way to achieve economic success. It is not on the margin of what companies do but at the center.").

105 Id.

제2부 ESG와 규범

4 ESG와 환경 관련 규범

1 ISO라는 명칭은 International Standards Organization 또는 그 비슷한 정식 명칭을 줄인 것이라는 오해가 많지만 ISO는 머리글자를 딴 약칭이 아니고 그리스어의 $\iota\sigma o \varsigma$(로마자: isos, 이소스), 즉 "같다, 동일하다"라는 단어에서 따온 것이다. 국제 표준화 기구의 영어 명칭은 International Organization for Standardization, 프랑스어 명칭은 Organisation Internationale de Normalisation이어서 약자는 각각 IOS, OIN 등 국가마다 서로 다르므로 기구의 창설자들은 중립적인 명칭인 ISO를 전 세계 공통의 약칭으로 택하였다. 따라서 ISO의 발음은 "아이에스오"가 아니라 "아이소" 또는 "이소"로 읽는 것이 맞다. (위키백과)

2 KTTS 기술보고서, "ISO 26000 제정 및 동향" (지식경제부) (2011.2.28), 2면.

3 앞의 보고서, 3면.

4 앞의 보고서, 3~4면.

5 앞의 보고서, 10~11면.

6 금융위원회, "[보도자료] 「기후변화 관련 재무정보 공개협의체(TCFD)」에 대한 지지 선언과 정책금융기관 간 「그린금융 협의회」 출범으로 녹색금융 추진에 더욱 박차를 가하겠습니다." (2021.5.24), 4면.

7   전종익, "탄소배출권의 헌법적 성격과 거래제도." 「법조」 Vol. 644 (법조협회, 2010), 6면.

8   교토의정서는 6가지 온실가스를 규정하지만 그 중에서 가장 배출량이 많은 것이 이산화탄소로 현실에서는 이것이 규제대상이 되고 있고 이를 '탄소'라고 칭하는 경우가 많아 흔히 '탄소시장', '탄소제로' 이런 식으로 논의가 된다. 조현진, 《배출권거래제와 자본시장법》, (한국학술정보, 2013), 25면.

9   국내의 환경 관련 법률은 환경부 등, 〈녹색채권 가이드라인〉 27-29면에 열거되어 있다.

10   환경부, "[보도자료] 2050 탄소중립을 향한 경제·사회 전환 법제화 탄소중립기본법 국회 통과," (2021.8.31).

5 ESG와 사회 관련 규범

11   https://www.unglobalcompact.org.

12   김성택, 앞의 책, 163, 211면.

6 ESG와 지배구조 관련 규범

13   임현일(2020), 기업지배구조와 기업위험의 관계에 관한 연구, 한국기업지배구조원, 6면.

14   노한균, 《ISO 26000을 통해 사회책임 살펴보기: 새로운 국제표준의 이해와 실천》 (박영사, 2011), 122면.

15   "이 법은 공공기관의 운영에 관한 기본적인 사항과 자율경영 및 책임경영체제의 확립에 관하여 필요한 사항을 정하여 경영을 합리화하고 운영의 투명성을 제고함으로써 공공기관의 대국민 서비스 증진에 기여함을 목적으로 한다"(제1조 목적). 이 법은 상법을 준용하는 규정이 다수 있지만, 별도로 공공기관의 이사회 구성 등의 사항에 대해서 규정하고 있다.

16   Melvin A. Eisenberg, Corporations and Other Business Organizations: Cases and Materials 115 (2000).

제3부 ESG와 기관투자자

7 ESG와 지배구조 관련 규범

1   UN PRI Homepage.

9 공적기금과 수탁자 책임활동

1   삼정KPMG 경제연구원, 금융과 지속가능한 금융회사의 경영 전략, 〈삼정인사이트〉 vol. 77 · 2021, 13면.

2   최유나, "[글로벌 연기금의 ESG투자] (2)노르웨이 정부 연기금(GPFG)" 〈나눔경제뉴스〉 (2020.10.29); 삼정KPMG 경제연구원, 앞의 자료, 14면.

3   앞의 기사.

4   앞의 기사.

5   앞의 기사.

6   삼정KPMG 경제연구원, 앞의 자료, 14면.

7   최유나, 앞의 기사.

8   남재우, 공적연기금 ESG 투자의 현황과 과제, 이슈보고서 21-20 (자본시장연구원) 8면.

9   삼정KPMG 경제연구원, 금융과 지속가능한 금융회사의 경영 전략, 〈삼정인사이트〉 vol. 77 · 2021, 14면.

10 최유나, "[글로벌 연기금의 ESG투자] (1)일본 공적연기금 GPIF" 〈나눔경제뉴스〉 (2020.10.27).

11 김병연 · 박종철 · 정웅채, 《ESG 경영과 법률》 (정독, 2021) 255면.

12 김병연 · 박종철 · 정웅채, 전게서, 242~243면.

13 최유나, "[글로벌 연기금의 ESG투자] (3)네덜란드 공적연금 ABP" 〈나눔경제뉴스〉 (2020. 10.30).

14 앞의 기사.

15 김병연 · 박종철 · 정웅채, 앞의 책, 245~246면.

16 남재우, 앞의 보고서, 9면.

17 김병연 · 박종철 · 정웅채, 앞의 책, 250면.

18 남재우, 앞의 보고서, 9면.

19 앞의 보고서, 9면.

20 김병연 · 박종철 · 정웅채, 앞의 책, 251면.

21 CalPERS, 송홍선(2018) 재인용, Jun Kim (2010).

22 한국사회투자포럼 리포트 재인용.

제4부 ESG와 경영

10 ESG 경영의 의의

1   Mark S. Bergman, Ariel J. Deckelbaum, and Brad S. Karp, Introduction to ESG (Aug.1, 2020) (https://corpgov.law.harvard.edu/).

2   강승태, "재계 ESG 공들이는 5가지 이유는?", 〈매경이코노미〉 제2091호 (매일경제신문, 2021).

3   https://www.blackrock.com/.

4   국회예산정책처, 「nabo 경제동향&이슈」 통권 제81호 (2019), 69-73면.

5   https://neocarus.tistory.com.

6   제165조의 20 (이사회 성별 구성에 관한 특례) 최근 사업연도말 현재 자산총액 [금융업 또는 보험업을 영위하는 회사의 경우 자본총액 (재무제표상의 자산총액에서 부채총액을 뺀 금액을 말한다) 또는 자본금 중 큰 금액으로 한다] 이 2조 원 이상인 주권상장법인의 경우 이사회의 이사 전원을 특정 성(性)의 이사로 구성하지 아니하여야 한다. (개정 2021.4.20)

7   김영화, "여성 임원이 기업의 사회적 책임활동에 미치는 영향," 「세무회계연구」 제64호 (2020).

8   〈매일경제신문〉 (2021.4.4).

9   김화진, 《ESG와 이사회경영》 (더벨, 2021), 175면.

10 강병철, "국내 대기업 10곳 중 3곳 ESG 위원회," 〈중앙일보〉 (2021.7.27), E3면.

11 정승환, "ESG위원회, 만들기는 쉽다…제대로 하는 건 어려운 문제다," 〈매일경제신문〉 (2021.7.25), A20면.

12 대법원 2011. 4. 14. 선고 2008다14633 판결.

13 안수현/황창선, 〈상장회사 외부감사계약 개선방안 연구〉 상장협 연구보고서 2011-2 (한국상장회사협의회, 2011), 22-25면.

14 Olivier Jan, The Board and ESG, Deloitte Global (Feb. 25, 2019), (https://corpgov.law.harvard.edu).

15 Scott Herren, What Is ESG? 5 Reasons Why ESG Investing Is Good for the Planet – and for Business (https://redshift.autodesk.co.kr).

16 Jan, *supra* note 12.

17 Herren, *supra* note 13.

18 *Id.*

19 Jan, *supra* note 12.

11 ESG 경영의 주요 이슈

20 강승태, "재계 ESG 공들이는 5가지 이유는?," 〈매경 이코노미〉 제2091호 (매일경제신문, 2021).

21 Canadian Coalition for Good Governance, The Directors' E&S Guidebook (2018, May), 24~25쪽 (https://ccgg.ca/ccgg-press-release-the-directors-es-guidebook/).

22 박윤정, "미국 상장기업 이사회의 지속가능경영 관여 현황," 〈CGS Report〉 제4권 제16호 (기업지배구조원, 2014), 11면.

23 앞의 자료, 12면.

24 공급망실사법(Lieferkettengesetz)은 국제적 가치사슬에서 인권침해의 감소를 위한 기업의 주의의무 강화에 관한 법률, 주의의무법, 공급사슬법으로도 불린다. 이승현, "독일의 공급사슬법 입법 관련 현황," 〈국제노동브리프〉 2021년 3월호 (한국노동연구원, 2021), 105면.

25 Initiative Lieferkettengesetz.de, what the new supply chain act delivers-and what it dosen't (June. 11, 2021), 2쪽 (https://germanwatch.org/sites/default/files/Initiative-Lieferkettengesetz_Analysis_What-the-new-supply-chain-act-delivers.pdf).

26 송준호, "독일 실사법 국회 통과...위험 관리 보고서와 정부규제 지켜봐야," 〈IMPACT ON〉 (2021.6.15).

27 윈호텔(Wynn Hotels), 폭스(Fox), 나이키(Nike) 및 알파벳(Alphabet)을 비롯한 여러 유명

회사가 최근에 책임을 지고 있다.

28 문재완, 〈프라이버시 보호: 신화에서 규범으로, 개인정보 보호법제 개선을 위한 정책연구보고서〉,
   프라이버시 정책연구 포럼 (2013.2), 2~5쪽.

29 대법원 2002.12.24 선고 2000다69927 판결.

30 대법원 1966.9.20. 선고 66다1187,1188 판결.

31 대법원 2005.10.28. 선고 2005도4915 판결.

32 안택식, "회사의 본질에 관한 담론," 「법과기업 연구」 제4권 제1호 (서강대학교, 2014), 30-31면.

33 https://www.keramida.com/.

34 Kristen Sullivan & Amy Silverstein, ESG and Corporate Purpose in a Disrupted
   World: On the Board's Agenda, 3 (2020).

35 Paula Loop, Paul DeNicola & Barbara Berlin, *How Does the Board Oversee ESG?*, (Dec, 21,
   2020)(https://corpgov.law.harvard.edu).

36 https://www.keramida.com.

37 COSO, Enterprise Risk Management: Applying Enterprise Risk Management to
   Environmental, Social and Governance-related Risks (2018).

38 Canadian Coalition for Good Governance, The Directors' E&S Guidebook 24-25
   (2018).

39 로버트 에클스, 메리 존스톤루이스, 콜린 메이어, 주디스 스트롤, "지속가능성을 위한 이사회의 역
   할," 「하버드 비즈니스 리뷰」 2020. 9-10월호 (동아일보사, 2020).

40 https://www.keramida.com.

41 Canadian Coalition for Good Governance, *supra* note 36, at. 24-25.

12 ESG 경영 실무

42 Jessica Strine, Marc Lindsay & Robert Main, The Age of ESG (2020) (https://
   corpgov.law.harvard.edu).

43 Canadian Coalition for Good Governance, *supra* note 36, at. 24-25.

44 Kristen Sullivan & Amy Silverstein, *supra* note 32, at 5.

45 로버트 에클스, 메리 존스톤루이스, 콜린 메이어, 주디스 스트롤, 앞의 논문.

46 Paula Loop, Paul DeNicola & Barbara Berlin, *supra* note 33.

47 Enacting Purpose Initiative, Enacting Purpose Within The Modern Corporation: A
   Framework for Boards of Directors (2020).

48 양병찬/최지수, "독일의 공급망 실사법 제정과 대응방안," 〈DERI ESG Issue Report〉 (대신경
   제연구소, 2021), 4면, 8면.

제5부 ESG와 금융

13 ESG 금융과 유형

1   박영석·이효섭,〈기업의 ESG 경영 촉진을 위한 금융의 역할〉, 자본시장연구원 (이슈보고서 21-
    10) (2021), 11면; 최승재, ESG와 금융, 한국재산법학회 학술대회 (2021.11.26) 발표문 참조.

2   앞의 보고서, 7면.

3   앞의 보고서, 3면.

4   앞의 보고서, 11면.

5   앞의 보고서, 12면.

6   앞의 보고서, 14면.

7   최순영, 글로벌 ESG 채권시장의 다변화 및 발행 후 공시 강화 필요성, 자본시장포커스 2021-23
    호 (2021.11.09 - 11.22), 2면, 자본시장연구원.

8   기획재정부, "[보도자료] 15억불 규모 외평채의 성공적 발행으로 한국경제에 대한 해외투자자 신
    뢰 확인", (2019.6.13).

9   최순영, 앞의 자본시장포커스 2021-23호 (2021.11.09-11.22), 자본시장연구원, 2-3면.

10 정태용, "기후위기와 ESG"《ESG 제대로 이해하기》(자유기업원, 2021), 111면.

11 https://news.skhynix.co.kr/post/issuance-of-green-bond; 박신영, "SK하이닉스, 반도
    체 슈퍼사이클 특수…3년 만에 매출 '10조 클럽',"〈한국경제신문〉(2021.8.17).

12 김경미, "LG화학, 1조 녹색채권 발행 성공… 기업 채권도 ESG가 대세"〈중앙일보〉(2021.6.29).

13 이스트스프링 인베스트먼트, "떠오르는 녹색채권" (https://www.eastspringinvestments.
    co.kr/insights/the-rise-of-green-bonds) (2021.12.9. 방문).

14 환경부, 금융위원회, 한국환경산업기술원, 한국거래소,〈녹색채권 가이드라인〉6-11면
    (2020.12).

15 The Green Bond Principles, International Capital Market Association (2021.6).

16 이하의 내용은 환경부 등이 발표한〈녹색채권 가이드라인〉과 ICMA의 Green Bond Principles
    의 공식 한국어 번역판(2021)의 내용을 종합·정리하여 사용함을 밝힌다.

17 이하의 내용은 ICMA, Green Bond Principles의 한국어 번역판 9면을 바탕으로 정리·보완
    한 내용임을 밝힌다.

18 문진수, "사회적경제 활성화를 위한 사회적금융 정책 방향,"「월간 자치발전」제20권 제4호 (한국
    자치발전연구원, 2014), 43면; 이정민, 사회적 금융의 활성화를 위한 법제도적 연구, 성균관대학
    교 법학박사학위 논문 (2019) 참조.

19 이 경우 물적 자본이나 인적 자본의 개념에서 유추해 보면 "사회적 자본"은 사회 조직의 특징, 즉
    상호부조(相互扶助)를 위한 조정과 협력을 촉진하는 네트워크, 규범, 사회적 신뢰와 같은 것을 가
    진다고 한다. TSA Consultancy Ltd et al., Social Finance in Ireland: What it is and
    Where it's Going, with Recommendations for Its Future Development 5 (2003).

20 European Commission, Directorate - General for Employment, Social Affairs and

Inclusion: A Recipe Book for Social Finance - A Practical Guide on Designing and Implementing Initiatives to Develop Social Finance Instruments and Markets 11 (2016).

21 Human Resources and Skills Development Canada, Harnessing the Power of Social Finance: Canadians Respond to the National Call for Concepts for Social Finance 8 (2013).

22 谷本寬治 編,《ソーシャル・エンタープライズ－社会的企業の台頭－》(中央経済社, 2006), 149 頁 (唐木宏一 집필 부분).

23 伊藤正晴 外, "ソーシャル・ファイナンスについて,"《環境・社会・ガバナンス》(大和総研グループ, 2013), 1頁.

24 重頭ユカリ, "ヨーロッパにおける ソーシャル・ファイナンス－社会的な利益追求を目標にする金融機関－,"「農林金融」第57巻 第6号 (農林中金総合研究所, 2004), 11-13頁.

25 임수강, "금융배제 문제 해결 방향,"〈서민금융 활성화와 서민 과중채무 해결방향 토론회〉 (2015.6.11, 국회의원회관), 25, 27면.

26 앞의 논문, 32면; Iona Joy et al., Understanding the Demand for and Supply of Social Finance: Research to Inform the Big Society Bank 19-20 (2011).

27 권영준, "임팩트 금융과 사회혁신기업,"〈임팩트 금융의 필요성〉 3회 금융포럼 자료 (하나금융경영연구소, 2011), 5면.

28 안상아, "국내 사회책임투자(SRI) 현황과 시사점,"「기업지배구조리뷰」통권 제65호 (한국기업지배구조원, 2012), 81면.

29 古屋力, "ソーシャル・ファイナンスの未来－地球環境と人間に優しい新しい金融のあり方－,"「Newsletter」No.11 (国際通貨研究所, 2010), 4頁.

30 이하에서는 아일랜드 정부의 보고서(TSA Consultancy Ltd et al., *supra* note 8, at 5-6)를 바탕으로 하여 사회적 금융을 간단히 소개한 후에 각 사항에 대하여 저자 나름대로의 설명을 추가하기로 한다.

31 谷本寬治 編, 前揭論文, 149頁 (唐木宏一 집필 부분).

32 이기송, "사회적 금융의 나아갈 길"「월간 금융」Vol. 716 (전국은행연합회, 2013), 6면.

33 앞의 글.

34 노희진/안수현/조영복,〈사회적 기업 육성을 위한 자본시장 조성방안 연구〉고용노동부 학술용역 보고서 (자본시장연구원, 2012), 35면.

35 박찬임/박종현/장종익,〈따뜻한 일자리 창출을 위한 소셜펀드 활성화 방안〉(한국노동연구원, 214), 44면.

36 이기송, 앞의 논문, 7면.

37 古屋力, 前揭論文, 4頁.

38 이기송, 앞의 논문, 7면.

39 문진수, 앞의 논문, 36면.

40 Alex Nicholls & Jed Emerson, Social Finance, in: Social Finance 3 (Alex Nicholls et al., eds. 2016).

41 권영준, 앞의 논문, 1면.

42 김갑래, 사회성과연계채권 SIB 활용방안 (자본시장을 통한 사회문제의 해결), 자본시장연구원 (2012.7); "KB손해보험, 고객의 행복과 더 나은 세상을 위한 금융," 〈매일경제신문〉 (2021.7.2), C5면.

43 Emma Disley et al., Lessons Learned from the Planning and Early Implementation of the Social Impact Bond, at HMP Peterborough 1 (2011).

44 노희진, 《사회적 금융론》 (박영사, 2015), 95면.

45 Sanford F. Schram, The Return of Ordinary Capitalism: Neoliberalism, Precarity, Occupy 158 (2015).

46 서울시와 경기도의 조례에서는 이를 '사회성과보상'이라 한다(서울시 조례 제2조 제2호; 경기도 조례 제2조 제2호).

47 사회성과는 "복지, 교육, 고용, 주거, 문화, 환경 등의 분야에서 예방활동과 문제해결을 통하여 증진된 사회적 편익"을 말한다(서울시 조례 제2조 제1호; 경기도 조례 제2조 제1호).

48 Alex Nicholls, Filling the Capital Gap: Institutionalizing Social Finance, in: Social Enterprise: Accountability and Evaluation Around the World 183-184 (Simon Denny & Frederick Seddon eds., 2013). 서울시와 경기도의 조례도 사회성과의 달성을 기준으로 하여 보상이 이루어진다는 것을 명시하고 있다(서울시 조례 제2조 제2호; 경기도 조례 제2조 제2호).

49 노희진, 앞의 책, 105면.

50 서울시와 경기도의 조례에 따르면 "운영기관"은 서울시 또는 경기도와 "보상계약을 체결하고, 보상계약에 따라 민간투자 유치와 수행기관 선정·관리 등 보상사업을 총괄하고 관리하는 법인, 단체 또는 조합을 말한다"(서울시 조례 제2조 제5호; 경기도 조례 제2조 제5호). "수행기관"은 "운영기관과 계약을 체결하고 보상계약으로 정한 사업을 직접 수행하는 법인, 단체 또는 조합을 말한다"(서울시 조례 제2조 제6호; 경기도 조례 제2조 제6호).

51 최상욱 외 2인, 〈새로운 사회서비스 재원조달방안 연구〉 한국보건복지정보개발원 연구보고서 (2014), 87-88면.

52 Disley et al., *supra* note 75, at 1. 성공조건부 지급계약(pay for success contract)이 2012년 미국에 소개되어 오늘에 이르고 있는데, 이는 SIB와 그 운영구조가 유사하다. Marc J. Lane, The Mission-Driven Venture: Business Solutions to the World's Most Vexing Social Problems 112 (2015).

53 Lane, *supra* note 35, at 108.

54 森利博, "ソーシャル・インパクト・ボンドの可能性と課題 - 社会改善プログラムの新資金調達手法 - ," 「証券経済学会年報」第49号 別冊 (証券経済学会, 2015), 2-3-10 ~ 2-3-11頁.

55 서울시, "[보도자료] 서울시, 아시아 최초 사회성과연계채권(SIB) 협약 체결," (2015.10.21), 3

면; 이종필/김형균, 〈부산형 사회성과보상제도 도입방안 연구〉 (부산발전연구원, 2015), 33-37면.

56 경기도, "[보도자료] 경기도 '해봄 프로젝트', 중간운영기관 모집 공고" (2015.12.27).

57 최순영, 글로벌 ESG 채권시장의 다변화 및 발행 후 공시 강화 필요성, 자본시장포커스 2021-23
   호 (2021.11.09-11.22), 자본시장연구원, 3면.

58 최순영, 앞의 자료, 3면.

59 "지속가능연계채권(SLB) 빠르면 내년 발행된다" 〈ESG 경제〉 (2021.8.26).

60 이지혜, "지속가능연계채권, SRI시장 새조류 만들까," 〈더벨〉 (2021.5.13.).

61 앞의 기사.

62 앞의 기사.

14 ESG 금융의 과제

63 이정빈, "투자수익과 ESG 관련성," 「IBKS RESEARCH」 (2021.5.18).

64 진억, "국내외 ESG 채권시장 현황과 시사점", 「경제·산업동향&이슈」 통권 제11호 (국회예산정
   책처, 2020), 71면.

65 환경부 등, 〈녹색채권 가이드라인〉, 4면.

66 Kim, Pil-Kyu, ESG Bonds: The Current State and Facilitating Policies, Capital
   Market Focus Opinion 8 (June 15, 2021). 김필규 박사는 우리나라에서는 공공기관이나 금
   융회사가 발행 물량의 대부분을 차지하고 있다고 한다.

67 ICMA, GBP, 한국어 번역판, 7면.

68 환경부 등, 〈녹색채권 가이드라인〉 12면.

제6부 ESG와 정보공시·평가

15 ESG 정보의 공시

1 이는 효율적 자본시장 가설(ECMH, Efficient Capital Market Hypothesis)에 근거하고 있다.

2 IFRS를 개발·발간하는 일은 IFRS 재단(IFRS Foundation) 산하의 15인의 상임 멤버로 구성
   된 IASB가 수행한다. IFRS의 내용에 관하여 제기된 해석 관련 이슈를 해결하고자 14인의 멤버
   로 구성된 IFRS 해석위원회(IFRS Interpretations Committee)도 운영되고 있다. 강선민/
   한봉희/황인태, 「IFRS 적용이 우리나라 연결재무제표에 미치는 영향」 (한국경제연구원, 2010),
   35-36면.

3 양기진, "개정상법과 국제회계기준의 조화 모색," 「상사법연구」 제30권 제2호 (한국상사법학회,
   2011), 105-106면.

4 다시 말하자면, "회계기준의 빅뱅"이라는 의미는 기존의 기준을 두고 이를 수정해 나가는 방식이
   아니라 일시에 IFRS를 그대로 수용하는 것을 의미한다. 이갑재, "IFRS 도입이 기업에 미치는 영향
   과 감사(위원회)의 대응," 「상장회사감사회 회보」 제105호 (한국상장회사협의회, 2008), 1면.

16 ESG 보고와 가이드라인

5 공시는 기업이 사업 내용이나 경영 실적을 투자자 등 이해관계자들에게 알리는 제도이다. 매년 기업이 발표하는 사업보고서 및 감사보고서 등이 정기적인 공시의 예다. 상장기업의 경우 한국거래소나 금융감독원의 전자공시시스템을 통하여 공시한다. 지속가능경영보고서는 현재 자율적인 공시 사항으로 일부의 기업들이 공시하고 있다. 한국의 경우 2025년부터 지속가능경영보고서의 공시를 단계적으로 의무화할 예정이다.

6 2021년 7월 현재 금융감독원 전자공시시스템에 지속가능성보고서를 공개한 기업은 약 60여개에 이른다.

17 GRI 표준

7 삼정KPMG, "금융과 ESG의 공존: 지속가능한 금융회사의 경영 전략" 〈삼정 인사이트〉 Vol. 77-2021 (통권 77호) 8면.

8 삼정KPMG, 앞의 보고서.

9 원문은 다음과 같다. "The GRI framework aims to enable third parties to assess environmental impact from the activities of the company and its supply chain."

18 ESG 평가

10 이하의 내용은 리피니티브에서 정기적으로 발간하는 〈ESG Score from Refinitiv〉라는 안내서를 바탕으로 작성하였다.

11 특히 최근의 플랫폼 기업들은 이러한 불공정 경쟁도를 평가하기가 쉽지 않다.

12 한국의 산업군과 비교하면 삼성전기와 NVIDIA가 같은 산업군에 포함된 것을 의아해 하는 독자가 있으리라 생각되지만 이는 본서의 논점에서 벗어나니 추가적인 논의는 생략한다.

13 이하의 내용은 한국기업지배구조원에서 발간하는 〈ESG 평가 안내서〉를 기초로 하여 저자가 재구성하였다.

■ 참고 문헌

제1부 ESG 개요

• 강승태, "재계 ESG 공들이는 5가지 이유는?", 〈매경이코노미〉 제2091호 (매일경제신문, 2021)
• 곽관훈, "사회책임투자와 기관투자자의 역할", 「비교사법」 제13권 제2호 (한국비교사법학회, 2006)
• 기획재정부, "[보도자료] 무디스, 환경·사회·지배구조 (ESG) 국가별 평가 결과 발표 - 한국, 최고등급(1등급) 평가 (전 세계 상위 11개국에 포함) -" (2021.1.19)
• 김성균·이서진, "북부 캘리포니아 산불과 지역 전력공급회사인 PG&E의 파산보호 신청", 〈세계 에너지시장 인사이트〉 제19-14호 (에너지경제연구원, 2019)
• 김성택,《CSR 5.0 - 기업의 사회적 책임과 역할-》(청람, 2012)
• 김유환,《행정법과 규제정책》(법문사, 2012)
• 김재필,《ESG 혁명이 온다》(한스미디어, 2021)
• 김종호, "사회통합과 공생발전을 위한 지역인력양성정책: 산학협력사업을 중심으로," 「한국정책과학학회보」 제16권 제1호 (한국정책과학학회, 2012)
• 노한균,《ISO 26000을 통해 사회책임 살펴보기: 새로운 국제표준의 이해와 실천》(박영사, 2011)
• 로버트 라이시 (안기순 역),《자본주의를 구하라》(김영사, 2016)
• 박미경, "인권을 침해하는 다국적 기업에 대한 규율 방안," 「법학논총」 제26집 제1호 (한양대학교, 2009)
• 백소용, "문 대통령 'ESG 경영'으로 따뜻한 자본주의 열어야 할 때," 〈세계일보〉 (2021.4.1)
• 송주용, "이낙연 "국정운영 의제로 ESG 도입..'ESG 4법' 발의," 〈파이낸셜 뉴스〉 (2021.8.3)
• 서원상, "국제법상 원칙, 규범, 규칙의 법적 의의-국제환경법원칙의 법적 지위를 중심으로-," 〈국제법평론〉 통권 제33호 (국제법평론회, 2011)
• 신석훈, "최근 기관투자자의 ESG 요구 강화에 따른 회사법의 쟁점과 과제," 「상사법연구」 제38권 제2호 (2019)
• 아나톨 칼레츠키(위선주 역),《자본주의 4.0: 신자유주의를 대체할 새로운 경제 패러다임》(컬처앤스토리, 2011)
• 아이뉴스24, "[이젠 ESG] ① 기업생존 키워드 '착한기업'…'환경·사회·지배구조가 핵심'" (2021. 6.9)
• 안건형·조인호·권희환, "기업책임경영(RBC)의 국제입법동향과 정책적 시사점", 「무역상무연구」

제75권 (한국무역상무학회, 2017)

- 양만식, "사회적 책임투자와 기업지배구조," 「기업법연구」 제24권 제2호 (한국기업법학회, 2010)
- 연태훈, "최근의 사회책임투자(SRI) 동향과 시사점," 〈주간 금융브리프〉 21권 9호 (한국금융연구원, 2012)
- 오성근, "자본시장에 대한 글로벌 규제협력," 「증권법연구」 제8권 제1호 (한국증권법학회, 2007)
- 윤석진, "공생발전을 위한 사회보장법의 과제," 〈공생발전을 위한 행정법의 대응〉 (사)한국행정법학회 · 한국법제연구원 행정법분야 연합학술대회 (2012.12.15)
- 윤영신, "회사 지배구조에서 법 규제(Legal Rule)와 소프트 로(Soft Law)의 역할 및 관계", 「서울대학교 법학」 제48권 제1호 (서울대학교, 2007)
- 이동승, "주주중심주의의 의의와 한계" 「경영법률」 제22권 제2호 (한국경영법률학회, 2012)
- 이철송, 《회사법강의》 제29판 (박영사, 2021)
- 정남철, "공생발전을 위한 생활보상의 문제 – 특히 이주 대책의 문제를 중심으로 –," 〈공생발전을 위한 행정법의 대응〉 (사)한국행정법학회 · 한국법제연구원 행정법 분야 연합학술대회 (2012.12.15.)
- 정지승, "경제법과 헌법," 《경제법의 제문제》 재판자료 제87집 (법원도서관, 2000)
- 조인호, "기업책임경영(RBC)과 ESG 관리를 통한 새로운 형태의 클레임 대응: 이니셔티브를 중심으로," 「무역상무연구」 제89권 (한국무역상무학회, 2021)
- 최난설헌, "연성 규범(soft law)의 존재 형식과 법원성," 「공생 발전을 위한 상거래 연성 규범의 활성화 방안」 워크숍 자료집 (한국법제연구원, 2012.11.30)
- 최승재, 〈전략적 기업경영과 법〉 (한국학술정보, 2010)
- 최준선, "주주행동주의에 대한 대응 방안", 「기업법연구」 제33권 제3호 (한국기업법학회, 2019)
- 최준선, "주주행동주의에 대한 대응 방안", 「기업법연구」 제33권 제3호 (2019. 9)
- 한국거래소, "[보도자료] 「ESG 정보공개 가이던스」 제정 및 교육 동영상 제작" (2021.1.18.자)
- 황인학 · 최승재, "주주행동주의, 국민연금과 스튜어드십 코드," 「기업법연구」 제33권 제2호 (한국기업법학회, 2019)

- 国立国会図書館, 《企業の社会的責任（CSR）－背景と取り組み－》ISSUE BRIEF NUMBER 476 (2005)
- 川村雅彦, 企業の社会的責任と新たな資金の流れに関する調査研究報告書, 2004年 3月, 株式會社 日本總合研究所
- 森恵美, "ESG投資についての一考察," 「大学院研究年報」 第47号 (中央大学, 2018)
- 前欅健太郎, "企業のESGに関する取り組みと財務的価値の関係に関する分析," (早稲田大学 専門職 学位論文, 2019)
- 田村怜 · 石本琢, "ESG投資の動向と課題," 「ファイナンス」 2020年 1月號 (財務省, 2020)
- 齋藤民徒, "「ソフト・ロー」論の系譜," 〈法律時報〉 77巻 7号 (日本評論社, 2005)
- 中山信弘 · 神田秀樹 編, 《市場取引とソフトロー》 (有斐閣, 2009)

- 後藤芳一, "企業の社会的責任(CSR)とわが国の対応—日本の経営と国際的な発信," 「化学経済」51巻 7号 (化学工業日報社, 2004)

- Adam Smith, *An Inquiry into the Nature and Causes of the Wealth of Nations* (R.H. Campbell, A.S. Skinner, W.B. Todd, eds., 1976)

- Archie B. Carroll, *Corporate Social Responsibility Evolution of a Definitional Construct*, 38 Business & Society 268 (1999)

- Archie B. Carroll & Kareem M. Shabana, *The Business Case for Corporate Social Responsibility: A Review of Concepts, Research and Practice*, 12 International Journal of Management Reviews 85 (2010)

- Elizabeth Pollman, "Corporate Social Responsibility, ESG, and Compliance", Los Angeles Legal Studies Research Paper No. 2019-35 (2019). (https://papers.ssrn.com/sol3/papers.cfm?abstract_id=3479723#)

- European Commission, Buying Social: A Guide to Taking Account of Social Considerations in Public Procurement 7 (2010)

- Francis M. Bator, *The Anatomy of Market Failure*, 72 Quarterly Journal of Economics 351 (1958)

- Howard R. Bowen, Social Responsibilities of the Businessman 6 (1953)

- ISO Central Secretariat(日本工業標準調査会・日本規格協会 訳),《社会的責任に関する将来の国際規格 ISO 26000 への参加》(2006)

- Kathleen F. Brickey, *From Enron to WorldCom and Beyond: Life and Crime after Sarbanes-Oxley*, 81 Washington University Law Quarterly 357 (2003)

- Lee Burke & Jeanne M. Logsdon, *How Corporate Social Responsibility Pays Off*, 29 Long Range Planning 495 (1996)

- Mark S. Bergman · Ariel J. Deckelbaum & Brad S. Karp, Introduction to ESG (2020), (https://corpgov.law.harvard.edu)

- Melvin A. Eisenberg, *The Architecture of American Corporate Law: Facilitation And Regulation*, 2 Berkeley Business Law Journal 167 (2005)

- Michael. E. Poter & Mark R. Kramer, *Creating Shared Value: How to Reinvent Capitalism and Unleash a Wave of Innovation and Growth*, 89 Harvard Business Review 62 (2011)

- Milton Friedman, Capitalism and Freedom 133 (1962)

- OECD, CSR and Competitiveness European SMEs' Good Practice (2007)

- OECD, OECD Guidelines for Multinational Enterprises, 2011 ed. (2011)

- Olivier Jan, The Board and ESG, Deloitte Global (Feb. 25, 2019), (https://corpgov.law.harvard.edu/2019/02/25/the-board-and-esg/)

- Ray Broomhill, Corporate Social Responsibility: Key Issues And Debates 5 (Dunstan Paper. No. 1/2007, 2007)

- Robert G. Eccles & Svetlana Klimenko, *The Investor Revolution*, Harvard Business Review, 2019. 5 (https://hbr.org)
- Tadahiro Nkajima et al., ESG Investment in the Global Economy 7-8 (2021)
- Timothy Besley & Maitreesh Ghatak, *Retailing Public Goods: The Economics of Corporate Social Responsibility*, 91 Journal of Public Economics 1645 (2007)
- UNEP, "The Principles for Responsible Investment" (2006. 4. 27)(http://www.unpri.org/principles)
- https://www.blackrock.com
- https://www.globalreporting.org
- https://www.oecd.org
- http://www.socialinvest.org
- https://www.smes.go.kr
- https://russellinvestments.com
- http://www.uksif.org/
- 204 Mich. 459, 170 N.W. 668, 3 A.L.R. 413 (1919)
- SEC v. Chenery Corp., 318 U.S. 80, 85-86, 63 S.Ct. 454, 458, 87 L. Ed. 2d 626, 631-632 (1943)

제2부 ESG와 규범

- 금융위원회, "[보도자료] 「기후변화 관련 재무정보 공개협의체(TCFD)」에 대한 지지 선언과 정책 금융기관 간 「그린금융 협의회」 출범으로 녹색금융 추진에 더욱 박차를 가하겠습니다." (2021.5.24)
- 노한균, 《ISO 26000을 통해 사회책임 살펴보기: 새로운 국제표준의 이해와 실천》 (박영사, 2011)
- 임현일, 기업지배구조와 기업위험의 관계에 관한 연구, 한국기업지배구조원 (2020)
- 전종익, "탄소배출권의 헌법적 성격과 거래제도," 「법조」 Vol. 644 (법조협회, 2010)
- 조현진, 《배출권거래제와 자본시장법》, (한국학술정보, 2013)
- 환경부, "[보도자료] 2050 탄소중립을 향한 경제·사회 전환 법제화 탄소중립기본법 국회 통과", (2021.8.31)
- KTTS 기술보고서, "ISO 26000 제정 및 동향" (지식경제부) (2011.2.28)
- Melvin A. Eisenberg, Corporations and Other Business Organizations: Cases and Materials 115(2000)
- https://www.unglobalcompact.org

제3부 ESG와 기관투자자

- 국민연금법, 국민연금 수탁자책임활동에 관한 지침
- 국민연금기금 책임투자 활성화 방안 로드맵, 2019년 11월 29일, 국민연금 홈페이지
- 김병연·박종철·정응채,《ESG 경영과 법률》(정독, 2021)
- 남재우, 공적연기금 ESG 투자의 현황과 과제, 이슈보고서 21-20 (자본시장연구원)
- 삼정KPMG 경제연구원, 금융과 지속가능한 금융회사의 경영 전략,〈삼정인사이트〉vol. 77 (2021)
- 최유나, "[글로벌 연기금의 ESG투자] (1)일본 공적연기금 GPIF"〈나눔경제뉴스〉(2020.10.27)
- 최유나, "[글로벌 연기금의 ESG투자] (2)노르웨이 정부 연기금(GPFG)"〈나눔경제뉴스〉 (2020.10.29.)
- 최유나, "[글로벌 연기금의 ESG투자] (3)네덜란드 공적연금 ABP"〈나눔경제뉴스〉(2020.10.30)
- 2018 Global Sustainable Investment Review
- APG 2018, 2019 Investment Report
- APG RI Report, APG PRI Transparency Report 2020
- BlackRock Investment Stewardship 2020
- ESG and the cost of capital, MSCI (2020.02.25)
- KDB산업은행 보도자료 (2021.9.1)
- Moody's Investor Service
- Refinitiv Eikon, Refinitiv Data stream, HSBC Climate Solutions Database, FTSE "Represents equal weighted returns, HSBC Reports
- S&P Global Ratings

제4부 ESG와 경영

- 강승태, "재계 ESG 공들이는 5가지 이유는?",〈매경이코노미〉제2091호 (매일경제신문, 2021)
- 국회예산정책처,「nabo 경제동향&이슈」통권 제81호 (2019)
- 김영화, "여성 임원이 기업의 사회적 책임활동에 미치는 영향,"「세무회계연구」제64호 (2020)
- 김화진,《ESG와 이사회경영》(더벨, 2021)
- 강병철, "국내 대기업 10곳 중 3곳 ESG 위원회,"〈중앙일보〉(2021.7.27)
- 로버트 에클스·메리 존스톤루이스·콜린 메이어·주디스 스트롤, "지속가능성을 위한 이사회의 역할,"「하버드 비즈니스 리뷰」2020. 9-10월호 (동아일보사, 2020)
- 문재완,〈프라이버시 보호: 신화에서 규범으로, 개인정보 보호법제 개선을 위한 정책연구보고서〉, 프라이버시 정책연구 포럼 (2013. 2)
- 박윤정, "미국 상장기업 이사회의 지속가능경영 관여 현황,"〈CGS Report〉제4권 제16호 (기업지배구조원, 2014)

- 송준호, "독일 실사법 국회 통과…위험 관리 보고서와 정부규제 지켜봐야," 〈IMPACT ON〉 (2021.6.15)
- 안수현 · 황창선, 〈상장회사 외부감사계약 개선방안 연구〉 상장협 연구보고서 2011-2 (한국상장회사협의회, 2011)
- 안택식, "회사의 본질에 관한 담론," 「법과기업 연구」 제4권 제1호 (서강대학교, 2014)
- 양병찬 · 최지수, "독일의 공급망 실사법 제정과 대응방안", 〈DERI ESG Issue Report〉 (대신경제연구소, 2021)
- 이승현, "독일의 공급사슬법 입법 관련 현황," 〈국제노동브리프〉 2021년 3월호 (한국노동연구원, 2021)
- 정승환, "ESG위원회, 만들기는 쉽다…제대로 하는 건 어려운 문제다," 〈매일경제신문〉 (2021. 7.25)
- 황운경 · 이유민, 「해외 주요 연기금 및 자산운용사의 책임투자와 투자제한 동향으로부터의 시사점」 (대신경제연구소, 2021)
- BlackRock, "Larry Fink's 2020 Letter to CEOs, A Fundamental Reshaping of Finance," (https://www.blackrock.com)
- Canadian Coalition for Good Governance, The Directors' E&S Guidebook (2018, May), (https://ccgg.ca/ccgg-press-release-the-directors-es-guidebook/)
- Clara Barby et al., Measuring Purpose - An Integrated Framwork 3 (2021)
- COSO, Enterprise Risk Management: Applying Enterprise Risk Management to Environmental, Social and Governance-related Risks (2018)
- Enacting Purpose Initiative, Enacting Purpose Within The Modern Corporation: A Framework for Boards of Directors 13 (2020)
- Mark S. Bergman, Ariel J. Deckelbaum, and Brad S. Karp, Introduction to ESG (Aug.1, 2020) (https://corpgov.law.harvard.edu/)
- Martin Lipton, Steven A. Rosenblum & William Savitt, On the Purpose and Objective of the Corporation, Harvard Law School Forum on Corporate Governance (Aug. 5, 2020)
- Initiative Lifeerkettengesetz.de, what the new supply chain act delivers-and what it dosen't (June. 11, 2021), (https://germanwatch.org/sites/default/files/Initiative-Lieferkettengesetz_Analysis_What-the-new-supply-chain-act-delivers.pdf)
- Jessica Strine, Marc Lindsay & Robert Main, The Age of ESG (2020) (https://corpgov.law.harvard.edu)
- Kristen Sullivan & Amy Silverstein, ESG and Corporate Purpose in a Disrupted World: On the Board's Agenda (2020)
- Olivier Jan, The Board and ESG, Deloitte Global (Feb. 25, 2019), (https://corpgov.law.harvard.edu)

- Paula Loop·Paul DeNicola & Barbara Berlin, How Does the Board Oversee ESG?, (Dec. 21, 2020) (https://corpgov.law.harvard.edu)
- Scott Herren, What Is ESG? 5 Reasons Why ESG Investing Is Good for the Planet – and for Business (https://redshift.autodesk.co.kr)
- https://www.blackrock.com
- https://www.keramida.com

제5부 ESG와 금융

- 권영준, "임팩트 금융과 사회혁신기업," 〈임팩트 금융의 필요성〉 3회 금융포럼 자료 (하나금융경영 연구소, 2011)
- 경기도, "[보도자료] 경기도 '해봄 프로젝트', 중간운영기관 모집 공고" (2015.12.27)
- "지속가능연계채권(SLB) 빠르면 내년 발행된다" 〈ESG 경제〉 (2021.8.26)
- 김경미, "LG화학, 1조 녹색채권 발행 성공⋯기업 채권도 ESG가 대세" 〈중앙일보〉 (2021.6.29)
- 기획재정부, "[보도자료] 15억불 규모 외평채의 성공적 발행으로 한국경제에 대한 해외투자자 신뢰 확인", (2019.6.13)
- 노희진, 《사회적 금융론》 (박영사, 2015)
- 노희진 · 안수현 · 조영복, 〈사회적 기업 육성을 위한 자본시장 조성방안 연구〉 고용노동부 학술용역 보고서 (자본시장연구원, 2012)
- 문진수, "사회적경제 활성화를 위한 사회적금융 정책 방향," 「월간 자치발전」 제20권 제4호 (한국자 치발전연구원, 2014)
- 박영석 · 이효섭, 〈기업의 ESG 경영 촉진을 위한 금융의 역할〉, 자본시장연구원 (이슈보고서 21- 10) (2021)
- 서울시, "[보도자료] 서울시, 아시아 최초 사회성과연계채권(SIB) 협약 체결," (2015.10.21)
- 이스트스프링 인베스트먼트, "떠오르는 녹색채권" (https://www.eastspringinvestments. co.kr/insights/the-rise-of-green-bonds)
- 이정빈, "투자수익과 ESG 관련성," 「IBKS RESEARCH」 (2021.5.18)
- 이종필 · 김형균, 〈부산형 사회성과보상제도 도입방안 연구〉 (부산발전연구원, 2015)
- 이지혜, "지속가능연계채권, SRI시장 새조류 만들까," 〈더벨〉 (2021.5.13)
- 임수강, "금융배제 문제 해결 방향," 〈서민금융 활성화와 서민 과중채무 해결방향 토론회〉 (2015.6.11, 국회의원회관)
- 정태용, "기후위기와 ESG" 《ESG 제대로 이해하기》 (자유기업원, 2021)
- https://news.skhynix.co.kr/post/issuance-of-green-bond
- 박신영, "SK하이닉스, 반도체 슈퍼사이클 특수⋯3년 만에 매출 '10조 클럽'," 〈한국경제신문〉 (2021.8.17)

- 박찬임 · 박종현 · 장종익, 〈따뜻한 일자리 창출을 위한 소셜펀드 활성화 방안〉 (한국노동연구원, 2014)
- 안상아, "국내 사회책임투자(SRI) 현황과 시사점," 「기업지배구조리뷰」 통권 제65호 (한국기업지배구조원, 2012)
- 이기송, "사회적 금융의 나아갈 길," 「월간 금융」 Vol. 716 (전국은행연합회, 2013)
- 진익, "국내외 ESG 채권시장 현황과 시사점," 「경제 · 산업동향&이슈」 통권 제11호 (국회예산정책처, 2020)
- 최상욱 외 2인, 〈새로운 사회서비스 재원조달방안 연구〉 한국보건복지정보개발원 연구보고서 (2014)
- 최순영, 글로벌 ESG 채권시장의 다변화 및 발행 후 공시 강화 필요성, 자본시장포커스 2021-23호 (2021.11.09-11.22)
- KB 손해보험, 고객의 행복과 더 나은 세상을 위한 금융, 〈매일경제신문〉 (2021.7.2)
- 환경부 · 금융위원회 · 한국환경산업기술원, 한국거래소, 〈녹색채권 가이드라인〉 (2020.12)
- Alex Nicholls & Jed Emerson, *Social Finance*, in: Social Finance 3(Alex Nicholls et al., eds. 2016)
- Alex Nicholls, *Filling the Capital Gap: Institutionalizing Social Finance*, in: Social Enterprise: Accountability and Evaluation Around the World (Simon Denny & Frederick Seddon eds., 2013)
- Emma Disley et al., Lessons Learned from the Planning and Early Implementation of the Social Impact Bond, at HMP Peterborough 1 (2011)
- European Commission, Directorate-General for Employment, Social Affairs and Inclusion: A Recipe Book for Social Finance – A Practical Guide on Designing and Implementing Initiatives to Develop Social Finance Instruments and Markets 11 (2016)
- Human Resources and Skills Development Canada, Harnessing the Power of Social Finance: Canadians Respond to the National Call for Concepts for Social Finance 8 (2013)
- Iona Joy et al., Understanding the Demand for and Supply of Social Finance: Research to Inform the Big Society Bank 19-20 (2011)
- Kim, Pil-Kyu, *ESG Bonds: The Current State and Facilitating Policies*, Capital Market Focus Opinion 8 (June 15, 2021)
- Marc J. Lane, The Mission-Driven Venture: Business Solutions to the World's Most Vexing Social Problems 112 (2015)
- Sanford F. Schram, The Return of Ordinary Capitalism: Neoliberalism, Precarity, Occupy 158 (2015)
- The Green Bond Principles, International Capital Market Association (2021. 6)

- TSA Consultancy Ltd et al., Social Finance in Ireland: What it is and Where it's Going, with Recommendations for Its Future Development 5 (2003)
- 古屋力, "ソーシャル・ファイナンスの未来 – 地球環境と人間に優しい新しい金融のあり方 –," 「Newsletter」No.11 (国際通貨研究所, 2010)
- 谷本寛治 編,《ソーシャル・エンタープライズ – 社会的企業の台頭 –》(中央経済社, 2006)
- 森利博, "ソーシャル・インパクト・ボンドの可能性と課題 – 社会改善プログラムの新資金調達手法 –,"「証券経済学会年報」第49号 別冊 (証券経済学会, 2015)
- 伊藤正晴 外, "ソーシャル・ファイナンスについて,"《環境・社会・ガバナンス》(大和総研グループ, 2013)
- 重頭ユカリ, "ヨーロッパにおける ソーシャル・ファイナンス – 社会的な利益追求を目標にする金融機関 –,"「農林金融」第57巻 第6号 (農林中金総合研究所, 2004)

제6부 ESG와 정보공시·평가

- 강선민·한봉희·황인태, 「IFRS 적용이 우리나라 연결재무제표에 미치는 영향」(한국경제연구원, 2010)
- 삼정KPMG, "금융과 ESG의 공존: 지속가능한 금융회사의 경영 전략,"〈삼정 인사이트〉Vol. 77-2021 (통권 77호)
- 양기진, "개정상법과 국제회계기준의 조화 모색,"「상사법연구」제30권 제2호 (한국상사법학회, 2011)
- 이갑재, "IFRS 도입이 기업에 미치는 영향과 감사(위원회)의 대응,"「상장회사감사회 회보」제105호 (한국상장회사협의회, 2008)

■ **저자 약력** (가나다 순)

권재열

경희대학교 법학전문대학원 교수이다. 미국 Georgetown대학교에서 박사학위를 취득하였으며, 대학에서 교편을 잡은 지 20년 이상 된 중진학자이다. 현재 한국상사판례학회 회장을 맡고 있다. 재판연구관으로서 대법원에 재직한 바 있으며, 법무부에서 상법(회사편) 개정위원으로, 한국거래소 유가증권시장 상장공시위원회 위원, 그리고 금융위원회 법률자문위원으로 활동한 바 있다. 최근까지 경희대학교 법학전문대학원장과 법무대학원장을 역임하였다. 저서로는 한국회사법의 경제학, 주주대표소송론, 회사법, 자본시장법 등이 있다.

김정수

금융법전략연구소 대표로 자본시장 및 자본시장법제 분야를 연구, 강의, 집필하고 있다. 연세대 법대를 졸업하고 한국거래소에서 27년간 근무했다. 연세대 법학대학원 법학석사, 독일 빌레펠트대학에서 1년간 연구, 미국 펜실베이니아대학 로스쿨에서 법학석사를 취득했다. 2011년 금융법전략연구소를 설립하여 현재까지 〈자본시장법 전문가 과정〉 프로그램을 운영하고 있다. 2010년부터 9년간 법무법인 율촌의 고문으로 근무했다. 여의도 금융인들과 함께 2013년에 금융독서포럼을 설립하여 현재까지 대표를 맡고 있다. 저서로는 자본시장법 원론, 내부자거래와 시장질서 교란행위, 월스트리트의 내부자들, 자본시장법상 부정거래행위(공저)가 있다. 역서로는 세계사를 바꾼 6가지 음료가 있다.

김호준

글로벌 컨설팅 회사 아더앤더슨에서 경영 전략, 프로세스 혁신 분야의 컨설턴트로 활동했다. 대신증권에서 혁신지원(Innovation Support)실장 및 기획실장으로 일하며 사업 기획과 M&A, 조직 예산 및 KPI 관리, 정관 및 배당 관리, 그룹 CI(Corporate Identity) 개편, 적자 사업 및 계열사 정상화 작업 등을 수행했다. 2014년 대신지배구조연구소를 만들며 주주총회 자문을 시작하였고, 2016년부터는 ESG 모델을 구축하여 평가 자문 비지니스를 수행하며 국민연금 포함 약 50여 개 사의 기관투자자들에게 의결권 분석과 1000여 개 상장 및 비상장 회사들의 ESG 평가 서비스를 제공해 왔다. 현재에는 대신경제연구소에서 대기업, 중견 중소기업 및 PE(Private Equity)등을 대상으로 거버넌스 자문과 ESG 경영 컨설팅을 하고 있다. 한국거래소의 ESG위원회 위원이다.

박종철

미국 뉴욕주 변호사, 법학전문박사로 중앙대학교 보안대학원 겸임교수로 강의하고 있다. 현재 한국지속경영연구원장, 대신경제연구소 자문위원, 신용보증재단중앙회 ESG 경영위원, 한국중견기업학회 부회장, (사) 금융부동산규제연구원 부원장 등으로 활동하고 있다. 푸르덴셜투자증권 전략기획실장(CFO겸직), 한화투자증권 고문/지역본부장/준법감시인/CCO/CISO/CPO/신용정보보호관리인을 역임하였고 저서로는 ESG 경영과 법률, 보안거버넌스의 이해, 보안컨설팅과 보안실무 등이 있다.

박청규

동국대학교 경영대학 회계학과에 재직하며 재무회계분야의 연구와 강의를 담당하고 있다. 미국의 Kentucky대학교에서 회계학 전공으로 경영학박사학위를 취득하고 Michigan 대학교에서 조교수를 역임했으며 대학에서 교편을 잡은 지 10년 이상 되었다. 재무보고와 공시의 품질 및 영향에 대한 연구를 수행하며 ESG 공시와 ESG 평가의 가치관련성에 관한 다수의 논문을 발표하였다. 한국조세재정연구원의 초빙연구위원과 서울지방국세청의 국세심사위원을 역임하였으며 현재 다수의 회계 및 ESG 관련 학회에서 활동하고 있다. 저서로는 K-IFRS 중급회계(2021)가 있다.

배　도

상법으로 법학박사학위를 받고 한국사회복지협의회 부연구위원으로 재직 중이며 사회복지법제 분야를 연구를 담당하고 있다. 법학박사학위를 받은 후 사회복지학과 법학 간의 융합을 위해 사회복지학 석사 과정을 이수하여 사회복지학 석사학위까지 가지고 있다. 사회복지법제학회 설립에 주요한 역할을 하였으며, 현재 이사를 맡고 있다. 경희대, 서울시립대, 숭실대 등에서 강의한 바 있다. 국무총리실 규제심사 위원, 보건복지부 사회서비스발전TF 위원, 국민건강보험공단 자문위원 등을 역임하였다. "가치를 창출하는 사회공헌"등 사회복지분야 연구 및 저서활동을 하고 있다.

최승재

변호사(사법연수원 29기), 법학박사로 세종대 교수로 강의하고 있다. 현재 대한상사중재원 중재인, 중앙행정심판위원회 비상임위원, 금융위원회 자본시장조사단 위원, 금융위원회 옴부즈만, 금융감독원 분쟁조정위원회 자문위원, 국세청 법률고문 등을 수행하고 있으며 국제적인 지적재산권 보호협회인 AIPPI의 본부(Paris) Standing Committee 위원 및 한국부회장 등을 맡고 있다. 서울대에서 학사, 석사, 박사학위를 취득하고, 미국 Columbia Law School 법학석사, MBA 학위와 세법박사과정수료도 했다. 대법원 재판연구관, 김·장법률사무소 변호사, 경북대학교 법학전문대학원 교수, 삼성과 마이크로소프트 변호사, 국가지적재산권위원회 전문위원 등을 역임하였다. 저서는 표준필수특허와 법, 금융거래법 등 10권 이상의 단독 저서와 신미국특허법, 영업비밀보호법 등 20여권의 공저, 100여 편의 학진등재지(후보지포함)에 학술 논문을 발표하였다.

지속가능경영의 절대조건

ESG 레볼루션

초판 1쇄 발행일 2022년 4월 5일

지은이 권재열 김정수 김호준 박종철 박청규 배 도 최승재
임프린트 캐피털북스
펴낸곳 서울파이낸스앤로그룹
펴낸이 김정수

출판등록 제310-2011-1호
등록일자 2010년 5월 4일
주소 (04168) 서울 마포구 새창로 11, 1262호 (도화동, 공덕빌딩)
전화 02-701-4185
팩스 02-701-4612
블로그 capitalbooks.blog.naver
이메일 capitalbooks@daum.net

＊캐피털북스는 서울파이낸스앤로그룹의 금융·경제·경영 관련 도서 출판 임프린트입니다.